ZHAO JIANGLIN

趙江林：編著

ZHANG XIUQIANG

張秀強：訳

勃興する中国と
アジア地域の
市場再編

三元社

『中国崛起与亚洲地区市场构建』© 赵江林 等 2014

北京 : 社会科学文献出版社

ISBN978-7-5097-6213-4

Original Chinese edition published by Social Sciences Academic Press (CHINA).

Japanese translation rights arranged with Social Sciences Academic Press (CHINA).

目　次

勃興する中国とアジア地域の市場再編

第3章
アジア地域市場構造の発展と変化
趙江林

第4章
アジア地域協力のプロセスと発展
王玉主

まえがき

　2011年、「中国とアジア地域の市場再編」という中国社会科学院の重大プロジェクトが成立した。責任者は趙江林研究員であり、本書はこのプロジェクトの最終成果である。

　近年の中国の台頭は言うまでもない事実であるが、この事実と関連する地域との関係に対する認識はまだまだ不足しているといえる。この問題は中国の将来の発展だけでなく、中国とアジアとの関係の発展の方向性にも関わっている。本書は地域的な視点からみた中国とアジアの間における新しい関係の構築の研究を展開する。

　長年の発展を経て、アジアはすでに新しい時期を迎えている。最終的な加工・組み立ての拠点である中国を有するアジアは、輸出中心の戦略に基づいて、欧米などの先進国を輸出先として、次から次へと経済成長の奇跡を成し遂げてきた。しかし、2008年の世界金融危機発生後、世界経済の構造に大きな変化が起き、サブプライム危機と債務危機の影響で、先進国は短期間の間には世界経済成長の中心には戻れないだろうと言われている。先進国の経済力低下による影響を免れるために、アジア諸国は自国あるいはアジア地域の市場に着眼した経済発展の戦略を調整する必要がある。また、一人当たりの所得を伸ばすとともに、アジア経済が全体的に大きく成長すれば、自らと地域内の力によって一層の経済発展を遂げることが可能である。

　市場の角度から見れば、現在アジア経済は二種類のパターン転換の段階に直面している。

1. 多数の経済体への輸出中心の経済発展パターンから、内外の需要により経済成長を促進するという経済発展パターンに転換する段階。

2. どのように地域内の市場を再編成すれば、将来のアジアの経済成長
   により生じる市場規模拡大に対応できるか、という二つの段階であ
   る。

　本書は後者に重点を置いて考察する。もし、アジア内部の市場の拡張が先進
国の市場の需要の低下により遅くなれば、アジアの工業化も影響を受けるに違
いない。特にアジアが全体的に工業化の道を歩んでいる現在、この問題に注目
しなければならない。

　中国は急激な経済発展により、アジア市場再編成の主要な参加者ひいてはリ
ーダーになることができる。改革開放以来30数年の発展を経て、中国はすで
にアジア地区そして世界の新勃興大国となった。2010年の中国のGDPは世界
第二位になって日本を超えてアジア一の経済体になり、中国とアジアは新しい
段階の経済関係を迎えている。現在中国はアジア地域を自主発展の道に導く能
力があると考えられている。
　中国が計画するアジア市場の再編成から得る戦略的利益とは何であろうか。

1. 中国経済発展の将来性の確保。先進国市場の不景気が続き、中国市
   場がまだ完全に活性化していないという前提のもとで、積極的にア
   ジア市場を再編することは中国経済の成長と工業化の推進に安定し
   た環境を整えることに役立つ。
2. 中国とアジア経済の間の共同利益の確保。2008年世界金融危機発
   生後、中国が最終製品の消費者であるという位置づけが徐々に明確
   となって、中国はアジア地域の市場だという認識が現れ始めている。
   中国とアジア地域との経済関係は過去の生産と製造の協力関係から
   現在の相互の市場関係に転換するということである。
3. 中国の対外戦略の実施の推進。影響力を持つ大国である中国は、地
   域共同発展の基盤としてアジア市場を必要としている。

本書は、地域の観点から、主に将来5年から10年を研究対象として、進行中のアジア工業化が直面している市場問題や、中国の調整とアジア地域との関係の可能性・持続可能性などを検討する。また、計量的方法で中国の成長がもたらした市場効果を定量的に分析する。

　結論は下記のようにまとめられるであろう。

1. アジア工業化は地域的な特徴を有しており、外部市場の制限があるもとで、統合的な地域市場の構築がアジア経済体の共同目標になる。
2. アジア市場の再編成は中国の工業化と経済発展をスムーズに推進することにも関わり、中国が将来実施する対外戦略の基礎構築の問題にも関わっている。
3. いずれ中国は地域市場構築の主要参加者ひいてはリーダーになっていくが、現在は経済的な実力により、地域経済活動に影響を与える中心的存在ではなく、したがって、地域市場の再編成はその過程にあるのである。

趙江林

‖‖‖ 第1章 ‖‖

序　論

趙江林

‖‖

　近年、中国の台頭は言うまでもない事実となった。しかし、この事実と関連して、中国とアジア地域との関係に対する認識はまだ不十分である。中国の今後の発展だけでなく、アジアとの関係の発展にも、この問題が関わってくると思われるため、本書では、地域的な視点から、中国とアジアとの新しい経済関係の構築を巡って検討する。

第1節　研究背景と意義

1　研究背景

　本書が依拠する背景には次のようなものがある。

　第一に、地域は世界各国（あるいは地域）活動の重要な場である[1]。そのような場の役割は下記のように示される。1. 地域は域内の各経済体が経済活動を展開する場である。例えば、EUでは域内貿易が対外貿易総額の約70％を占めている。つまり、EUの主な経済活動は地域内と外部の間ではなく、地域内で発生しているのである。2. 地域は域内の経済体が、自由貿易エリアの推進、金融統合などを含む政策を行う場である。今日、成熟した地域市場である欧州と北アメリカのような地域は、世界の多くの先進国が集中しているだけでなく、

1　Katzensteinは地域についての研究を深めるべきだと考えている（（アメリカ）Peter J. Katzenstein, *A World of Regions: Asia and Europe in the American Imperium*, 秦亜青等訳、北京大学出版社、2007年）。

経済的な総産出額も世界でトップクラスに位置する。同時に、この両地域の経済制度構築は現在の世界で最高水準に到達しており、特に、EUは高度な統合段階に至っている。それに比べて、ラテンアメリカ、アフリカなどの地域では経済発展のレベルが低いだけでなく、地域経済制度の構築のレベルも低く、いまだに統一的な地域協力メカニズムは整備されていない。一方、過去に比べ、アジアは経済の発展レベルも地域経済制度の構築レベルもいずれも顕著な進歩を成し遂げている。

　第二に、近年の発展を経て、アジアはすでに新しい発展段階を迎えている。最終加工・組み立ての拠点であり世界の工場と呼ばれている中国をはじめ、アジアは輸出主導型の戦略によって、欧米などの先進国を輸出先とし、経済成長の奇跡を成し遂げてきた。しかし、2008年の世界金融危機勃発後、世界経済の構造に大きな変化が起き、サブプライム危機と債務危機によって先進国はしばらくの間は世界の経済成長の中心的な役割を果たせなくなった。先進国の経済力低下による影響を避けるために、アジア諸国は自国あるいは周辺地域の市場に注目するよう経済発展の戦略を調整する必要が出てきた。一方、アジア地域全体の成長によりアジアが新しい発展段階に入る基盤が用意されてきたと言える。これは、金融危機後のアジアの大きな方向転換の一つとも言えるであろう。1997年のアジア金融危機勃発後は、アジアの経済体は自力だけで経済成長することはできず、アメリカなどの先進国市場が依然としてアジア経済危機回復の牽引役であった。今日では、一人当たり所得が向上するとともに、アジアの国々が独力で発展する能力を徐々に備えるようになり、自国や地域内の力によって一層の経済発展を遂げることが可能になっている[2]。したがって、地域

2　Akyüzの観点によれば、世界金融危機以降、先進国は経済成長が失速し失業率が高いため、アジアは輸出によって急速に成長を遂げることができなくなり、内需と外需のバランスを調整しなおす必要がある。また、輸出を中心とした成長パターンから内需・地域内貿易の拡張のパターンに転換できるように産業構造の調整を行う必要があるという（Ylmaz Akyüz, "The Global Economic Crisis and Trade and Growth Prospects In East Asia," ADB Economics Working Paper Series No. 242, January 2011.）。

市場統合がアジア経済の共同の努力目標となっている。無論、この構造転換には中長期的な取り組みが必要である。

　第三に、中国は発展により、アジア市場再編の参加者ひいてはリーダーになるであろう。改革開放以来30数年の発展を経て、中国はすでにアジア地域ないし世界の新興大国となった。2010年に中国のGDPは日本を超えて世界第二位になり、アジア一の経済体になった。中国とアジア地域は新しい段階の経済関係を迎えている。現在中国にはアジアの域内経済発展を牽引していく力があると考えられている。

　中国が地域市場の構築から得られる戦略的利益は次のようなものである。

1. 中国経済発展のロングサイクルの確保。中国の将来性にかかわる現在の環境は、今では中国の今後の工業化と経済発展に適合できなくなるほど変化している。先進国市場の不景気が続き、また中国市場がまだ完全に活性化していないという前提のもとで、中国の経済発展、工業化推進、政策推進のための環境を整え、中国経済発展の将来性を確保するためには、中国は過去の政策から方向転換し、積極的にアジア市場を構築していくべきであろう。

2. 中国とアジア経済体の間の共同利益の確保。中国経済の急速な成長により、アジアの生産規模の拡張速度は外部市場規模の拡張より速く、外部市場は飽和状態にある。解決方法としては、アジアの生産増加に合わせた外部市場の拡張か、アジア自身による生産調整がある。現状をみると、アジア自身による生産調整の方が現実的であろう。中国とアジア地域との経済関係は新段階に入っており、過去の生産・製造の協力関係から現在の相互市場関係に転換する段階に入っているため、今回のアジアの構造調整は中国の構造転換を中心として行われるであろう。

3. 中国の対外戦略の推進。上記のように、地域は一国の経済発展と対外戦略の場である。影響力のある中国も、同様に戦略利益実現のた

めに、統合された地域市場を必要としている。当然、地域から見ても、このことは中国の平和的発展の現実的な基礎であり、中国の発展が域内の各経済体に与える衝撃を軽減するだけでなく、最終的には各経済体が共に成長するのにも有利であろう。

2　研究意義

　第一に、理論的貢献。本書は地域のレベルにおける市場と工業化の関係を分析していく。工業化に関する既存の理論は、研究対象が一国の工業化に限られており、多国からなる地域面の工業化に対する研究は未だ展開されていない。世界のほかの地域と違い、アジアは地域的な工業化の過程にある[3]。各経済体はそれぞれの発展状況に応じて、異なる工業化段階に入っている。農業社会から工業社会への過渡期に位置する経済体もあれば、労働集約型産業より資本・技術集約型産業へと転換する経済体もある。一人当たりGDPの高い一部の経済体などは、技術集約型産業から知識集約型産業へ、工業社会からポスト工業化社会への過渡期を歩んでいる。しかし、こうしたアジア経済は、各経済体の間で共同の利益があり、直面する問題も似ているため、共通の特徴も持っている。例えば、如何にして市場の制約の問題を解決するかが共通の話題である。これも、現在アジア諸国が一体化推進の方向で加速する姿勢を見せている理由である。従って、本書は地域レベルで市場と工業化との関係分析を試み、アジア経済の発展ルートと中国の戦略的施策を検討する。

　第二に、学術的価値。本書は地域の視点から研究を展開する。この点はこれまでの研究と異なる。いま進めている研究は、中国の視点から中国経済構造転換の問題を見るものである。例えば、外需から内需へと転向する背景の中で、中国と地域経済関係の行方を検討する。この場合、単に中国の観点だけから地域市場問題を論じると、若干の問題が出てくる。中国の経済発展は繁栄、安定

3　ラテンアメリカにもこの地域的な工業化という特徴はあるものの顕著ではなく、その普遍性に関してはアジアの比ではない。

した地域環境を必要とするため、先進国市場の規制がかかっているもとでは、アジア市場の開拓が、中国工業化発展の安定性に関係している。それに、中国はアジア地域一の経済体であり、戦略方向の変化が地域の構造変化を引き起こす可能性もあり、地域内の他の経済体の利益も重要視すべきである。中国の視点だけで研究すると、中国と地域の経済関係を全面的かつ深く把握できないばかりか、共通利益を有する地域戦略構想の提起も難しくなるであろう。

　第三、現実的な意義。中国が地域大国の影響力や主導的役割を発揮しようとするならば、まずは地域市場の提供者になる必要がある。これは中国にとって大きなチャンスであり、また大きなチャレンジでもある。先進国は工業化過程において、長い時間をかけて市場を育ててきた。そしてポスト工業化段階に入って世界市場の主な提供者になった。それに対して、中国はいまだに工業化初期段階にあり、しかも伝統的な工業化の成熟段階とともに市場の提供者になるという時間的余裕が持てず、未熟なままに市場提供者へと身分転換してしまう可能性がある。このように、将来的には、一時期において中国は地域の生産者であるというより、地域の最終製品の消費者としてのほうがより重要だと言わなければならない。中国は自らの市場拡大を実現し、さらにこの拡大を地域にまで広げてはじめて、「地域大国」となるであろう。

　現在の時期は中国にとって有利だと言える。アジア経済体が経済発展と構造転換の重要な時期を迎えている現在、地域の大国と呼ばれている中国は地域の発展方向の転換を促進することができるであろう。それに、経済発展の内的要求は中国とアジア経済体との新しい関係構築に対し重要な条件を提供できる。しかし、アジアにおける経済体の多数は「小国」であり、このような経済体からなっている地域市場の「拡散（スピルアウト）」効果には限界がある。中国は自身の壮大な経済規模のもとに、地域市場の発展を促進する主要な貢献者になりうるという先天的な優位を占めている。実際に、中国による大量の地域製品消費は近年中国とアジア地域との関係に現れてきた顕著な変化だと言える。長年の発展を経て、中国は地域の生産者から生産者（加工・組み立て）及び消費者（地域の中間生産物に対する消費）に転換した。2008年の世界金融危機発生後、中

国が最終製品の消費者であるという位置づけは徐々に明確となっており、つまり、中国の地域市場に対する意義が現れ始めている。中国が地域調整をうまく利用して自身の潜在力を発掘すれば、地域での主導性を発揮できるのではないか。無論、まだアメリカのようなある地域の最終製品の消費者になっていない中国は、日増しに拡大しつつある自身の市場規模の影響力を通して、アジア諸国が互いに各自の市場の「拡散（スピルアウト）」効果を利用し合い、協力し合う独立した地域市場を構築できるであろう。

第2節　問題の提起

　本書は、需要と市場の観点からアジア地域の関係変化を捉え直し、中国とアジア地域との関係調整の可能性およびその持続性を分析し、それに基づいて中国のアジア戦略を考察する。アジアにとっての課題の一つは、統一的でかつ低コストの市場を作り、将来の経済成長をサポートできる市場規模を用意することであろう。

　先行研究[4]によれば、アジア域内の市場規模（国内と地域の需要拡大も含む）は、

4　王孝松は、世界の輸入総額の中における新興国の輸入額は増加しているにもかかわらず、世界の最終製品の輸入総額の中における新興国の輸入額の比率は非常に低いため、新興国が自分の力だけで将来の短期間の内に世界金融危機を解消することはできないと指摘している。趙竜華ほかは、目下新興国の需要の拡張は先進国の需要が低下した影響を受けるために、中国の産業の外部需要の条件がしばらくの間悪化する懸念があると言う。Jimenez ほかは、一国から先進国への製品輸出とその国の経済成長との間には正の相関があり、内需や発展途上国の市場に依存して発展することは難しく、南南貿易が南北貿易の代替を務めることは難しいという結論を得ている。（王孝松、謝申詳「新興経済体は世界金融危機を解消できるか——輸入という視点から」、『国際貿易問題』、2009 年第9号。趙竜華、郭朝先「国際需要の変化が中国の産業発展にもたらす影響」、『現代経済探討』、2011 年第 12 号。Gonzalo Hernandez Jimenez, Arslan Razmi, "Can Asia sustain an export-led growth strategy in the aftermath of the global crisis? Exploring a neglected aspect?" *Journal of Asian Economics*, 2013, (29), pp.

先進国市場と比してまだ小さく、もし生産規模に見合った大きさの市場規模が用意できなければ、アジア地域全体の工業化も影響を受けてしまうと言われている。特にアジア全体が工業化の道を歩んでいる現在、市場の重要性が更に注目されている。中でも、アジアの自律的成長という目標実現の前提となるため、地域市場の再編への積極的な取り組みは極めて重要な課題である。

先行研究の中には、貿易創出・貿易転換の研究、雁行形態論（flying geese pattern）を代表とした産業移転の研究などのように、生産の観点から地域経済関係を研究したものが多い。また、政府の政策もほとんど生産の観点から制定されている。地域市場の視点から地域経済の発展と変化を扱う研究はごく少数で、地域市場を研究の要件とみなすものがほとんどである。

ところが、地域経済関係を見直さなければ解決できない事例も多い。その例として、進行中のリバランスの原因、アジアの工業化と近代化の持続可能性、各経済体の間で展開される競争が緊張関係や地域紛争に繋がるという可能性、地域間の協力によりアジア市場の課題を解決する可能性等がある。

以下、中国とアジア地域関係の変化、アジア地域の市場再編、その可能性と持続性などの面から、先行研究を概観してみたい。

1　国内の研究

中国国内でこれに関連する先行研究は、以下のような特徴を有している。

1．注目点の変化。即ち地域が中国に与える影響から、中国が地域に与える影響へと、研究の関心がシフトしたことである。急速な経済成長に伴い、地域に対する中国の影響も強まった。アジアの構造変化において中国の果たす役割に、研究者の関心が集まっているのである。一部の研究成果によれば、アジアの経済秩序は、いまターニングポイントを迎えており、その中で、中国の役割

45-61.）

は平和で安定したアジアの新秩序構築に寄与できるという。張蘊岭[5]は、転換期を迎えたアジア地域にとって、中国の高度成長は、さまざまな可能性を意味すると指摘している。阮宗沢[6]は、中国の勃興と東アジアの秩序再編との相互関係を分析した上で、「共有利益」というパラダイムを提示した。黄寧[7]は、東アジア各国との経済協力において、中国は安定した「エンジン」の役割を果たすと主張している。王峯[8]は、東アジアの域内貿易額は、地域外への輸出より多く、域内の輸入貿易額の増加に果たす日本の影響力が低下したのに対し、中国の牽引力が最も大きいと分析した。趙偉[9]の研究によれば、中国の経済成長、特に対外貿易の高速な発展は、東アジアの貿易構造を大きく変え、中国を中心とする新しい「トライアングル貿易」モデルが形成されつつあり、中国は日本に代わって、東アジアにおける産業構造調整の主な推進者になる可能性が高いという。

　2．生産研究から消費研究へ。現在の研究成果からみれば、確かに主として生産研究に集中している。つまり多くの研究は、中国が生産者として地域の投資構造に変化をもたらしたという役割に注目しているのである。しかし、同時に一部の研究では、中国がすでに地域における消費者へと、役割に変化があったことにも注目し始めている。実際に、アジア市場の提供者として、中国の現状、潜在力及びその将来性について考察した研究が現れている。

　その中で、李暁[10]、鄭昭陽[11]らが指摘しているように、中国という要素は東

5　張蘊岭『世界市場と中国の対外貿易の外部環境について』、中国社会科学出版社、2007年。

6　阮宗沢『中国の勃興と東アジアの国際秩序の転換：共有利益の形成と拡大』、北京大学出版社、2007年。

7　黄寧「東アジア経済協力に与える中国の影響——中国各地区の構造差異及び東アジア各国との整合性に基づいて」、『経済研究導刊』、2008年第14号。

8　王峯「東アジア地域内の貿易拡張の要因分析」、『国際経貿探索』、2008年第4号。

9　趙偉「東アジア地域の経済協力の中の中国の要素——多視点からの分析」、『当代亜太』、2009年第2号。

10　李暁、丁一兵、秦婷婷「東アジア地域経済における中国の地位の向上——貿易動向を踏まえて」、『世界経済与政治論壇』、2005年第5号。

11　鄭昭陽、周昕「東アジア地域貿易構造における中国の地位と役割——部品貿易

アジア地域の経済協力において無視できないトレンドとなり、30数年の発展を経て、中国の経済的実力はすでに東アジアの経済協力構造を変えた。つまり今までの「雁行形態」から現在の「ダイヤモンド構造」へと変化するようになり、東アジア各国の中国市場に対する依存度は上昇している。李暁、付競卉[12]は、中国はアジア地域市場の提供者としてその役割を果たし、今後も経済成長と人民元の切り上げに伴ってその役割がさらに強くなっていくだろうが、今のところまだ完全にアメリカに代わって東アジア最大の最終製品市場提供者となる実力は持っていない、という論を展開している。

　丁一兵ら[13]は、中国の地域の最終財消費市場の提供者という地位は固まったが、アメリカや日本と比べてまだ差がある以上、今後中国は、東アジア経済に対する貿易構造の転換と国内経済構造の調整の両方を考慮に入れながら、その戦略を立てるべきだと述べている。李大偉[14]は、中国の輸入状況からみて、輸入額増加の速度が輸出より速いため、将来、加工貿易輸入額の占める比重が更に低下し、技術または重要部品の輸入規模が著しく拡大するであろうと分析している。また輸入が基幹産業の構造調整において大きな役割を果たし、今後も消費財の輸入規模は拡大するだろうと予測している。

　3．地域に対する戦略的な準備。張幼文[15]は、2008年の金融危機以降、中国は国際的地位が大いに向上し、経済大国から経済強国へと転換する新段階を迎えていると指摘した。鄒加怡[16]は、新しい国際・国内環境の中で、中国はより

　　の研究に基づいて」、『世界経済研究』、2007年第8号。
12　李暁、付競卉「東アジア市場提供者としての中国の現状と展望」、『吉林大学社会科学学報』、2010年第2号。
13　丁一兵、劉璐、傅纓捷「東アジア地域貿易における中国の地位変化及びその経済的意義」、『吉林師範大学学報』（人文社会科学版）、2013年第3号。
14　李大偉「『第12次五カ年計画』における中国の輸入環境と発展の趨勢」、『中国経貿導刊』、2011年第18号。
15　張幼文「中国による対外経済関係発展の新課題と総戦略」、『探索与争鳴』、2012年第9号。
16　鄒加怡、「均衡の取れた中国対外経済関係の発展」、『国際経済評論』、2011年第4号。

均衡の取れた対外経済関係を必要としていると強調し、その際、均衡の取れた貿易関係、双方向管理が可能な投資関係、多元的で自主的な貨幣関係、全方位に対し開放的な地政関係、並びに積極的な協力発展関係などの構築により、経済発展の好循環を維持する努力が不可欠であると指摘している。

　現在、中国国内の研究成果は量的には多いが、地域との経済関係については、全体的にその認識が不十分であると言わざるを得ない。特に中国が将来的に地域にもたらす影響に関しては、未だに解明されていない。これらの課題は正に本書が検討したいところである。先行研究では、中国には外部環境による制約があるため、内需に重きを置き、国内の構造調整を通して外部との調整に対応すべきだ、という意見が多数派であった。その中で、余永定[17]は、アメリカへの輸出情勢の如何に関わらず、中国は外需への依存度を低くするように構造調整をしなければならないと述べている。一方、こうした見方に対し、中国の経済力の現状に鑑み、アジアの国々とともに地域市場構築の事業を推進すべきだという観点もある。例えば金華林ら[18]は、東アジアの経済体は単独で内需を拡大することは難しく、最大の経済体である日本や中国も単独では東アジア市場の提供者にはなれない。そのため、地域全体の内需拡大を中心とする経済発展モデルの実現がより可能性があるという。いずれにせよ、中国の平和的な発展には、良好な外部環境が絶対に必要であり、こうした認識に基づき、筆者はアジア地域の市場再編ということを唱えているのである。

2　国外の研究

　中国の経済的実力が日増しに増大していることは国外の学者の注目を集めてきた。東アジアの経済成長に対して世界銀行が「アジアの奇跡」という判断を

17　余永定「アメリカ経済のリバランスの視点から見た中国が直面する挑戦」、『国際金融研究』、2010年第1号。
18　金華林、金柏松「東アジア：内需を中心とした経済成長パターンを如何に構築するか」、『世界知識』、2009年11月。

下したことを呼び水として、地域における中国ファクターの地位の研究が盛んになり、概ね二方面から行われている。一つは、中国を含むアジア全体を一つの研究フレームワークとし、中国の特徴を強調しないものである。もう一つは、中国を独立した影響要因として研究するものである。

2008年の世界金融危機発生以降、国際通貨基金やアジア開発銀行のような国際機関は、危機発生の原因の一部が東アジアにあるとした。即ち、東アジアは貯蓄が過剰である一方、消費が不足しており、その製品が大量に世界市場、特にアメリカ市場に輸出されたことによって世界貿易の不均衡の問題を誘発したということである。したがって、東アジアの過剰な貯蓄率を下げ、GDPにおける消費の比重を上げ、製品の輸出が世界経済にかけているプレッシャーを緩和するという「リバランス」の要求が提起されるようになったのである。アジア開発銀行の報告[19]によれば、現在や今後数年以内は輸出を中心とする成長パターンが当該地域に巨大な利益をもたらしてくる一方で、アジアの長期的な大規模の経常収支黒字による世界貿易不均衡が世界金融危機を招いたという。この説は今現在盛んになっており、東アジアの各経済体の政府の政策や戦略の決定にまで影響を及ぼしているようである。中国や日本のような東アジア経済体では、地域外市場の衰退による大規模な衝撃に抵抗できるように、内需や地域に関連する市場の拡大を図っており、経済成長パターンを調整し直している。

アジア全体を研究対象にするとしても、アジア地域の成長パターンと構造変化の中に含まれる中国の影響を無視することはできない。しかし、アジア全体を研究対象にした中国の地位に関する研究は、本書の研究と比べて視点が異なるため、内容にも一定の違いがあるのである。

中国を直接に研究対象とした多くの研究から見ると、中国による影響は重層的だということが分かる。アジアでの中国の地位の向上は学界の注目を集めており、「中国脅威論」から「中国機会論」までの研究が続々と現れている。国

19　Asian Development Bank, "Uncoupling Asia: Myth and Reality, Asian Development Outlook 2007"; Asian Development Bank, "Asian Development Outlook 2009: Rebalancing Asia's Growth," 2009.

外では中国とアジアの関係を研究する際に、中国の経済成長、特に輸出面に重点を置く。なぜなら、中国の輸出規模の急速な拡大は直接的にアジアの他の国の輸出に影響を与えるため、中国の輸出が地域にもたらす影響に関する研究が多いのである。現在の一般的な論調は、中国の輸出による影響がプラスであるか、その影響がマイナスであるか、その影響がプラスマイナス両面の性格を有するかというものである。渡辺利夫[20]は、経済の観点から「中国は製造業の世界工場」という問題に着眼し、言うまでもなく中国の勃興は東アジアの既存の秩序に挑戦する一方で、共同発展の機会をも東アジアにもたらすに違いないと述べている。Athukorala[21]は、中国が先端技術輸出国になったことを示す証拠はなく、現時点では中国は主に輸入した部品を加工して組み立てて再輸出していること、そして、第三国の市場において中国の輸出品が東アジアの他国の輸出品を排斥しているという証拠はなく、かえって、東アジアの他国から輸出品が中国へ押し寄せてきたこと、また、地域経済の相互依存度が世界経済に対する依存度を低下させるというわけではないことを述べている。Kwan[22]は、中国のIT製品の輸出が急速に成長する一方で、中国の輸出の競争力は日本や他のアジアの国ほど強くない。それは、東アジアの各経済体の貿易構造を比較した上で、中国が短期間の内に民度を高くすることは不可能であることが主な障害となり、飛躍的な発展は現実的ではないためだと説明し、また、中国の勃興が「雁行形態」を乱すことはないという判断を追加した。

　もちろん、Eichengreenら[23]が考えるように、第三国の市場において中国の

20　（日）渡辺利夫『中国の躍進アジアの応戦：中国脅威論を超えて』、倪月菊ほか訳、経済管理出版社、2003年。

21　Athukorala, Prema-Chandra, "The Rise of China and East Asian Export Performance: Is the Crowding-out Fear Warranted?" *World Economy*, 2009, Vol.32, No.2, pp.234 - 266.

22　C.H.Kwan, " The Rise of China and Asia's Flying-Geese Pattern of Economic Development: An Empirical Analysis Based on US Import Statistics," RIETI Discussion Paper Series 02-E-009, July 2002.

23　Barry Eichengreen, Yeongseop Rhee and Hui Tong, "The Impact of China on the Exports of Other Asian Countries," NBER Working Paper 10768,

輸出品が東アジアの他国の輸出品と競合するという傾向はあるが（実は、後進国から輸入する第三市場においてはこの競合傾向が見られる一方で、先進国から輸入する第三市場においてはあまり見られないという）、一方で、中国がアジアの他国から財貨を輸入する傾向も顕著になっており、特にアジアの先進国から資本財を輸入する傾向がはっきりしているという。Greenawayら[24]が引力モデルによって分析した結論によると、1990〜2003年に中国の増加していた輸出量は少しずつアジアの他国の輸出量の代替を務めており、量的に見ればまだ顕著でないがその代替効果が増大しつつあり、特に先進国の市場においてはその効果がいっそう顕著になっていること、また、中国の輸出拡大は先進国と後進国の両方に影響を与えたが、先進国の方への影響がずっと大きいこと、最後に、中国から他国へ輸出する商品の量はアジアの他の国から中国へ輸出する商品の量より大きいことが分かった。

　Athukoralaら[25]の研究によれば、東アジアの外部世界への依存度が上昇しつつある事実によって「デカップリング論」は成立しないこと、そして、中国はリバランスの発展戦略を通して自身の国際的地位の向上をいっそう促進できることが分かった。アジア開発銀行は、中国の消費によって、アジアは世界の需要の発展を促進できる新たなエンジンになるという判断を下している。ParkとShin[26]は、中国は消費者としての役割が生産者としての役割より顕著になっていき、その貿易が世界経済成長の推進器になると述べた。Mundell[27]は、先進

September 2004.

24　David Greenaway, "Aruneema Mahabir", Chris Milner「中国の輸出はアジアの他国（地域）の輸出の代替を務めているか」、呉春雷、馬林梅訳、『経済資料訳叢』、2011年第1号。

25　Prema-Chandra Athukorala, Archanun Kohpaiboon, "East Asia in World Trade: The Decoupling Fallacy, Crisis, and Policy Challenges," FIW Working Paper No.52, July 2010.

26　Donghyun Park and Kwanho Shin, "Can Trade with the People's Republic of China be an Engine of Growth for Developing Asia?" ADB Economics Working Paper Series No.172, October 2009.

27　（アメリカ）Robert A. Mundell「ポスト危機時代の世界経済における中国の役

国に現れる特徴が発展途上国の中国にもますます多く現れる可能性があるとして、20数年の急速な発展を経た中国は国際通貨システムにおいて更なる役割を果たす他、輸入制限を減少させて他国の商品の輸入量を増加させ、世界経済により大きな貢献ができると考えた。

　中国の対外貿易の拡大は他の発展途上経済に新しい貿易のチャンスを与えていると考える学者もいるようである。SanjayaとManuel[28]は、中国から東アジア地域への輸出に関する影響を考察した上で、中国と地域の貿易関係は対立ではなく相互補完的であり、中国はまさに地域の輸出事業を促進するエンジンの役割を果たしているという見解を示した。ParkとShin[29]の見解によると、中国はまだ東アジアの経済発展のエンジンであるとは言えないが、しかし、東アジアから輸入する最終製品の量が年々増加している一方で、輸入する部品の量は減少していることから、すでに単純な生産者というだけではなく、地域の消費者になりつつあるという。また、アジアの他の国が中国とともに貿易事業を行っていけば、現段階では低下している外部需要による衝撃を緩和することもでき、長期的には経済発展を促進するエンジンになることもできるというのもParkとShinの見解である。

　上述の国外の研究によって、中国は地域経済構造を変える主体になりつつあることが分かった。将来の5～10年の間において、地域外の大国と比べて、中国は自らの経済的実力だけによって周辺環境を「改造」する能力はまだないかもしれないが、アジア市場を構築する主なプレーヤーまたは「調整役」になっている[30]であろう。

割」、『中国流通経済』、2012年第2号。

28　Lall Sanjaya and Albaladejo Manuel, "China's Competitive Performance: A Threat to East Asian Manufactured Exports?" *World Development*, 2004, 32 (9), pp.1441 - 1466.

29　Donghyun Park, Kwanho Shin (a1), "Can Trade with the People's Republic of China be an Engine of Growth for Developing Asia?" Asian Development Bank (ADB) Economics Working Paper, No.172, October 2009.

30　張蘊嶺によると、不利な周辺環境を改善する能力をすでにある程度握っている中国は、現時点の国際環境が相変わらず中国自身の発展に有利なものであるため、

第3節 本研究の方法論と主な結論

1 研究発想

　本書は、主に地域の観点からアジア工業化が直面している市場の問題及び中国の対応を検討する。現在、中国を含むアジアの経済発展が外部環境の制約に直面しているという背景のもとで、本書の研究は中国が地域市場の制約を解消するという戦略的措置に重点を置き、アジア地域市場を統合する主な方法を提示する。

　まず、本書は地域のレベルにおいて市場及び工業化に対する分析枠組を提供するものである。地域市場の形成は地域内の「大国」の工業化発展と関係がある。つまり、大国の工業化発展の結果は地域を外部市場の制約に直面させるとともに、地域市場の統合の条件を提供することにもなる。アジア市場発展を考える場合、以上の認識には重要な意義があるであろう。

　そして、アジア地域は中国が対外経済活動を展開する重要な拠点であるため、早期に的確なアジア地域経済の発展と変化の趨勢を把握し、地域内の他の経済体による内外関係の調整手段、経験を参考にする必要がある。要するに、これらの把握や理解は中国の将来の地域政策の立案に役立つものでもある。

　現存の国際関係の構造と秩序に対して大きな変更を図る必要がないという。また、報告によると、現在の外部経済環境は中国の経済発展・経済制度に概ね相応しく、主な領域で激しい衝突もないことにより、中国は、短期間に制度上の大変革というような特別措置を行わないばかりか、今後長期間にわたり既存の国際経済制度の基本的な枠組みを踏まえて平等・開放・競争の基本原則を尊重し続け、自らの経済的実力の向上によって各領域での発言権を増強するという戦略を実施していくべきだという（張蘊嶺『開放かつ協力的な国際環境の構築』、中国社会科学出版社、2013年。張岸元「国際経済環境及び中国の対外経済戦略」、『経済研究参考』、2012年第43期）。また、張徳広の指摘によると、国際社会において発展途上国、特に新興経済体は影響力を拡大し続け、世界構造と国際秩序の調整と変化を促進していくだろうという（張徳広「世界構造と国際秩序の変革の下準備」、『中国経済周刊』、2010年第1号）。

最後に、本研究の内容は我が国の中長期的な戦略的利益に関係している。アジア経済関係に変化が現れている今日、中国と地域の関係にも若干の新しい変化が出てくるようになった。地域関係の変化は中国に地域をリードするチャンスを与える他、将来中国の持続可能な経済発展に一定の外部条件を提供することもできるであろう。そのため、本書は比較研究をした上で、中国とアジア地域の関係の調整に関する実行可能性と持続可能性を分析し、中国が市場需要の視点から地域構造を再構築するという戦略的インプリケーションを提示する。

2　研究方法

マルクス・レーニン主義理論を基本的な指導原則とした本書の研究方法は、主に帰納・演繹の方法と定性分析・定量分析の方法から成り立っている。歴史の分析には主に帰納法、現実の研究・未来の予測には主に演繹法を活用する。定性分析以外に、計量的方法も用いて中国の成長がもたらした市場効果を定量的に分析する。

本書は市場需要を研究の出発点とし、中国の経済成長並びに中国と地域の経済関係の変遷を検討する。経済学理論で経済成長を検討する場合は、生産要素に着眼することが多く、また一般的に需要というのは短期変量として重要視されていないようである。しかし現実には、数回の世界経済危機の発生は需要・市場の問題との間に切っても切れない繋がりがあり、経済成長が需要・市場と繋がりを断つことはあり得ない。したがって、本書は基本的にアジア各国の生産あるいは供給に関する問題にはほとんど触れず、主に需要あるいは市場に研究の重点を置くのである。

3　内容構成と主な結論

本書は今後5〜10年の間を研究対象とし、如何に地域市場を活用して中国の工業化の発展を持続させるかというような、中国の地域に対する新課題を検討

するだけでなく、同時に中国と地域の相互関係の行き先も研究することによって、今後中国が地域戦略を実施するための前段階の研究の準備を提供する。

　本書の主な見方は下記のとおりである。

1. アジアの工業化は地域的な特徴を有しており、外部市場の制約から、統合的な地域市場の構築がアジア経済の共同目標になる。
2. アジア市場の統合は中国の工業化と経済発展をスムーズに推進することにも関わり、中国が将来実施する対外戦略の基礎構築の問題にも関わっている。
3. いずれ中国は地域市場構築の主要参加者ひいてはリーダーになるかもしれないが、現在は経済的な実力により、地域経済活動に影響を与える中心的存在ではなく、地域市場の統合は自然なプロセスである。

本書の主な特色は下記のように示される。

1. 一国の工業化の問題を地域というさらに高いレベルで扱い、地域のレベルにおいて市場及び工業化に対する分析方法のモデルを作る。なお、地域経済の発展が一定の段階に達すると、需要構造の転換の問題にも直面するようになることが分かった。この認識によって、なぜ先進地域の地域内における貿易投資の比率が高くなっているかをある程度説明できる。
2. 中国が地域経済構造へもたらす影響を定量的に分析する。
3. 中国が地域市場の統合に参加する意義を地域の視点から分析する。中国の経済発展と戦略調整は地域に深く関連しているため、地域内の他の経済体の利益要求も重要視する必要がある。また、将来アジアを世界の重要な一極にすることができる中国の重要性を示す。

外部市場及び地域工業化の過程

趙江林

||||||||||||||||||||||||||||||||||||||||||||||||||||||||||||||||||||||||||||||||||||||||||||||||||

　既存の工業化理論に対して、本書は以下の面で新展開を試みる。

　1．一国レベルの代わりに地域を対象とし、工業化の過程を検討する。過去の工業化理論は主に一国の工業化過程に対し総括を行ったものであり、現在のアジアの全体的な工業化が直面している問題にうまく答えることができない。

　2．市場を工業化における主要な制約条件として扱い、市場あるいは需要の重要性を主要な検討課題とする。

　3．大国は地域全体の工業化の過程の中で、主導的な役割を果たしている。地域の工業化過程は大国の工業化過程と似ているところもあるが、大きな差異もある。これは地域には数多くの国が含まれているためである。

第1節　外部市場と地域工業化過程の関係

　現在までに世界で工業化の過程を終えた地域はヨーロッパと北アメリカだけであり、アジアやラテンアメリカは工業化が進行中の地域である。本書は主に市場問題を検討するが、この問題は工業化の過程と密接な関係を持っている。工業化理論の検討は主に一国の産業部門の変遷過程を扱い、需要の検討に及ぶことは少ない。経済学では、一般的に需要は短期的な均衡変量とみられがちである。しかし、一国の工業化の過程は長期的な過程である。したがって、市場あるいは需要は一般的に既定の事実あるいは前提としてみなされる。しかし現在、人々はますます需要あるいは市場が一国の工業化の過程に対して、非常に

重要な役割を果たしていることに気づくようになってきた。特に、小さな国の工業化にとっては、外部市場を抜きにして、工業化は成し遂げられないのである。

1　大国工業化の過程と外部市場の関係

　ここでは、まず大国の市場条件と工業化の過程の関係について検討する。

　一人当たりの所得水準の向上を追求することを目的にした経済発展は、現在の世界では普遍的に受け入れられている理念であり共通目標である。工業文明が出現して以来、今までの経済発展のパターンは大体二種類に分けられる。閉鎖経済と開放経済である。両者の主要な区別は、一国の経済が外部の経済と広範囲にわたって深くかかわっているかどうかにある。閉鎖経済のもとでは、国は基本的に外部と経済関係を持たない。そして、その国の経済発展は主に内部の自己循環を通して実現している。すなわち、国内の生産規模が国内の市場規模に一致するのである。具体的には自立の道を歩むというものである。工業化の最初の段階では市場規模の拡張速度が技術の進歩より遅いことにより、工業品増加の速度、つまり国の市場規模の有限性が極度に生産規模の拡張を制限していたため、短期間のうちに工業化を達成するのは難しい。これが欧米などの国が数百年余りかけて工業化のプロセスを推進してきた原因の一つである。今後一人当たり収入のレベルが高まるにしたがって、製品への需要量も拡大し始め、製品の需要構造も変化していくのである。例えば、農産品への需要の減少および工業品への需要の増加は国の産業構造の変化を促した。つまり、農業などの第一次産業は経済的地位が落ち、工業は経済的地位が上がっていく。これに伴って、大量の労働力が農業などの部門から工業やサービス業などの部門に移っていく。所得水準が高まっていくのにしたがい、人々の需要構造は再び工業品の内部で変化していく。労働集約型商品への需要からさらに複雑な資本技術集約型製品への需要に転換し、それに応じて製造業内部の構造の変化を引き起こす。つまり、労働集約型産業は工業品の内部に占める割合が小さくなり始

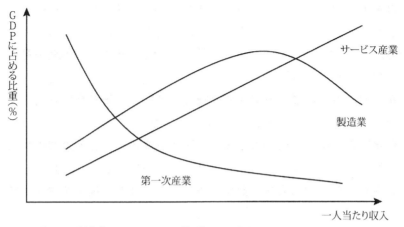

図2-1　閉鎖条件の下での大国の「標準」の工業化の過程

め、資本技術集約型産業が拡大していく。つまり、いわゆる重工業化の段階である。工業部門の十分な発展は製造部門ソリューションサービス業への需要の増加をもたらし、同時に、人々の所得水準の一層の向上は消費型サービスへの需要の増加を拡大し、これは再び産業構造の新たな変化を促した。つまり、サービス業は経済的地位が日々高くなり、そして最終的に経済における主要な地位を占めるのである（図2-1を参照）。以上が伝統的な「大国」の工業化の過程で、「標準」的な工業化の過程とも考えられる。中国とインドが1950年代から中国の改革開放前まで歩んだ工業化の道は、以上に述べた「標準」的な工業化過程の初期段階の実践であった。ここで、説明を要するのは、小国は工業化の必要な市場規模を提供しにくいため、閉鎖条件のもとでは工業化国家のグループに入っていないことである。

　開放経済のもとで、国の経済発展は多様な方法を通して実現できる。開放経済のもとでは、国は外部の経済と交易関係をもっているために、世界商品市場で当該国の財貨とサービス財を売買でき、世界の金融市場で資本財や資産を売買できる。このようにして、当国の必要な資本は外部の金融市場から、必要な資本財と技術は世界製品市場から獲得でき、当該国が生産した比較優位のある

財貨あるいはサービスを世界市場に販売することができる。また、国の経済発展が直面する市場の問題は、国内を通して解決するばかりでなく、外部を通して解決することもできるため、国の生産規模の拡大はもはや国内の狭い市場に制限されることはないとも言える。特に、当該国の市場に比べて外部の市場が「無限大」である場合、新興国の経済発展は、もっぱら自身の比較優位を発揮し、外部との財貨とサービスの交換を実現できるように集中すればよい。外部との交換さえ実現できれば、新興国は工業化の道を歩んでもよく、非工業化の道を歩んでもよいのである。

　一般的に言えば、開放的な戦略を採用する経済体は非開放的な戦略を採用する経済体よりさらに速く経済の拡大と構造変化を実現できる。新興国の工業化の過程から見れば、第二次大戦後、一部の経済体は輸出主導型工業の発展戦略を実行することを通して、外部市場の力を借りて新興国や地域の経済のテイクオフの道を切り開いた。世界に工業化の新しいモデルを示した。アジア NIEs[1]はこの好例である。これらの国や地域が得た経済的成功は、一方ではあらためて工業化の道は確かに富裕化の道であることを証明し、もう一方では、内部市場が乏しい条件下でも、発展途上国は外部市場の力を借りて、より速い速度で先進国との経済的な差を縮められることを示し、さらに後続の発展途上国に工業化の努力を続ける模範となり、工業化の達成が福利水準の向上をもたらしうる可能性を示した[2]。

　当然、新興国は外部の市場を獲得すると同時に、外部市場からの当該国の経済発展への「制約」も受け入れなければならない。特に工業化の初期段階では、このような制約においては主に外部市場が当該国の工業化に対する方向づけを決定する役割をもっている。言いかえれば、新興国は現有の国際分業体制が当該国の経済を支配するという現実を認めざるをえない。国際分業に参加する際に、比較優位のある財貨やサービス製品を提供できなければ、世界市場での交

1　(訳注) 韓国、台湾、香港、シンガポールを指す。
2　銭納里ほか『工業化および経済成長の比較研究』上海三聯書店、1989年、211ページ～258ページ。

換が進められず、外部市場が提供してくれるチャンスを現実化できない。その
ため、閉鎖経済の下での新興国に比べ、開放条件の下での新興国は国際環境に
適応するためにより多くの努力を行わなければならない。これはいったん対外
開放の戦略を実施した後で、新興国が一般的に大規模な国内改革、関税、経済
管理体制、法律に至るまでを含む一連の改革を行わなければならない原因の一
つである[3]。

　いったん国内市場が十分に発展した後、新たに当該国の市場が国の工業化の
進路を方向付ける可能性もあるが、これは国の経済規模によって変わる。小国
は経済規模が限られているので、経済が一定程度の発展レベルに達しても、工
業の大きな発展に必要な大きさの市場規模を確保するという問題を解決できな
い。そのため、小国は発展するまで国際市場に対する依存が長期間に及ぶかも
しれない。しかし大国はそうではなく、いったん内部市場が整備されれば、大
国では国内市場が新たに工業化の方向を主導する地位に戻る可能性がある。簡
単に言えば、開放経済の初期段階では、大国であれ、小国であれ、外部市場は
新興国の工業化の方向付けに関して大いに「主導権」を持っている。時間が経
過すれば、このような状況は当該国の経済規模の拡大とともに変化していくだ
ろう（図2-2を参照）。

　開放経済のもとでは上述の工業化の道のほかに、世界の一部の国は非製造業
化という形で低収入レベルから高収入レベルへの飛躍を実現する。例えば、中
東などの地域の自然資源が豊富な国や突出した優位を持っている小国などであ
り、これらの国の共通特徴は製造業に頼らず経済の発展を実現できることであ
る。世界市場が利用できるため、外部市場と交易できる商品さえ提供できれば、
経済の成長が実現できるのである。ここでは、製造業発展は唯一の方法とは限
らない。これらのプロト工業化過程を飛ばして工業化段階に直接入るのに成功
する国家は、経済規模があまり大きくない国か自然資源が極めて豊富な国だけ

3　（ロシア）Belokon「経済の開放性および経済進歩——日本及びアジア新興の工
　　業化国と地域の経験」、『世界経済及び国際関係』、1997年第1号（中国語訳　篠
　　荃訳『国外財経』1997年第4号）。

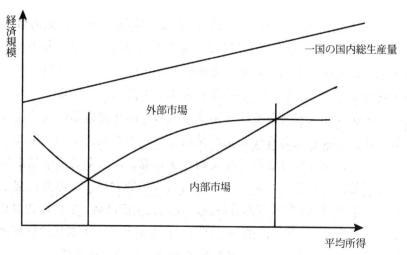

図2-2　大国の開放条件下での経済発展の過程

である。インドはサービス業に集中して優先的に発展させ、一人当たりの所得水準を高めようと試みているが、大規模な国でこのような跳躍式の経済発展が成功できるかどうかはまだ未知数である。

　まとめると、新興国は閉鎖条件のもとでも工業化の過程を進められるし（これは欧米の国々がすでに証明している）、開放条件のもとでも工業化は可能である。そして後者の工業化の過程は前者よりずっと速い。主な原因は後者が外部市場を借りることで、長期の内部市場の拡張過程を省略できるからである。これも日本とアジアNIEsの成功経験により証明されている。もちろん、開放条件のもとで、まだ定説のない非製造業工業化の道を選択してもよい。しかしいずれにせよ、利用可能な外部市場を備えることが新興国にとって急速に経済発展を実現できる重要な前提なのである。

2　外部市場及び地域工業化過程の関係

　世界経済の発展はずっと生産が主役となっている。経済理論は消費の重要

性[4)]を否定してはいないが、大方の主流の経済理論は主に生産を基礎にして展開している。先進国が次第にポスト工業化社会に進むにつれ、世界経済は生産主導から消費主導に転換する段階に入り始めた。これまでは、世界経済はずっと生産が主導する発展段階であった。生産は基本的に国の内部あるいは地域で集中して製造され、その後の製品は商品としてほかの国や地域に輸出する。この段階の主要な特徴は生産が集中的で消費は分散的であることであり、生産でいったん問題が出現すれば、すべての関連する消費市場は深刻な影響を受ける可能性があることである。消費市場で問題が出現した場合には、生産と、生産関連のほかの消費市場の発展に影響を与えるとは限らない。消費が主導的地位を占める段階になると、生産は分業の発展によって、サプライチェーンや生産ネットワークが分散しているが、消費は主要な先進国の市場に比較的集中している。製造のある場所で問題が出現した際に、他の場所やネットワークで補充、交代できるため、最終的な消費市場への影響は小さい。しかし、主要な消費市場で問題が出現した場合は、サプライチェーンや生産ネットワーク全体に影響を与える。一部の研究[5)]では、経済成長への貢献が決定的なのは需要であることを明らかにしている。

　現在、国際分業が十分に発展した環境の中では、一国の生産構造は国際分業

4　Kaldor、Kuznets や Hansen などの経済学者は、消費需要は生産の最終目的であれば、経済成長が必要とする推進力の中で最も安定している部分でもあると考えている。紀明「需要構造演進ロジック及び中国経済持続均衡成長」、『社会科学』、2013年第2号；任碧雲、王留之『中国消費と投資関係の調整及びその機制研究』、南開大学出版社、2010年。

5　梁東黎は伝統的な経済成長パターンには欠陥があると考えている。市場経済では、供給は経済成長を決定せず、需要が決定している。需要の制限を含めた成長のモデルの中では、技術革新の投資の増加が経済成長を引き起こせるとは限らない。
　劉飛ほかは、消費駆動型の現代化は一種のより一層持久的な新型経済現代化戦略であり、そのため、大いに消費制度の現代化を推進することは一刻を争うと考えている。梁東黎「需要制約条件のもとでの経済成長理論」、『南京社会科学』、2007年第1号；劉飛、李譚君「生産駆動型現代化から消費駆動型現代化へ──中国経済現代動力機制の新命題」、『経済問題探索』、2011年第2号、21ページ。

によって少数の部門に極端に傾斜させることができるが、消費構造は基本的に均衡的であるため、結果的に生産と消費の極端な分離を引き起こす。生産は地域さらに世界に拡大する必要があり、より多くの経済体が地域分業体制に参加して初めて、生産と消費とのバランスが取れる。均衡の取れた生産と消費は地域経済が自立できるための条件なのである。そして十分に大きな市場規模は均衡を実現できる基盤であり、市場規模が自立した地域経済を形成するための根本的な要素になっていることは明らかである。

　地域市場は地域内の経済体によって構成されており、一般的に地域内の「大国」の市場規模（あるいは潜在的な能力）は自身の経済成長を支える能力を持っているばかりでなく、同時に「スピルオーバー」する可能性もある。すなわち、「大国」が工業化社会に入った後、消費能力または規模が生産能力または規模を超えたとき、地域に市場の「余剰」を提供する場合があり、地域さらに世界経済構造に影響し主導的な役割を果たすための基盤となる。実際にアメリカではそうなっている。それに反して、「小国」や新興国は自身の経済成長を支えられる十分な規模がない。外部市場を借りれば、安定した発展を保つことができ、それに応じて、地域（あるいは世界）経済システムへの長期の依存関係を形成する。

　先進国がポスト工業化社会発展に向かった結果、一部のアジアの国（東アジア）はチャンスを利用し工業化の基本的なステップを進めた。先進国は消費市場を提供し、東アジアの国（及び地域）は資源を集中し生産能力を発展させたが、自国市場による消費能力は考慮しなくてもかまわない。そのため、数十年、場合によってはわずか十数年の間に先進国が何百年もかけて完了する工業化過程を終わらせ、先進国が提供した「無限」の市場[6]はアジアの奇跡の誕生をもた

6　王峰は1995〜2006年の中国の東アジア各国や地域からの輸入を考察対象にし、パネル共和分方法を用いて、東アジア地域内の貿易の拡張が垂直的分業の深化と外部需要の増加によることを証明した。田暉ほかは1995〜2008年のデータをもとに、共和分検定及び誤差修正モデルを用いて、アメリカの消費需要と中国のアメリカへの輸出の関係の研究を進めた。結果として、アメリカの消費需要の変動と中国のアメリカへの輸出との間には正比例の安定した共生関係があり、

らした。

　ただし、東アジアでは経済の高度成長の目標は達成されたが、生産能力が自身の市場の消費能力を遥かに超えるという結果を引き起こした。外部市場が「無限」ではなくなり、アジアの生産規模にある程度制約を与える場合、アジア経済の成長も不安定になり始める。例えば、1997年のアジア金融危機と2008年の全世界金融危機が勃発した際、アジアは軒並み成長が弱まる局面となった。したがって、アジアが直面する課題は短い期間に早急に内部市場を拡大し、生産規模に相応する均衡が実現できる近道が見つかるかどうかであり、それによって地域経済の安定と発展を保証することができる。

　東アジアの奇跡は地域経済体が外部市場に依存する条件下で工業化の過程を加速できることを証明した。ただし、東アジアの製造規模が地域外の受け入れ規模を超える場合、市場は東アジアの一層の工業化の重大な制約条件となる。地域市場の急速な拡大方法を確保することが、早期工業化が完成する条件である。これも本書が答えようと試みる重要な問題である。

　図2-3が示すように、外部市場の条件がない場合、地域工業化の過程は主に内部市場に頼って進む。このとき、地域内の供求均衡は点E2のところで実現し、低水準の低速の工業化過程となる。外需市場がある条件では、技術と価格が変化しないとしても、地域は点E1のところで需給均衡を実現する。地域工

両者はグレンジャー因果関係にあることを示した。資樹栄は海外の住民の消費需要の構造変動が中国の消費財の輸出の増加に一定の影響を与え、先進国の住民の消費需要の構造変動および中国消費財輸出の研究を通して、先進国国民の消費需要の上昇が中国の消費財の輸出増加の重要な原因であることを証明した。章艶紅の実証的研究は中国の輸出増加が海外の需要に大きく牽引されていたことを示した。王峰「垂直的分業、外部需要及び東アジア地域内の貿易拡張──中国のデータパネル共和分分析」、『世界経済及び政治論壇』、2008年第3号；田暉、李淼「アメリカ消費需要の中米の輸出への影響の研究──中国のアメリカへの輸出に基づいた実証分析」、『消費経済』、2012年第1号；資樹栄、文啓湘「国外住民消費構造変動の中国の輸出への影響」、『探索』2005年第9号；資樹栄「先進国住民消費需要変動の中国の消費財輸出への影響」、『経済理論および経済管理』、2009年第1号。

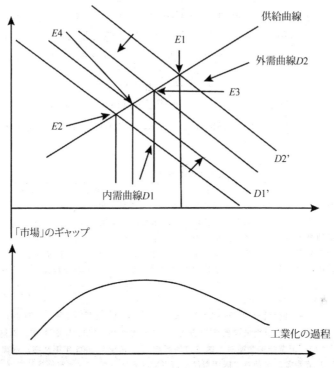

供給曲線

E4

E1

外需曲線D2

E3

E2

D2'

内需曲線D1

D1'

「市場」のギャップ

工業化の過程

図2-3　アジア市場と工業との関係の発展

業化の過程は外需の存在で供給のギャップと内外需市場のギャップが小さくなり、加速的に発展することができる。

　時間の推移とともに外需が縮減する場合、内需は地域経済の成長がもたらした所得水準の向上により拡張でき、内需の曲線も外側に推移し、新しい均衡点E4が出現する。ただし、外需の曲線が左に移動すると、外需の供給の曲線が下へ移動し、最終的に点E3のところで均衡が実現する。地域の収入水準の向上によってもたらされた内需規模の拡張が外需市場規模の縮減規模を補充できないとすれば、地域供給のギャップと内外需市場のギャップの拡大を引き起こす。この時、政策の効果によって、地域市場の規模を拡張するのである。例え

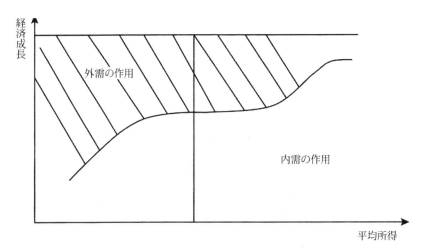

図2-4　内外需の作用及び地域経済構造変化

ば、関税や非関税障壁を削減することで、なるべくこの時期に市場ギャップの
存在により地域工業化の過程が遅れることのないようにする。しかし、数多く
の経済体の主権問題に関連していることにより、地域市場の整備は経済問題で
もあり、政治問題でもあるため、この過程は極めて困難なものとなる。

　時間のさらなる推移に従って、当地域の所得水準がより一層向上し、内需規
模の拡張速度が外需規模縮少の速度を十分に超えた場合、地域工業化の過程
は完全に自主的な成長が実現できる可能性がある。もちろん、外需の効果がな
いわけではないが、地域工業化の過程では大きな役割を果たさないだけである
（図2-4を参照）。

　ここではアジアの1970年代以来の長周期の需要構造の変化を例示し、アジ
ア地域の需要構造の変化過程を考察する。図2-5が示すように、いままでアジ
アでは最終消費がGDPに占める割合が安定しつつも下がる傾向があった。投
資がGDPに占める役割は正反対であり、安定しつつも上がっている。2008年
前後まで、外需がアジア経済成長を牽引する役割は弱くなり始め、アジア経済
構造の転換のキーポイントとなっている。2008年以後、アジアでは最終消費
が下がる傾向、投資が上昇する傾向を示しており、アジアがまだ工業化の中期

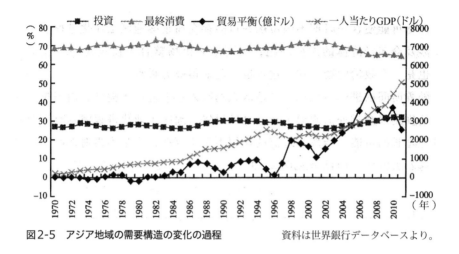

図2-5　アジア地域の需要構造の変化の過程　　　　　　資料は世界銀行データベースより。

段階にあることを反映している。当時の一人当たりGDP水準は3000ドル前後で、ちょうど工業化の過程で投資によって経済成長を牽引する段階であった。消費はすぐには始動できない状況であるが投資需要が外需下降に代わる作用を果たしており、そのため、アジアは2008年金融危機の後も、比較的高い成長率を保っていた。当然、政策は投資を刺激するのに大きな役割を果たしていた。例えば、中、日、韓及びアセアンの国々は次々と経済を刺激する政策を実施した。対外投資を引き入れることに力を入れ、それにより投資が経済成長の中で持つ牽引作用が拡大した。

第2節　市場制約条件の下での中国の工業化過程

　開放条件の下では、発展途上大国の工業化は旧来の大国工業化の過程とは異なる。発展途上大国は工業化の初期段階では開放を通して経済発展の中で直面する国内市場の狭さの問題（発展途上大国は後期には規模による経済効果を有する）を効果的に克服できるが、発展途上大国の経済発展とともに大国効果が徐々に現

れ始めた時に直面する問題は、外部市場が大国の生産規模を引き受け続けられなくなるということである。そうなると発展途上大国は新しい市場を探さざるをえず、一般的に言えば、大国がまず目指す販売先は国内市場であるが、これは本書が検討する主要な内容ではない。次に目指すのは地域市場である。域内市場が拡大できるかどうか、どのように拡大するかが本書の研究的関心である。地域市場を整備するためには大国自身が必要な妥協を受け入れなければならないが、自らの経済成長のための短期的な利益以外に、より一層戦略的なイニシアチブが地域が大国の平和的勃興を受け入れる有効な方法の一つである。したがって、本書は「外部市場の制約条件のもとでの発展途上大国の工業化の過程」の分析の枠を用いて展開する。

　一般的に、中国は国内で工業化の苦境に直面したため、過去の発展戦略を転換したといえる。その出発点は工業化の初期段階で国内市場が狭かったという弊害を克服することであり、現在の国際市場を利用して、本国が比較優位を持っている産業を選択し、主体的に国際分業に参加したのである。

1　開放条件の下の中国の工業化の過程

　中国は1978年に対外開放の政策を実施し、1950年代以来遂行してきた自国の力のみで工業化を実現するという目標戦略を自発的に放棄し、国際的な要素から本国の経済発展への影響を受け入れた。そこから、中国の経済発展の戦略の実施基盤は閉鎖状態から開放状態に変わった。開放の初期段階では、中国は労働集約型製造業を選択しており、このような伝統的な経済発展の方法で成功できることはすでに先行国と新興経済体によって、証明されている。

　中国が製造業を輸出型産業としたことは当時の国際産業の分業の背景と密接な関連を持っている。中国が改革開放を実行することは主体的に自国の経済発展戦略を調整する行為であり、主に自国の問題を解決するための内在的要求である。1978年の改革開放は国内経済の矛盾の調整を急ぐ時期にあたっており、当時の中国は多くの民衆の最低限の生活水準問題の解決に迫られていた。世界

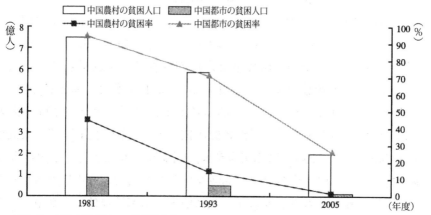

図2-6　中国の貧困人口、貧困発生率
注：一日に1.25ドル（毎月38ドル）以下であれば、貧困人口の基準に則する。
出所：世界銀行『世界発展指数』データベース、http://data.worldbank.org/indicator より。

銀行が確定した貧困人口の基準によると、1981年に中国では貧困人口が全体で8.34億人にも達しており、貧困発生率は84パーセントであった。貧困人口は主に農村に集中している（図2-6を参照）。

　最低限の生活水準を解決するには、数多くの農村の余剰労働力を工業などの部門に移動することが、緊急で最も現実的な任務でもある。なるべく多くの農村の余剰労働力を受け入れられる産業部門を発展させ、なるべく多くの貧困人口に工業化の利点を享受させる必要がある。そのため、労働集約型産業を発展させることが主眼であり、国内経済および社会制約条件の下での選択であった。しかし、労働集約型産業を発展させることで直面する主要な問題は、生産した製品をどこに販売するかということである。中国は閉鎖の条件のもとで比較的体系的な工業化生産体制を確立していたものの、長期間の資本集約型重工業に偏った発展により国内の一人当たりの収入水準はずっと低水準の状態にあった。1978年一人あたり国内総生産（GDP）は200ドルあたりで停滞していた。このような低収入水準ではある程度の規模の消費需要にはなりにくく、中国が労働集約型産業の発展をまだ国内市場の規模拡張に依存していたとすれば、中国の

経済発展を進めることは難しかった。そのため、中国は国内市場の規模の有限性と労働集約型産業の拡張の能力の「無限」（改革の初期、中国の農村は余剰労働力が豊富であり、国内市場に対して労働力を無限に供給できるとみられていた）との矛盾を解決するには、ほかの道を探す必要があった。

　中国は労働力を比較優位としてアジア生産分業体制に参加することで、国内の就業問題をうまく解決できるだけでなく、国内市場の問題も解決できた。アジアの国際分業の中で突出した優位は労働集約型製造業である。アジアの最初の製造業の始まりは1960年代後半に世界の主要な先進国（欧米など）が大規模な産業調整を行ったのがきっかけであった。当時の欧米などの先進国は製造業のコストが徐々に高くなったため、製造業を海外に移転せざるをえなかった。移転先はアジアであり、欧米の先進国は産業を移転した後、自身は主に製品生産に主に直接従事せず、工業製品の消費は輸入によって実現し、アジアと欧米との間で、アジアが生産、欧米が消費という経済構造が形成された。1980年代以後、日本、アジアのNIEsは高コストの企業の労働集約型産業を海外に移転した。中国の最初の産業は主に香港地区などから移転してきた「三来一補」[7]などの小規模な労働集約型産業であった。1980年代の外部市場に適応することを目標にした改革を経た後、1990年より、中国はアジアの各経済体からの大規模な産業移転を受け入れた。外資が大規模に流入（図2-7を参照）するにともなって、中国の労働集約型産業部門は急速に発展[8]した。1997年のアジア金融危機前後には、中国はアジア産業移転の最終目的地となり、莫大な規模でアジア生産バリューチェーンの末端の位置を占めた。すなわち、工業品の加工組み立て段階の生産基地になっており、工業製品をアメリカなどの先進国に輸出したのである[9]。

7　（訳注）委託加工。部品、モデル、材料を輸入し加工する貿易と補償貿易。
8　1979〜2010年に外資から中国への直接投資が累計10483.8億ドルに達し、約70％の外資の直接投資が製造業及び不動産業に流入した。『中国統計年鑑』及び商務部のホームページを参照。
9　周小兵「アジア金融危機後のアジア輸出指導パターンの調整」、李向陽主編『アジア太平洋地域発展報告（2011）』、社会科学文献出版社、2011年、43〜53ページ。

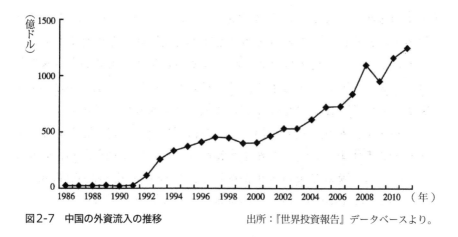

図2-7 中国の外資流入の推移　　　　　　　　出所：『世界投資報告』データベースより。

　中国は国際分業に参入することでアジア産業移転という波に乗っていた。当時のアジアのすでに発展した経済体にとって、中国の労働力は安価で豊富であるが、ある程度の労働技術を備えている存在だった。これは中国がアジア産業分業に参加する際の優位になっていた。生産した製品は国際市場では高い競争力を持っており、それにより国際分業におけるポジションを獲得した。中国がアジア産業の分業体制に参加したのはやや遅めであるが、莫大な経済規模を盾に、最終的には、「世界の工場」となった。

　30年あまりの発展を経て、中国は閉鎖経済の下では得られなかった経済的成果を得た。中国は外部市場の恩恵により工業化の初期段階をほぼ達成し、さらに、より高度な資本、技術集約型産業を発展させ始めた。一人当たりの所得水準は急速に向上し、大量の貧困人口も貧困生活を抜けだして余裕のある生活に向かっている。中国はすでに上中等収入の国の下位グループに入っている[10]。

10　世界銀行は2009年の国民総所得（gross national income, GNI）レベルによって、国々を四グループに分けた。平均収入が995ドルより低い国、平均収入が996〜3945ドルの下中等収入の国、平均収入が3946〜12195ドルの上中等収入の国、平均収入が12196ドル以上の高収入の国である。この基準によれば、2009年に中国は上中等収入の国に属しているが、上限レベルにある。インドもこのグループに属するが、下限レベルにある。

2 将来の工業化過程の外部市場への需要

　対外開放を実行した後、世界の経済発展の「標準」的ロードマップに従って、中国は新興経済体の工業化の道を歩んでおり、産業構造の転換も伝統的なパターンに近い。ただし、中国はやはり発展途上の大国であり、外部市場の中国の工業化への支援も限度があるものである。そのため、現在の中国は内需に依存して経済成長を主導していく方向に変わりつつある。このような転換が実現できれば、中国の将来の経済発展のパターンは伝統的な工業大国のパターンにより一層近くなる。

　現在のデータでは、中国は外部市場ではなく国内市場が経済発展を主導する時期にある。この点から言えば、中国は新興経済体が外部市場に依存して経済発展を実現するパターンを離れ、伝統的な工業大国の経済発展の軌道に戻っている。中国のこのような転換は外部市場の有限性と国内製造業の規模の無限の拡張との矛盾の結果がもたらしたものである。

　現在の外部市場は中国製品の輸出に対する許容量がすでに臨界点に達していると言え、中国は外部市場の拡大を見出す可能性が減少しつつある。工業化の初期段階では、中国は国内市場の規模制約から、外部市場に製品を輸出せざるをえず、要するに、輸出主導型工業化戦略を採用していた。しかし、中国がアジア産業移転を受け入れた時、世界の工業製品貿易の増加はすでに末期段階にあった。たとえば、1980年代中期以前は、アメリカがアジアから輸入する貨物貿易の規模がアメリカの輸入に占める比重が一貫して上昇する傾向にあり、1997年までのアジア金融危機勃発前の10年間は40％前後のシェアを保っていた。アジア金融危機が勃発した後、アメリカがアジアから輸入する製品がアメリカの輸入の全体の割合に占める比重が下降する傾向を見せ、21世紀に入った後は35％のレベルで安定していた。中国という大きな経済体は輸出主導型グループに入った後、世界市場で競争を通して世界市場のシェアを獲得した。最

も典型的な表れがアジア内部の貿易関係の変化である[11]。中国がアジア生産システムに参入する前は、アジア経済は主にアメリカ市場に輸出していたが、中国がアジア生産システムに参加しある程度の分業の地位を獲得したことにともない、アジアの輸出先にも変化が起こった。すなわち、アジア経済は徐々に中国に輸出するようになり、中国を通してアメリカに輸出するようになったのである。つまり、アメリカとアジア経済体の多角貿易関係が中国とアメリカの双方向貿易関係になったのである。2008年の世界金融危機の勃発後、アメリカをはじめとする先進国は中国などのアジア諸国に対し、輸出主導型の発展パターンを調整し、高すぎる工業製品の貿易黒字を下げるよう要求した。これは、世界市場においてアジア製品に対する需要が制約を受ける方向に変わったことを表している。輸出主導型の中国の経済発展に比較的強い制約がかけられたことは疑いない。

　中国の輸出が外部市場の制約に直面すると同時に、改革開放30数年の発展を経た後で中国の国内市場は経済発展を主導する役割に戻っており、将来の中国の経済発展の主要な牽引力になる可能性がある。工業化の初期段階が完了するとともに、中国の経済規模はすでに世界二位になり、収入レベルの急速な向上は、中国の成長パターンを外需依存から内需依存に転換し、国内市場が新時代の経済発展の主導役になるための有利な条件となった。世界金融危機の勃発以後、世界の貿易成長が大幅に減速する状況下で、中国が依然として高度な経済成長を実現していることが明らかに示している。中国はすでに外部市場に依存し輸出によって経済成長するのではなく、内需を通して経済成長を実現させているのである。もう一つの変化は個人消費の経済総量の割合の変化である。改革開放後、中国の個人消費がGDPに占める割合はずっと下降を続けており、世界金融危機の勃発後は停止の段階（図2-8を参照）に入り始めた。これは中国の国内市場の勃興が外部市場にかわって、経済成長の主要な推進力になる可能

11　趙江林『アジア経済成長のモデル：パターン転換とビジョン』、科学文献出版社、2010年。

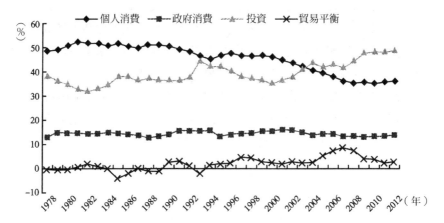

図2-8　中国の需要構造の変化
出所：1978～1989年のデータは『中国統計年鑑』、1990年～2012年のデータはアジア開発
　　　銀行より。

性があるということである。中国の「十二五」¹²⁾期間に伴い、国民の収入の向
上を核心とした政策調整が行われ、内需によってこれからの経済発展の過程を
主導する時代の幕も開かれた。中国の経済発展は新興国が外部市場に依存する
パターンを離れ、伝統的な工業大国の発展パターンに近づいていくのである。
　世界市場からの中国製品生産の需要への制約が強くなりつつあるにもかかわ
らず、中国の製造業が低下する兆候はまだはっきりしておらず、徹底的な転換
にはまだ時間が必要である。長い間、中国は製造業のGDPに占める割合が高
すぎるという局面をまだ変えられておらず、主な原因には次のものが挙げられ
る。1. 改革開放の前は、中国の重工業の過度な発展により工業がGDPに占め
る割合が高く、改革開放後の大規模の労働集約型の製造業の発展により再び同
様の高い割合を維持してきた。そのため、中国の製造業がGDPに占める割合
は常に高かった。2. 1978年の改革開放以後、中国は相当な部分の製品生産を
世界へ向けて生産していたため、製造業の経済における割合は低下しにくい。

12　（訳注）第12次五カ年計画のこと。

3．先進国の製造業が占めるGDPの割合の低下は、収入が一定のレベルに達した後、始まったものである。しかし、中国の一人当たりの所得水準はまだ上中等収入の国の下位のレベルになったばかりであり、中国の資本技術約集型産業はまだ発展する余地がある。

　しかし、中国において経済発展の牽引役が製造業からサービス業へと変わっていく傾向は必然的である。中国は「十二五」計画の中で、サービス業を大きく発展させていくことを明確に表明した。一方では、中国の製造業の壮大な規模はすでにサービス業の拡張のために有利な条件を備えている。ただ、長い間製造業が必要とする産業サービスは主に外資企業自身が提供してきた。中国のサービス業自体の競争力が上昇するのにしたがって、国内資本のサービス業企業は外資に代わって、中国のサービス業発展を主導するであろう。もう一方では、消費型のサービス業の需要も平均収入のレベルの向上とともにさらに拡大し、サービス業の発展を促進する。当然ながら、サービス業は製造業と同じようには経済成長を高いレベルにもっていくことができないため、中国の経済成長の速度はサービス業が成長の主役に代わった後、ある程度減速する。しかし、中国の経済成長が極端に遅くなることはない。それは中国がやはりまだ経済発展のレベルが成熟した国ではないためである。地域の差、都市化と大量の貧困人口の存在などが中国の製造業に一定の発展の余地をもたらし、中国の将来にわたる一定の期間は経済成長率が先進国や他の新興国より高くなる。

　つまり、将来にわたる一定期間、一人当たりの所得水準が6000ドルに達している中国は外需依存から内需依存に転換した経済成長を実現し、世界経済発展の「標準」的なコースに沿って、積極的に産業構造の高度化およびサービス業の発展を推進していくのである。

アジア地域市場構造の発展と変化

趙江林

||||||||||||||||||||||||||||||||||||||||||||||||||||||||||||||||||||||||||||||||||||||||||||||||

　2008年世界金融危機の発生後、アジアの経済発展は各国が次々に経済政策を調整し、内需によって経済成長を牽引するという特徴が著しく現れた。この「内需」は、ある国の内部消費と投資だけでなく、地域内の輸出に依存して経済成長を牽引することも指す。本章はアジア域内市場の総量と構造の変化を研究することに重点を置く。

第1節　アジア地域市場の規模の変化

　アジア地域市場は第二次世界大戦後に徐々に勃興し、発展してきた。世界総生産（GDP）に占めるアジアの割合で計算すれば、1960年以来、アジア市場の規模は急拡大する勢いを見せていた（図3-1参照）。

　概して言えば、アジアのGDPの規模拡張は三つの段階に分けられる。

1. 1960～1997年アジア金融危機勃発、アジアの世界GDPに占める割合は上昇傾向にあった。1960年の約15％から1997年前後の約28％に上り、約13％ポイント伸びた。

2. 1997年アジア金融危機から2008年世界金融危機まで、世界GDPに占めるアジアの割合は約28％から約21％に低下し、減少傾向にあった。このことにより、1997年アジア金融危機はアジアの国々の経済発展に大きな衝撃を与えたことが分かる。その間、アジア貨幣の切

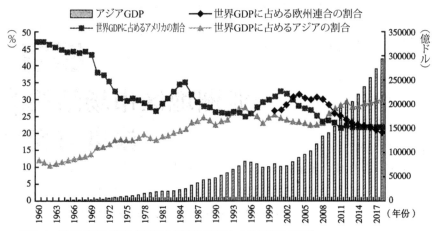

図3-1　アジア国のGDP規模および世界GDPに占める割合の変化
（注）2014年〜2017年のデータは予測値である。
出所：世界銀行と国際通貨基金より。

り下げでGDP規模も急激に縮減した。また、日本GDPの成長は遅く、
アジアが世界GDPに占める割合の低下を引き起こした。

3. 2008年世界金融危機の発生後、アジアの国の占める割合は2008年の
約21％から2012年の30％近くに上り、再び上昇傾向を示した。つ
まり、アジアGDPの規模は1997年アジア金融危機勃発前の水準に
戻り、2012年には21兆ドルに達した。国際通貨基金（IMF）の予測
に基づくと、世界のGDPに占めるアジアの割合は更なる拡張の傾向
があるという。

　アメリカ・EUなどの世界の主要地域に比べ、EUとアメリカが世界GDPに
占める割合はいずれも減少傾向にあった。特に、2008年世界金融危機の影響
を受けて両地域のGDPは大幅に落ち込み、アメリカのGDPが2009年にアジ
アに抜かれ、EUも2010年にアジアに抜かれた。
　中国を除くと、アジアの経済総量はEUや北アメリカには匹敵しない。世界
GDPに占める日本の割合は下降し続けていて、周辺の国の上昇分を相殺して

表3-1　世界の主要経済体のGDP規模の比較

地域	規模（万億ドル）					割合（%）				
	2005年	2010年	2012年	2013年	2018年	2005年	2010年	2012年	2013年	2018年
世界	45.7	63.5	71.7	74.2	97.6	100.0	100.0	100.0	100.0	100.0
欧州連合	13.8	16.3	16.6	17.2	19.8	30.4	25.9	23.8	23.2	20.2
アメリカ	12.6	14.5	15.7	16.2	21.1	27.7	22.9	22.5	21.9	21.6
中国	2.3	5.9	8.4	9.0	13.8	5.0	9.5	12.0	12.1	14.1
アジアの国	8.0	11.3	12.6	11.8	15.7	17.7	17.9	18.1	15.9	16.1
アジア合計	10.3	17.2	21.0	20.8	29.5	22.7	27.4	30.2	28.0	30.2

（注）2018年のデータは予測値である。
出所：国際通貨基金より。

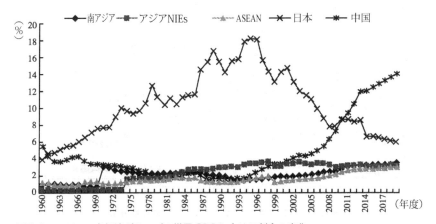

図3-2　アジアの各経済グループの世界GDPに占める割合の変化
（注）2014年〜2017年データは予測値である。
出所：世界銀行と国際通貨基金より。

いた。2012年、アジア（中国を除く）のGDP総量は12兆ドルに達し、中国を除くアジア、EU、北アメリカはそれぞれ世界GDPの16.8％、23.1％と21.9％を占めた。

　中国を加えると、アジアのGDPは2012年に合計21兆ドルに達し、世界GDPの30.2％を占め、EUを5ポイント・北アメリカを7ポイント上回るようになる。世界GDPに占める中国の割合はアメリカと6ポイントの差があるが、2018年になると、アジアの他国と合わせるとアメリカの占める割合より約10

ポイント多くなると予測されている（表3-1参照）。

　アジアGDPの内部構造も大きく変化した（図3-2参照）。世界GDPに占める日本の割合は逆U字型の変化を示している。1997年アジア金融危機勃発前後に一旦ピークになってから下降傾向にあり、2010年に中国に抜かれた。そして、韓国、台湾、香港、シンガポールのアジアNIEsは中国の改革開放の前後に中国を追い抜き、1997年アジア金融危機の勃発前後に再び中国に追い越された。また、世界GDPに占めるASEANの割合は中国の改革開放から2008年世界金融危機勃発前後まで緩やかに上昇し、アジアNIEsに追いついた。南アジアのGDPが占める割合も徐々に伸びており、インドが「東向政策」の第二段階を推し進めているので、アジアNIEsを上回る勢いがある。

　アジア経済体の中で、世界GDPに占める割合の上昇スピードが最も速いのは中国である。特に1997年アジア金融危機以降、中国はアジアNIEs・日本を相次いで追い越した。それもアジアの世界GDPに占める割合を向上させた。

　GDPはアジアが有する市場総量を表すというだけのものである。したがって、GDPの需要構造（つまり最終消費、投資と貿易黒字）によって分類すれば、アジアの各種の需要が世界に占める割合の変化には大きな差異が見られる。

　最終消費についてもアジアの消費規模の拡張は以下の段階に分けられる。

1. 1960年〜1997年のアジア金融危機勃発の間、アジアの消費が世界に占める割合は上昇傾向にあった。世界GDPに占める割合は1960年の約15％から1997年前後の25％に上昇し、約10ポイントも高まった。

2. 1997年のアジア金融危機から2008年の世界金融危機まで、世界の最終消費に占めるアジアの割合は25％ぐらいから20％まで下降し、減少傾向にあった。このことから、1997年アジア金融危機においてアジアの国の経済発展は大きな衝撃を受け、消費能力の低下も引き起こしたと分かる。

3. 2008年世界金融危機勃発後、世界消費水準に占めるアジアの国の割

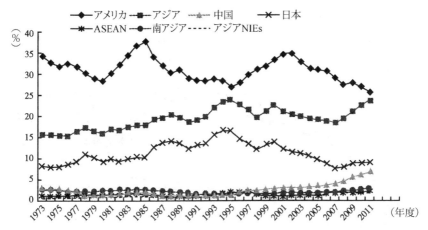

図3-3　アジア最終消費が世界に占める割合
出所：世界銀行データベースより。

合は再び上昇傾向を示した。2008年の約20％から2012年の25％近くに上がり、1997年アジア金融危機勃発前の水準に戻った。2011年、アジアの最終消費の規模は12.3兆ドルに達し、アメリカに迫った。その中で、中国の最終消費が占める割合は上昇傾向にあり、日本も1997年の連続下降を終えて安定するようになった（図3-3参照）。

投資について、アジアの投資規模の拡張も同じく三つの段階に分けられる。

1. 1960年～1997年アジア金融危機勃発、アジア投資が世界に占める割合は上昇傾向にあり、1960年の約20％から1997年前後の35％に増え、約15ポイントアップした。これはアジアの世界製造センターの特徴を反映している。
2. 1997年のアジア金融危機から2008年の世界金融危機まで、世界投資に占めるアジアの割合は下がり、約30％で穏やかな水準を維持していた。

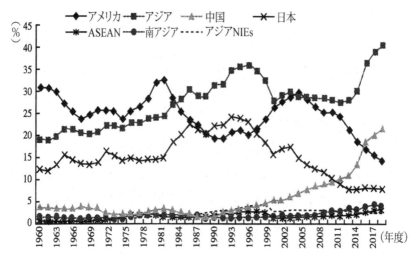

図3-4 アジア投資が世界総投資に占める割合
（注）2014年〜2017年のデータは予測値である。
出所：世界銀行データベースより。

3. 2008年以降、アジア各国の投資が世界で占める割合は約30%から
   2011年の約40%に増え、再び上昇傾向に戻り、1997年のアジア金
   融危機勃発前の水準を上回った。そして、2011年、アジアの投資需
   要の規模は6.1兆ドルに達し、アメリカを遥かに超えた。そのうち、
   中国投資が世界に占める割合は向上し、日本も1997年からの低迷し
   続けていた状態から抜け出して安定を見せていた（図3-4参照）。

　アジアは世界において貿易黒字を持つ地域である。その中でも、中国、
ASEANおよびアジアNIEsは貿易黒字を占める率が大きい。南アジアは貿易
赤字地域だが、2008年の金融危機以降、アジアの貿易黒字は以前の上昇傾向
から減少傾向に逆転した（図3-5参照）。

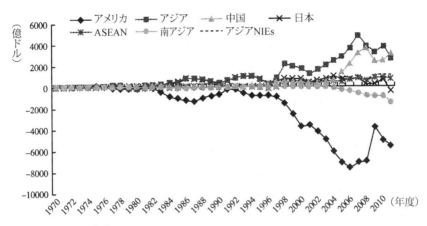

図3-5　アジアの貿易バランス
出所：世界銀行データベースより。

第2節　2008年世界金融危機前後のアジア地域需要の構造変化

　アジア地域の需要構造の変化を欧米の需要構造の「標準」と比べると、アジアの需要構造はさらに改善する必要があることが分かる。

1　アジア経済体の需要構造の変化

　需要構造の視点から見ると、アジアの経済成長を牽引する原動力は変化した。つまり、外需ではなく、内需に依存するようになったのである。特に個人消費によって経済成長を牽引している。

1　アジア内需構造の全体的な変化

　2000年から2012年にかけて、アジアの経済成長を牽引する原動力の構造の変化の特徴は主に以下のようなものである。アジアは依然として個人消費を主

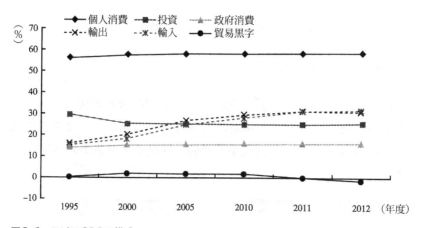

図3-6　アジアGDPの構成
出所：アジア開発銀行と国際通貨基金による。

としているため、個人消費が経済成長に対する牽引作用はますます強くなる。そして、投資と政府消費はほとんど変わらなかった。貿易が経済成長に影響する牽引作用は比較的複雑である。GDPに占める輸出入の割合が大きくなったものの、GDPに占める経常収支黒字の割合は逆に減少傾向にあり、2012年はマイナスとなった (図3-6参照)。

2　アジアの内需構造の具体的な変化

　個人消費はアジア経済総量の主要な部分であり、経済成長に対する牽引作用が上昇傾向にあった。2012年、25のアジア経済体[1]の個人消費規模は既に7兆ドルを超えていた。2000年から2012年にかけて、GDPに占める個人消費の割合は57.3%から58.3%に増えた。

1　25のアジア経済体には、東アジア（日本・韓国・モンゴル）、ASEAN10国（シンガポール・マレーシア・インドネシア・タイ・フィリピン・ブルネイ・ベトナム・ラオス・カンボジア・ミャンマー）、南アジア（インド・パキスタン・バングラデシュ・ネパール・スリランカ・アフガニスタン）、中央アジア（アゼルバイジャン・カザフスタン・キルギスタン・タジキスタン・ウズベキスタン・トルクメニスタン）を含む。

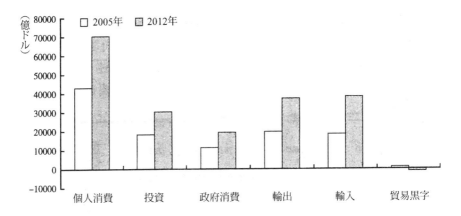

図3-7 アジアの需要規模の変化
出所：アジア開発銀行と国際通貨基金より。

　政府消費のGDP成長に対する牽引作用はあまり変わらなかった。2012年、
25のアジア経済体の政府消費は2兆ドルに近づき、2000年から2012年にかけ
て政府消費がGDPに占める割合は15.3％から16.0％となった。

　投資需要のアジア経済への牽引作用も大きくは変化しなかった。2012年、
25のアジア経済体の投資規模は3兆ドル以上であった。2000年から2012年ま
で、投資がGDPに占める割合は25.2％で、ほぼ変化がなかったと言える。

　しかし、貿易の様子は少し複雑である。2012年、25のアジア経済体の輸出
規模は3.7兆ドルに達し、GDPに占める割合は2000年の20.4％から2012年の
30.7％になり10.3ポイント増えた。それに対して、2012年の輸入規模は3.8兆
ドル以上で、2000年から2012年まで、GDPに占める輸入規模の割合は18.4％
から31.8％に上がり、13.4ポイント増加した。2012年、貿易黒字はマイナス
1200億ドル以上になって、GDPに占める割合は2000年の2％から2012年の
-1.1％と変化した。貿易状況の変化はアジアと外部世界との関係がますます深
くなっており、経済成長における貿易の作用を無視してはいけないことを表し
ている一方で、アジアの経済成長はだんだん内需に依存するようになっており、
外需が経済成長に対してマイナス的な作用を起こすことも表した（図3-7参照）。

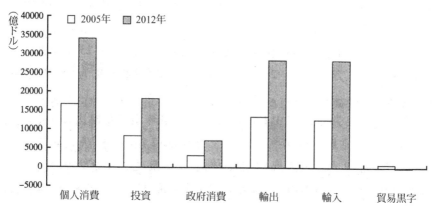

図3-8　アジア発展途上国の消費規模の変化
出所：アジア開発銀行と国際通貨基金より。

　日本を除き、アジア発展途上国では経済成長を牽引する原動力に若干の変化
があった。24のアジア発展途上国の需要構造は以下のように変化した。2000
年から2012年まで、アジア発展途上国は依然として個人消費を主な形式とし
ていた。しかしながら、個人消費の経済成長を牽引する作用が弱まっていく反
面、投資と政府消費のほうが強くなった。貿易の経済成長に対する牽引作用は
少し複雑である。GDPに占める輸出入の割合は上昇しているけれども、経常
収支黒字のほうは下降していた。現在は大体バランスの取れた状態を維持して
いる（図3-8、図3-9参照）。

　個人消費はアジア発展途上国の経済総量の主要な部分で、経済成長を牽引す
る作用が下降傾向にある。2012年、24のアジア発展途上国の個人消費の規模
は3.4兆ドルであった。2000年から2012年までのGDPに占める個人消費の割
合は59.2％から55.7％に下がった。

　政府消費がGDP成長を牽引する作用はやや強くなってきた。2012年、24の
アジア発展途上国経済体の政府消費の規模は0.7兆ドルで、2000年から2012
年までのGDPに占める割合は11.1％から11.7％に向上した。発展途上国は政
府消費の水準が高くないという特徴を示している。

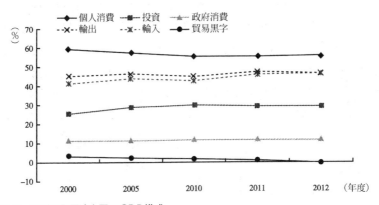

図3-9　アジア発展途上国のGDP構成
出所：アジア開発銀行と国際通貨基金より。

　投資需要のアジア経済への牽引作用は激しく変わった。2012年、24のアジア発展途上国経済体の投資規模は1.8兆ドルで、2000年から2012年までのGDPに占める割合は25.6％から29.7％となり、4.1ポイント増であった。貿易状況はやや複雑だと言える。2012年、24のアジア発展途上国の輸出規模は2.8兆ドルに達し、GDPに占める割合は2000年の45.2％から2012年の46.4％に上昇し、1.2ポイント増えた。それに対して、2012年の輸入規模は2.8兆ドル以上で、2000年から2012年までのGDPに占める輸入の割合は41.7％から46.5％に向上し、5ポイント近く増加した。2012年の貿易黒字はマイナスとなり、割合も2000年の3.5％から2012年の-0.1％になった。貿易状況の変化はアジア発展途上国と外部世界との関係が更に強化されたことを表している。特に、輸入が輸出より早く成長することはアジア発展途上国が外部市場に依存して自身の経済成長を達成すると同時に、輸出を通じて世界経済の成長をも促進していることを表している。もちろん、貿易黒字の縮減は外需のアジア発展途上国の経済成長に対する牽引作用が弱くなっていることを反映している。

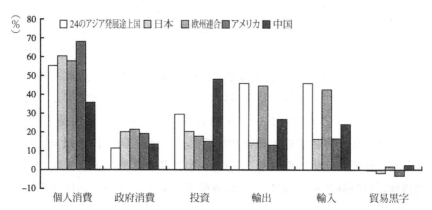

図3-10　2012年アジア発展途上国・日本・EU・アメリカの消費構造の比較（GDP＝100）

出所：アジア開発銀行、国際通貨基金、欧州連合HP、アメリカ合衆国経済分析局（BEA）より。

3　アジアと欧米の需要構造の比較

　EUやアメリカの需要構造と比べてみると、日本は欧米に近づいているが、24のアジア発展途上国は欧米とかなりの差があることが分かる。しかしその反面、アジアに大きな改善の余地があることも示している。24のアジア発展途上国の個人消費と政府消費がGDPに占める割合はいずれも先進国あるいは地域より低いが、投資水準は先進国より高く、貿易黒字の水準も先進国とほぼ同じである。このことからも、24のアジア発展途上国は依然として工業化の過程にあり、まだ工業化の成熟階段に入っていないと考えられる。したがって、消費水準が低く、投資水準が高いという特徴が表れている（図3-10参照）。長期的に見れば、個人消費と政府消費の需要を高めることがアジア内需市場の再編成にとって重要である。

　先進国の消費構造とは、個人消費がGDPの約60％を占め、政府消費と投資がそれぞれ約20％を占め、貿易が基本的にバランスを保っているものである。もしこれを「標準モード」と見なすなら、日本以外に、アジア発展途上国の中にその状態に近い経済体は少ない。したがって、需要構造に大きな調整の余地

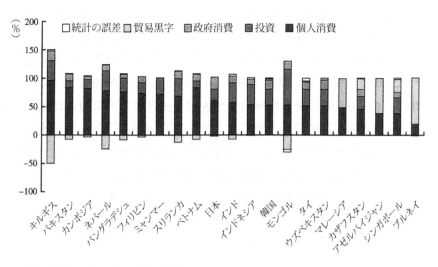

図3-11　2012年アジアの需要構造
出所：アジア開発銀行と国際通貨基金より。

があると見込まれているのである（図3-11参照）。

　具体的に言えば、少数の国以外、多数のアジア発展途上国の個人消費は60％
以上か60％未満で、「標準モード」から外れている。日本を除き、アジアの政
府消費がGDPに占める割合はいずれの国も20％より低い。政府の収入水準の
制限によって政府消費の余地にも限りがあるという発展途上国の特徴を反映し
ている。しかしながら、短期間に政府消費のレベルを高めるのは現実的なこと
ではない。政府の消費規模の拡大は経済発展レベルと極めて大きな関係がある
からである。さもなくば、盲目的に政府消費の支出を拡大するのは持続可能性
がないだけではなく（2008年の世界金融危機以降、政府が一般的に退出政策をとってい
るのが証拠である）、債務危機が生じる恐れもある。言い換えると、アジア経済体
の経済発展レベルを高めてはじめて政府消費を拡大することができるのである。
しかし、一人当たりの所得水準を向上させていくのは短期的に見れば現実的な
ことではない。現在、アジア経済体は政府の消費規模を盲目的に拡大すべきで
はない。投資がGDPに占める割合は政府の消費状況に引きかえ、パキスタン・

カンボジア・フィリピンが20%より低いほかは、多数のアジア発展途上国経済体で比較的高い投資水準である。特に、ベトナム・モンゴル・インド・インドネシアなどでは投資がGDPに占める割合は30%を上回っており、基本的に投資主導型経済体だといえる。GDPに占める貿易黒字の割合は経済体によって違い、黒字が多い経済体もあるし、赤字の方が多い経済体もある。

　簡単に言えば、アジアの需要構造にはそれぞれ大きく異なる。将来の需要構造の変化方向もそれぞれ違う。日本以外に、アジア発展途上国にはまだ相当に大きく改善する余地がある。例えば、個人消費の経済における比率を調整することや、投資構造を改善し、高すぎる投資レベルを抑えることや、外部市場への依存を弱めることである。また、アジア発展途上国は政府消費のレベルも高める必要がある。

　変化の勢いから見れば、一人当たりの所得水準が高い経済体は「標準モード」に近づいており、所得水準がより低い経済体は「標準モード」から外れている。例えば個人消費では、所得水準の高い経済体では個人消費のGDPに占める割合が向上している。そのうち、大幅に上がったのは日本、マレーシアである。それに対して、多数の一人当たりの所得水準が低い経済体では減少傾向を示している。そのうちで、かなり下降したのはインドネシア、タイおよび一部の中央アジア国である。政府消費とそのシェアは両方とも大きな変化はない。大多数の国はわずかに高くなった。投資の変化と個人消費の変化は逆の傾向を見せている。ASEAN、中央アジアおよび南アジアの一部の国では投資のGDPに占める割合が減少しているのに対して、大多数の国では投資が占める割合は増大した。そのうち、一部の経済体の増幅は大きいものである。例えば、モンゴル・インドネシア・ミャンマーである。そして、大多数の国の貿易均衡状況は「標準モード」から外れている。つまり、貿易黒字が占める割合が高すぎる、あるいは貿易赤字が占める割合が高すぎるのである。しかしながら、貿易黒字がGDPに占める割合は過去10年間で減少傾向にあった。それは大多数の国で国内市場と海外市場のバランスを取ろうとする傾向を表している（表3-2参照）。

表3-2　2005年〜2012年のアジアの需要構造が変化した割合

国	2012年一人あたりのGDP(USドル)	2012年の需要構造（%）				2005年〜2012年の変化量			
		個人消費	投資	政府消費	貿易黒字	個人消費	投資	政府消費	貿易黒字
シンガポール	51161	39.2	27.0	9.7	22.2	-0.9	7.0	-0.8	-7.2
日本	46736	60.9	20.6	20.5	-2.0	3.1	-1.9	2.1	-3.4
ブルネイ	41703	20.5	13.6	17.3	50.2	-2.0	2.2	-1.1	7.3
韓国	23113	53.5	27.6	15.8	3.1	-0.3	-2.1	2.0	0.4
マレーシア	10304	49.1	25.5	13.5	11.9	4.9	3.1	2.0	-10.0
タイ	5678	52.7	28.0	13.2	1.4	-3.2	-2.5	-0.5	2.5
モンゴル	3627	53.2	63.5	14.1	-25.9	-2.0	26.0	2.0	-21.1
インドネシア	3592	54.6	35.3	8.9	-1.6	-9.8	10.2	0.8	-5.7
スリランカ	2873	69.6	30.3	13.5	-13.7	0.5	4.1	0.4	-4.7
フィリピン	2614	74.2	18.5	10.5	-3.2	-0.8	-3.1	1.5	2.4
ベトナム	1528	64.5	27.2	5.9	3.5	-1.0	-6.5	0.5	6.8
インド	1492	56.8	35.6	11.8	-7.7	-1.5	1.3	1.0	-5.0
パキスタン	1296	82.5	14.9	10.5	-7.9	5.6	-4.2	2.6	-4.1
カンボジア	934	81.9	16.2	5.8	-4.0	-2.4	-2.2	0.0	4.7
ミャンマー	83.5	70.9	30.3		-0.3	-16.0	17.1	0.0	-0.4
バングラデシュ	818	75.2	26.5	5.6	-8.9	0.7	2.0	0.0	-2.5
ネパール	626	77.8	34.9	10.7	-23.4	-1.7	8.4	1.8	-8.5

出所：アジア開発銀行と国際通貨基金より。

4　アジアの貯蓄・投資形態

　各経済体の貯蓄・投資の形態は発展レベルによって異なる。したがって、将来の構造調整の重点も一致しない。発達した経済体である日本は、その貯蓄と投資の差はほぼゼロである。つまり、貯蓄が基本的に投資に転化されている。それも経済が非常に発達している象徴である（図3-12参照）。一人当たり所得が10000ドル以下であるアジア発展途上国では貯蓄不足の現象が見られることに対して、先進国を含む10000ドル以上の国では、比較的高い貯蓄残高がある。貯蓄不足の国はまだ工業化の過程にあり、必要な資金は自国の貯蓄水準を遥かに上回る。したがって、これらの経済体は国内貯蓄以外に、外部の力（例えば外来投資）を借りて資金を調達し、自国の経済建設の需要を満足する必要がある。貯蓄残高のある国はほとんど投資水準が低いという問題がないため、過剰な貯蓄は個人消費と政府消費に用いる。特に、政府消費は効果的なやり方で

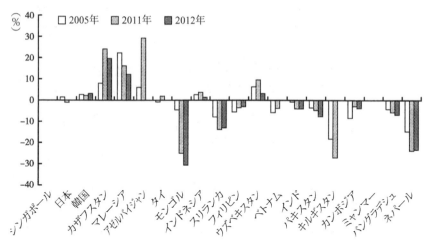

図3-12　2005年〜2012年のアジアの一人当たり所得と貯蓄・投資形態
出所：アジア開発銀行より。

ある。例えば、国債などを発行する方法で政府が個人部門の過剰貯蓄を吸収するのを強化すると、インフラ建設や社会福祉レベルの向上にも役立つ。

5　各アジア経済体の域内市場の拡張への貢献

　各アジア経済体の域内市場の拡張に対する貢献はそれぞれ違い、変化の方向も同じではない。総じて言えば、発展途上国は内需を通して地域の経済成長に大きな牽引作用を発揮した。日本は域内の個人消費と政府消費においてトップの地位にある。中国は域内の投資総額で一番大きな割合を占めている。アジアの発展途上国が地域の輸出入に占める割合は最も多い（図3-13参照）。変化の状況を見れば分かるように、日本の地域に対する個人消費・政府消費・投資・貿易に対する貢献は減少傾向にある。特に投資が地域の投資総量に占める割合は2005年から2012年まで20ポイント下がった。それに対して、アジア発展途上国の場合、投資と輸出入は減少しているが、個人消費と政府消費が占める割合は高くなった。中国も全面的に伸びる傾向を示している（図3-14参照）。今後、主にアジア発展途上国に依存してアジア内需市場を拡張していくことが明らか

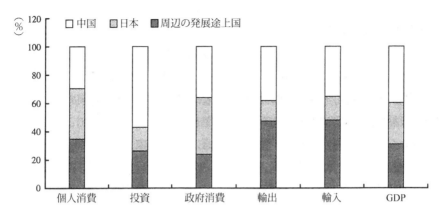

図3-13　中国とアジアの地域需要構造における地位
出所：アジア開発銀行と国際通貨基金より。

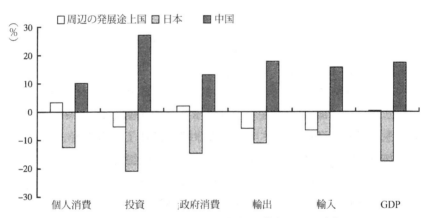

図3-14　2005年～2012年の中国とアジアの地域需要構造における変化
（注）表示されたデータは各経済体の2012年の地域における各種の消費総額に占める割合か
　　　ら2005年の割合をひいた差額である。
出所：アジア開発銀行と国際通貨基金より。

になった。

2 アジアの需要構造の変化の傾向

　今後の5～10年を考えると、世界の「リバランス」という再調整の圧力により、アジアは外部市場から厳しい制限を受ける成長環境に直面する。外需市場の規模が縮減しない場合であっても、外需市場の不増加は将来のアジアの経済成長に根本的で大きな困難をもたらす。アジアは短期間の内には、長期的に続いてきた輸出志向型の経済成長モデルを徹底的には転換しにくい。外需依存は依然としてアジア、特にアジアの発展途上にある経済体の経済成長を牽引する主役である。したがって、アジアの各経済体は必ずその重要な外部変量の変化に従って方向性を調整せざるをえない。つまり、内需の拡大により減少した外需に代替するのである。もちろん、アジアが内需市場に転じるのは経済体の内部にとどまるということではなく、地域の市場統合を更に重視すべきである。

　現在のアジアの需要構造と将来の経済発展戦略を総合的に考えれば、アジアの需要構造には以下のような変化が生じる可能性がある。

　第一に、投資はアジア、特にアジアの発展途上国の経済成長を牽引する主な原動力の一つである。アジア経済体の投資規模がGDPに占める割合は先進国より随分高いが、大多数のアジア経済体はまだ工業化の過程にあるため、投資需要が相変わらず盛んである。もちろん、各経済体の経済発展レベルによって資金の投入先は異なっている。したがって、その外資誘致および対外投資政策では大きな資金投入先の差が現れている。経済発展レベルが比較的高い経済体（例えば韓国・マレーシア・中国など）は、ハイテク産業（例えば新エネルギー・エコ産業）への資金誘致を進める一方で、自身の生産コストの上昇と域内市場を独占する需要に迫られてアジアの経済発展が遅れている地域（例えば、ASEAの新メンバー国と南アジア）に大規模な産業移転を行わなければならない。けれども、一部の経済発展が立ち遅れている国（例えば、ASEANの新メンバー国と南アジアの国）は今でも伝統産業とインフラ設備を誘致することを主としている。

　第二に、アジアの消費、特に個人消費はもう一つの経済成長を牽引する「エ

ンジン」になるだろう。現在、一部のアジアの国は一人当たり所得の向上で
GDPに占める個人消費の割合が上昇傾向を示している。例えばマレーシアな
どである。もちろん、個人消費がGDPに占める割合が低下傾向にある国もあ
るが、これらの国は一般的に一人当たり所得が低い国であり、将来10～15年
内に経済発展の戦略構想をいったん達成したら、個人消費が「標準モード」に
戻るのかもしれない。したがって、現在のアジアの個人消費がGDPに占める
割合の全体的な変化からみれば、アジアが将来さらに個人消費に依存して経済
成長を牽引していくことは間違いない。

　第三に、外需の作用は比較的複雑である。将来、アジアは今と変わらず一定
の割合で外需に依存して経済成長を牽引する必要がある。アジアは世界の「リ
バランス」という調整のプレッシャーにより、外需市場への依存から徹底的に
抜け出すことはできない。実際に、アジアはまだ内需市場によって経済成長を
牽引する条件を備えていない。アジアの輸出志向型の成長モードを短い期間で
大きく調整するのは不可能である。日本・韓国のような発達した経済体も依然
として外需市場により経済成長を牽引する必要がある。一部の経済発展レベル
が低いアジアの国にとって、工業化の初期階段を完成するためには輸出志向型
の成長モードを続けなければならない。もちろん、その輸出は全てが外部市場
向けではなく、一部の製品はアジアの内部市場を対象としている。現在、アジ
アが輸出目標を域内市場に位置づけている原因の一つは、世界の「リバラン
ス」のプレッシャーのためである。または地域外の需要の変化が安定していな
いからである。外需市場が好調になったら、アジアは外需輸出の比率を上げる
かもしれない。ここ数年、アジアで域内に輸出した製品は中間製品が主である。
それに対して、域外に輸出した製品は主に最終製品である。製品の輸出構成も
輸出市場も大きく変化しなかった。これからの数年間に、上述した構造が逆転
するのは容易ではない。アジア諸国、特にアジア発展途上国は貿易輸出入など
外部の力を借りて経済発展を推し進めている。例えば、輸出により経済成長を
牽引し、輸入により国内の生産や生活の需要を満足している。したがって、輸
出入がGDPに占める割合は低下するのではなく、上昇傾向にある。もう一方で、

貿易黒字の縮減は貿易の経済成長に対する直接的な貢献が「減少」していることを示した。そのため、データの変化だけで輸出入の経済成長への役割を判定することはできない。

　第四に、地域経済成長の「エンジン」になるように地域市場を統合する。現在、アジアの経済構造は肝心な転換期にあり、安定した経済成長環境を確保することは大切である。したがって、域内の経済体が地域共同体の建設に参与しようとする意志も過去よりさらに強い。現在、協力を強化し、アジアの統一的な地域市場を作ることがアジア協力の特色となっている。もちろん、アジア協力に干渉する外部勢力は依然として存在する。アジアはEUのような「浄化版」の協力を行うことは難しい。

第3節　アジア地域内の輸入市場の発展と変化

　アジアの輸入はアジアの外部製品に対する需要を表すものである。説明が必要なところは、アジア輸入は域内輸入と域外輸入に分けられることである。域内輸入とはアジア内の地域の市場から輸入することである。さらに詳しく製品を分類すれば、アジアが域内から輸入した消費財は実際の市場規模である。これも本章で特に注目するところである。

1　アジア地域内の輸入市場の変化

　アジアの域内輸入市場は主にアジアの輸入能力のことである。2012年、世界の輸入規模は18.5兆ドルで、アジアの輸入規模はユーロ圏やアメリカの輸入総額に相当する6.6兆ドルであった。そのうち、輸入規模が比較的大きいのは中国である（1.8兆ドル）。

　アジアの輸入規模は顕著な伸びを示している。アジアの世界からの輸入額が世界に占める割合は上昇傾向にあり、1970年代の15％から2012年の35％強に

図3-15　アジアの輸入が世界に占める割合
出所：国連商品貿易統計データベースより。

上昇した。もちろん、1997年のアジア金融危機から2008年の世界金融危機まで輸入シェアは大体30％を維持していた（図3-15参照）。

　アジアの輸入規模の拡張は主にアジアの発展した経済体の貢献による。アジアの輸入規模が世界に占める割合は、1960年代には主に日本に、70年代にはアジアNIEsによって向上した。だが、1997年のアジア金融危機が勃発したとき、アジアNIEsの輸入はいったんピークになってから下降に転じた。中国はその代わりにアジアの輸入拡張の主要な役割を果たした（図3-16参照）。

　消費財輸入はある地域の外部あるいは域内市場に対する客観的な水準を反映するものである。ここでは消費財輸入について分析する。アジアの消費財輸入は世界の消費財輸入総量に占める割合からみれば、現在その水準はほぼアメリカに相当する。しかしながら、消費財輸入が当該国の輸入品総量に占める割合から言えば、アメリカは約10％のアジアより10ポイント高く、約20％である。アメリカは世界市場として存在しているのに対して、アジアは世界の生産基地として存在していることを示している（図3-17参照）。

　アジアの輸入は主に域内からのものである。特に、消費財輸入は域外より域内のほうから輸入することが多い。アジア各国の類型はさまざまあり、生産者

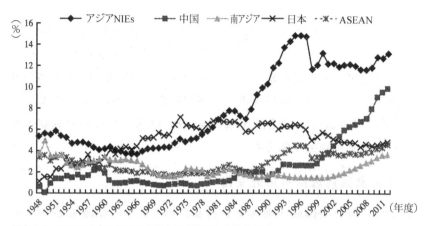

図3-16　アジアの主要経済体の輸入額が世界に占める割合
出所：国連商品貿易統計データベースより。

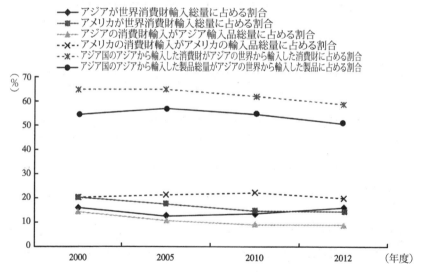

図3-17　アジアの消費財輸入が世界に占める割合、アジア域内の消費財輸入がアジアに占
　　　める割合
出所：世界銀行データベースより。

もあるし（例えば中国）、消費者もある（例えば日本）。そして、アジアは世界の製造センターであるからこそ、アジア各国は便利にアジアから輸入することができるのである。

2　アジアの域内輸入市場の構造的変化

　2008年の世界金融危機勃発後、アジア諸国は次々に対外貿易政策を調整した。かつての域外輸出を主とするやり方から、域内輸出、あるいは域内輸入に転じたのである。経済融合の傾向はますますはっきりしてきた。

　世界各国や地域内の国々における輸入構造の変化によれば（表3-3参照）、2005年から2012年まで、アジア発展途上国と中国の域内輸入規模が世界に占める割合は下降傾向にあったが、日本のシェアはあまり変わらなかった。アジア発展途上国の域内輸入は2.3ポイント下がった。そのなかでも、下降した製品は主に部品である。アジア発展途上国がアジア発展途上国と日本から輸入した部品の占める割合は大幅に減少した。それと異なり、日本の域内輸入が自国の輸入総量に占める割合は上昇傾向にあった。日本と地域との関係が日増しに密接になっていることが明らかになった。中国の場合、域内輸入は8ポイント近く減少し、主に日本からの輸入量が大きく下がった。特に部品・資本財などである。ただし、域内から輸入した消費財の比重は逆に少々上がった。中国が地域の消費者へと身分を転換し始めたのだと考えられる。

　具体的な製品の輸入状況を考察すれば分かるように、中国とアジア発展途上国は依然として原材料・部品・資本財の輸入を主としていて、消費財輸入が占める割合は小さい。逆に、日本は本地域における消費財輸入の大国である。日本と比べると中国が地域消費者となるにはまだ大きな格差がある。

　中国とアジアを合わせて地域の輸入総量を計算すると（表3-4参照）、2005年から2012年まで、各国の域内輸入における地位も少し変化した。日本は地域輸入において下降傾向を示した。各種類の製品を含め、日本の域内輸入に占める割合は大きくなく、下降し続けていた。アジア発展途上国が中国・日本・他

表3-3　地域輸入構造（各国が世界から輸入するものを100とする）

輸入地	輸入製品	日本			中国			アジア発展途上国		
		2005年	2012年	2005～2012年	2005年	2012年	2005～2012年	2005年	2012年	2005～2012年
日本	消費財				0.4	0.3	-0.1	0.6	0.4	-0.2
	原材料				5.3	3.4	-2.0	4.5	3.6	-0.9
	部品				3.6	3.2	-0.3	4.6	2.7	-1.9
	資本財				5.5	2.3	-3.1	2.9	1.9	-0.9
	合計				15.2	9.8	-5.4	13.0	9.2	-3.8
アジア発展途上国	消費財	3.0	3.3	0.3	0.6	1.1	0.4	1.9	2.0	0.1
	原材料	8.5	9.7	1.2	9.9	0.0	8.5	8.8	0.3	
	部品	4.1	2.7	-1.5	9.4	7.5	-1.9	6.6	4.2	-2.4
	資本財	2.2	1.8	-0.4	4.4	3.2	-1.2	2.7	2.2	-0.5
	合計	19.6	20.2	0.6	25.2	22.9	-2.4	22.5	21.6	-0.9
中国	消費財	8.8	8.1	-0.7				1.4	0.3	-1.1
	原材料	4.4	4.2	-0.2				4.0	4.6	0.6
	部品	3.3	3.4	0.1				2.8	3.2	0.4
	資本財	4.3	5.3	1.0				2.5	3.6	1.1
	合計	21.0	21.3	0.2				11.0	13.1	2.4
地域	消費財	11.8	11.4	-0.4	1	1.4	0.3	3.9	2.7	-1.2
	原材料	12.9	13.9	1	15.2	13.3	-2	17	17	0
	部品	7.4	6.1	-1.4	13	10.7	-2.2	14	10.1	-3.9
	資本財	6.5	7.1	0.6	9.9	5.5	-4.3	8.1	7.7	-0.3
	合計	40.6	41.5	0.8	40.4	32.7	-7.8	46.5	44.2	-2.3
世界	消費財	21.6	19.7	-1.9	3.3	4.4	1.1	7.2	7.3	0.1
	原材料	47.6	53.9	6.3	45.2	50.1	5.0	46.1	52.3	6.2
	部品	13.7	10.0	-3.6	29.5	23.3	-6.3	25.1	17.5	-7.6
	資本財	11.5	10.4	-1.1	19.4	14.1	-5.3	14.3	12.8	-1.5
	合計	100.0	100.0		100.0	100.0		100.0	100.0	

出所：国連商品貿易統計データベースより。

の域内途上国から輸入した製品の割合はいずれも低下していた。そのうち、消費財と原材料は顕著に下がり、部品と資本財は上がった。これはアジア発展途上国が投資需要により経済発展を牽引する段階・資本密集型産業の発展段階に入ったことと関係があるかもしれない。そのため、これらの国は経済発展の需要により資本財と部品の輸入を拡大した。また、中国の地域輸入における地位は上昇傾向にあった。具体的な製品について言えば、日本から輸入した資本財が減少している以外に、大多数の製品の輸入シェアが向上していた。特に消費財輸入、2005年に中国の地域消費財輸入に占める割合はアジア発展途上国の

表3-4　地域の輸入構造（各国が世界から輸入するものを100とする）

輸入地	輸入製品	日本			中国			アジア発展途上国		
		2005年	2012年	2005〜2012年	2005年	2012年	2005〜2012年	2005年	2012年	2005〜2012年
日本	消費財				2.4	3.0	0.6	5.1	3.1	-1.9
	原材料				0.3	0.3	0.0	0.7	0.4	-0.3
	部品				3.6	3.1	-0.5	4.9	4.1	-0.8
	資本財				3.7	2.2	-1.5	3.1	2.2	-0.9
アジア発展途上国	消費財	2.2	1.2	-1.0	6.4	7.0	0.6	7.2	4.8	-2.4
	原材料	1.6	1.5	-0.1	0.4	1.0	0.6	2.0	2.3	0.2
	部品	4.5	4.4	-0.1	6.8	9.3	2.5	9.3	10.1	0.8
	資本財	1.2	0.8	-0.4	3.0	3.0	0.0	2.9	2.6	-0.4
中国	消費財	1.7	1.6	-0.2				3.0	3.7	0.7
	原材料	4.7	3.7	-1.0				1.5	0.4	-1.2
	部品	2.4	1.9	-0.5				4.3	5.3	0.9
	資本財	2.3	2.4	0.1				2.7	4.1	1.4
地域	消費財	3.9	2.8	-1.2	8.8	10.0	1.2	15.3	11.6	-3.6
	原材料	6.3	5.2	-1.1	0.7	1.3	0.6	4.2	3.1	-1.2
	部品	6.9	6.3	-0.6	10.4	12.4	2.0	18.5	19.5	0.9
	資本財	3.5	3.2	-0.2	6.7	5.1	-1.6	8.7	8.9	0.2

出所：国連商品貿易統計データベースより。

半分であったが、2012年に入って中国とアジア発展途上国の占める割合はほぼ同じになった。中国の地域における消費者の姿がはっきりしてきた。

　とにかく、現在、域内貿易は全体的に言えば大きくは変化しなかったが、小さな変化は生じている。そしてそれは、今後の域内貿易の変化の方向となる可能性もあるのである。それには主に以下のようなものが含まれる。日本の地域貿易における地位が下がっても、日本と地域輸出入との関係は強くなってくる。アジアの発展途上国は経済発展の必要から原材料・部品・資本財など生産に関連する製品の貿易に興味がある。したがって、その消費財貿易は輸出で下降の姿を示すかもしれない。また、アジアとの貿易の中国の対外貿易における地位はほぼ変わらなかったが、中国の地域貿易における地位は向上している。特に、中国は地域消費者に転換しつつある。上述したものは近年、地域の貿易構造で主に変化したところである。

3　アジアの域内輸入市場への評価

　アジアは絶えず向上し続けている輸入能力を頼りに先進国の輸入の地位に取って代わる地域の一つとなった。金融危機でアジアの輸出は大きな衝撃を受けたが、その輸入水準は先進国のように大きく下降はしなかった。逆に、金融危機以降、アジアの輸入規模はさらに速いスピードで拡張していった。ここでは、金融危機前後の二年度を代表として考える。一つは金融危機発生前の2007年である。当該年度に世界輸入はピークになった。もう一つは金融危機発生後の回復した2010年である。この二つの年度の比較により、アジアは危機から脱出しただけでなく、輸入規模の拡張も実現したと考えられる。しかしながら、アメリカ・ドイツ・日本はその時期まだ輸入を回復している段階にあった。2008年の金融危機の後、2009年に先進国の輸入水準は大幅に下降し、30％に近づいている。2010年には先進国の輸入規模は7.2兆ドルに達したが、2007年の水準は上回らなかった（7.4兆ドル）。2010年、アメリカの輸入水準（1.97兆ドル）は2006年（1.92兆ドル）より高かったが、2007年、つまり金融危機勃発前の水準（2.02兆ドル）には戻らなかった。それに対して、2010年、アジアの世界からの輸入の規模は3.1兆ドルで、アメリカとドイツの総量を上回り、先進国の輸入総額の42.8％に相当する。その比率は2007年（30.5％）より12.3ポイント多かった。上述したことにより、先進国の世界市場での地位が下がっている一方で、新興世界市場のアジアは成長していることが分かる。

　続いて、先進国がまだ輸入を回復（回復とは、2007年と比べて2010年にプラス成長を実現したことである）していないことを例として考えてみよう。金融危機発生後、先進国のまだ回復していない輸入規模は輸入総量の半分ぐらいを占めていた。日本は比較的少なく、約21％である。だが、アジアの回復していない製品輸入規模は輸入総量の5.5％を占めるのみで、先進国よりはるかに低かった。しかしその輸入規模も日本より多かった。したがって、まとめて言うと、先進国では大量の製品がまだプラス成長を実現していなかったという現象が存在してい

表3-5　金融危機以降の主要先進国とアジアの世界からの輸入についての比較

全部の商品	アメリカ	ドイツ	日本	先進国	アジア
2007年世界からの輸入（億ドル）	20171	10593	6222	74241	22646
2010年世界からの輸入（億ドル）	19665	10668	6926	71923	30778
2009年輸入成長率（％）	-26	-22.1	-27.6	-25.1	-18.0
2007年～2010年世界からの輸入成長率（％）	-0.8	0.2	3.6	-1.1	10.8
金融危機以降、輸入を回復していない製品					
2007年世界からの輸入（億ドル）	11733	6132	1750	44484	1917
2010年世界からの輸入（億ドル）	9886	5249	1439	38031	1690
2010年と2007年との比較（億ドル）	-1847	-882	-311	6452	1690
成長を回復していない製品が輸入総量に占める割合	50.3	49.2	20.8	52.9	5.5
2007年～2010年世界からの輸入の年平均成長率(%)	-5.5	-5.0	-6.3	-5.1	-4.1

（注）2007年と比べてマイナス成長をするSITC4桁分類に基づいて統計する。ここでのアジアは、中国・韓国・シンガポール・インドネシア・マレーシア・タイ・フィリピン・カンボジア・インド・スリランカ・パキスタンだけを含む。（2010年のデータを入手できることを選択基準としている。）

出所：国連商品貿易統計データベースより。

た。その差額は3000億ドルぐらいで、主に工業製品に集中している。アジアの2010年の輸入総量は2007年に比べ8000億ドル以上伸び、上述した先進国の欠けた部分を埋めるのには十分である。言い換えると、差額を補ったという点から見れば、アジアはある程度先進国の世界輸入における地位に取って代わっている（表3-5参照）。

ただし、現在、アジア製品の輸入構造は先進国と比べて大きな違いがある。これはアジアが先進国の輸入の地位に完全に取って代われないことを示している一方、同じく今後アジアが先進国の輸入構造に近づくための努力の方向でもある。

製品の用途によって分けると[2]、危機発生前の2007年でも危機発生後の2010年でも、アジアや先進国の製品輸入構造は大きく変化していない。先進国の中間品は輸入総量の50％以上を占めるのに対して、資本財や消費財をはじめとする最終製品の輸入量は35％ぐらいを占めていた。その中で、資本財は総輸入総

2　用途によって分類する場合、国連では製品は大きく資本財・中間品・消費財・他の製品といった四つの部分に分けられる。つまり、一般的にBoard Economic Catalogue（BEC）分類という。

表3-6　用途別の金融危機以降の先進国とアジアの輸入構造の比較

すべての商品	先進国			アジア		
	2007年の割合（％）	2010年の割合（％）	2010年と2007年の差（億ドル）	2007年の割合（％）	2010年の割合（％）	2010年と2007年の差（億ドル）
中間品	52.7	52.7	-1223	73.0	72.9	5908
原材料	38.5	8.9	-576	46.8	49.7	4692
部品	14.2	13.8	-648	26.2	23.2	1215
資本財	13.8	13.6	-451	15.6	14.5	925
消費財	20.8	21.9	362	5.5	5.4	416
耐久品	4.2	4.1	-158	1.0	1.0	78
半耐久品	6.6	6.8	5	1.7	1.4	52
非耐久品	10.0	11.0	515	2.8	3.0	286
その他	12.7	11.8	-1006	5.9	7.2	883
合計	100.0	100.0	-2318	100.0	100.0	8132

輸入を回復していない製品	先進国			アジア		
	2007年の割合（％）	2010年の割合（％）	2010年と2007年の差（億ドル）	2007年の割合（％）	2010年の割合（％）	2010年と2007年の差（億ドル）
中間品	48.9	47.7	-3670	66.7	64.6	2378
原材料	31.3	30.1	-2534	32.1	32.3	1373
部品	17.6	17.7	-1135	34.6	32.3	1006
資本財	14.6	13.5	-1360	17.1	16.7	635
消費財	12.3	13.0	-557	3.6	4.2	253
耐久品	3.9	4.0	-248	0.9	0.9	40
半耐久品	4.5	4.9	-174	0.7	0.6	12
非耐久品	3.8	4.1	-135	2.0	2.6	201
その他	24.2	25.8	-991	12.5	14.5	884
合計	100.0	100.0	-6577	100.0	100.0	4150

（注）アジアは先進国の回復していない製品によって計算する。アジアの回復していない製品
　　　ではない。
出所：国連商品貿易統計データベースより。

量の14％を、消費財輸入は20％以上を占めていた。アジアの輸入構造は中間
製品が70％強、最終製品はわずか約20％である。そのうち、資本財は消費財
より10ポイント多かった（表3-6参照）。

　比較して言えば、先進国の輸入構造は最終製品の輸入に傾いている。特に消
費財の輸入である。アジアは生産性を重んじており、消費財の輸入が占める割
合が低すぎる。アジアの消費財輸入は製品輸入総量の5％しか占めていないが、
先進国は20％以上に達している。その反面、先進国の中間品が輸入総量に占め
る割合は53％で、アジアより20ポイント低い。国連の国際貿易製品分類標準

（SITC3）3桁分類に基づいて計算すると、アジアと先進国の貿易構造の類似係数[3)]で、両者は製品貿易構造において一定の差異があることを示した。アジアと先進国の貿易構造の類似係数は2000年の0.673から2010年の0.768に増えたが、両者の類似度は依然としてそれほど高くない。もしアジアが先進国の輸入需要の不足を埋めたければ、主に中間品の方から着手すべきである。

　実際に、先進国の輸入量不足を補完する必要がある製品は、主に中間品と資本財である。2010年と2007年の輸入のデータを比べると分かるように、先進国の消費財、特に半耐久消費財と非耐久消費財の輸入は既に回復し、2007年よりも高かった。ただ2010年には耐久消費財と中間品、その他製品と資本財の輸入規模は2007年の輸入水準に及ばなかったのである。アジアの方では、2010年に2007年より多く輸入した製品の規模によって、先進国の中間品と資本財の減少した分を埋めるのには十分である。だが、アジアは先進国のその他製品と消費財を補うことはできない。特に耐久消費財輸入の不足である。なんといっても、世界の分業構造において、先進国は「消費者」、アジアは「生産者」なのである。先進国は既に大量の製造業を外部に移転したため、危機発生後、最初に回復したのは基本的生活の支出を維持するための半耐久品と非耐久品である。また、アジア自身は巨大な製造能力を備えているため、必然的にその製品の輸入規模を制限する。特に消費財の輸入規模である。

　もし先進国の輸入を回復していない製品によって計算するなら、アジアで向上した輸入規模では先進国の縮減した分を埋めることはできない。非耐久品の

3　産業構造類似係数とは国連が提出した両地域の産業構造の類似度を測る方法である。ここではアジアと先進国の製品貿易構造の類似度を測ることに用いている。その公式は以下である。

$$S_{ij} = \frac{\sum_{n=1}^{k}(X_{in}X_{jn})}{\sqrt{(\sum_{n=1}^{k}X_{in}^2)}\sqrt{(\sum_{n=1}^{k}X_{jn}^2)}}$$

この中で、nはある種類の貿易製品、kは貿易製品の種類の数量、X_{in}とX_{jn}はそれぞれアジアと先進国の第n個の貿易製品がすべての貿易に占める比重を表す。S_{ij}は0～1の間にあり、数値が大きければ大きいほど、アジアと先進国の製品貿易構造の類似度が高いことを表す。

ほか、アジアは先進国の各種類の製品の減少した分を補完することもできない。特に先進国が輸入規模を縮少した原材料・資本財・耐久品と半耐久品を補完することである。

　まとめれば、アジアは総量の面で先進国の輸入が減少した分を埋められるとしても、先進国とアジアでは輸入構造に差異があるため、構造の面では代替する役割を果たせない。したがって、現段階ではアジアが先進国の世界輸入における地位に完全に取って代わるのは難しいのである。

アジア地域協力のプロセスと発展

王玉主

||||||||||||||||||||||||||||||||||||||||||||||||||||||||||||||||||||||||||||||||||||||||||||||||||||||||||||

　アメリカが環太平洋パートナーシップ協定（Trans-Pacific Partnership Agreement、TPP）を推進し、「アジア太平洋リバランス」戦略を打ち出して以来、少なくとも中国はアメリカの対中戦略が「接触＋抑制」から牽制に強く傾斜していると感じた[1]。アメリカのアジア太平洋戦略は中国を狙っていると考えられているため[2]、中国は平和的台頭の環境整備を全面的に見直さなければならない[3]。アメリカが主導するアジア太平洋地域協力戦略は中国を牽制する力となった。

第1節　影響力を持つ三大交渉の進展

　東アジア協力は実質的な推進力のある主導者に欠けているため、危機感による駆動という特徴が現れている。このような対応をするための協力は持続でき

1　張叡壮「国際構造の変化と中国のポジショニング」、『現代国際関係』、2013年第4号。
2　「中国要素」はアメリカのアジア太平洋戦略の核心だと言われている。アメリカは長期的に東アジア協力に参加できないと取り残されることを心配すると考える学者がいる。王金強「TPP対RCEP：アジア太平洋地域協力の後ろにある政治ゲーム」、『アジア太平洋経済』、2013年第3号を参照。他方では、アメリカは中国のアジアにおける影響力が向上する問題を解決するためだと考える人もいる。楊潔勉「アメリカの実力の変化と国際システムの再編成」、『国際問題研究』、2012年第2号を参照。
3　李向陽「如何にして中国の平和的発展が直面する国際経済体の制約を認識するか」、『現代国際関係』、2013年第4号。

ず、系統的な連携目標としっかりした原動力がないという欠点がある。だから
こそ、2007年にアメリカを席巻したサブプライム危機およびそれが誘発した
世界的な景気後退は、1997年のアジア金融危機と同様に現段階の東アジア地
域経済連携の重要な外部推進力となった。危機・中国の台頭・地域内の主要国
が主導権を奪う場合などへの対応を総合的に考慮したうえで、アメリカはTPP
協定を通して東アジア協力を作り直すことを提案し、中・日・韓三ヵ国は着実
に中日韓自由貿易区を建設し始めた。また、アセアンは地域包括的経済連携協
定を提唱した。2013年に中日韓自由貿易協定 (China-Japan-Korea Free-Trade Area、
以下、中日韓FTA) 交渉、アセアン十ヵ国およびアジア太平洋六ヵ国の「地域包
括的経済連携協定」(Regional Com-prehensive Economic Partnership、RCEP) 交渉が
全て開始するという。スケジュール通りにいけば、アメリカが主導する「環太
平洋パートナーシップ協定」交渉は2013年10月に終了する予定である。この
三つの交渉はいずれもアジア太平洋地域の最も活力のある経済体に及ぶので、
アジア太平洋地域協力に重要な影響を与えるものであると考えられる。

1 中日韓FTA

　中日韓FTA は1997年のアジア金融危機の後に提案されたものである。21世
紀に入ってから、中・日・韓はFTAに関して長年にわたって共同研究が続けら
れてきたが、なかなか飛躍的な進展が得られなかった。2008年の世界金融危
機勃発後に開催された中日韓首脳会談はFTAの推進に拍車をかけた。三ヵ国
の首脳が指示した産学官共同研究はFTAの開始の基礎を固めた。そして2011
年、三ヵ国は2012年にFTA交渉会合を開催することに合意した。しかしなが
ら、大きな期待を寄せていた2012年5月の中日韓首脳会議では、ある原因によ
り期日どおりにFTA交渉開始を宣言できなかった。その後すぐに勃発した中
日間の釣魚島 (日本名：尖閣諸島、訳者注) 問題も三ヵ国のFTA建設に暗い影を落
とした。それでも、三ヵ国の会談はFTA交渉の開催に関して共通認識に達した。
2012年11月に開かれた東アジア首脳会議の期間中に、中日韓はようやく中日

韓FTA交渉会合の開始を宣言した。現在、三ヵ国は既に2013年3月26日から
28日にかけて最初の交渉を行った。交渉中の中韓自由貿易協定の情勢からみ
ると、双方とも肝心な産業において妥協する意志がなく、交渉は非常に困難な
ことが分かる。農業部門に非常に敏感な日本が加入すれば、経済的利益の面で
譲歩できる余地が少ないし、領土の争いで緊張した関係も緩和していないため、
交渉の道も平坦ではないだろう。

2　環太平洋パートナーシップ協定

　TPP協定はブルネイ、チリ、シンガポール、ニュージーランドのいわゆる
P4協定から生まれたものである。P4（太平洋四ヵ国）の起源は早期のP3である。
1997年のアジア金融危機の後、シンガポールとニュージーランドは「経済緊
密化連携協定」を結んだ。それに続き、2001年のAPEC上海サミット期間中に、
チリとニュージーランドはシンガポールに対し三ヵ国間協力の意志を表明した。
2002年に「太平洋三ヵ国間経済緊密化パートナーシップ」（Trans-Pacific Strategic
Economic Partnership）交渉が開始された。ブルネイは2004年にオブザーバーと
して第2回交渉に参加し、2005年に正式に交渉参加国となった。その年の7月
に、四ヵ国は「環太平洋パートナーシップ協定」に署名した。2006年5月にシ
ンガポールとニュージーランドの協定が発効するとともにP4も正式に確立した。
APECの中で経済規模が比較的小さく開放度が高い四ヵ国は、P4協定で貨物貿
易・サービス貿易および知的財産、投資などの分野において互恵関係と協力を
強化することを承諾した。この拘束力のある協定では2017年までに全品目の
輸入関税を撤廃することを目指している。
　P4協定には全部で20の章と二つの補完協定が含まれている。具体的には、
冒頭の規定及び一般定義・貨物貿易・原産地規則・関税手続き・貿易救済措
置・衛生植物検疫措置・貿易の技術的障害・競争政策・知的財産権・政府調
達・サービス貿易・一時的入国・透明性・紛争解決・戦略的連携・行政及び制
度条項・例外及び一般条項・最終規定および「環境協力協定」と「労働協力に

関する覚書」といった二つの補完協定である。この二つの補完協定は必ず実施しなければならないものである。実施しない場合、自動的に当該協定から離脱することになる。このほか、サービス貿易自由化に関連する手続きは逆順リストの方法をとる。

　P4協定はAPEC範囲内の総合的かつハイレベルな自由貿易協定であるが、メンバー国の経済規模が小さいなどの原因で重視されてこなかった。しかし、アメリカの参入や推進で注目されるようになった。2008年2月、アメリカはP4協定の金融サービスと投資の交渉に参加することを表明し、同年の3月・6月・9月に合計三回の交渉を行った。そして、9月にアメリカは正式にP4協定に加入し、TPPを形成していくことを宣言した。それと同時に、オーストラリア・ペルー・ベトナムもTPP交渉に招かれた。2008年11月、ペルーとオーストラリアはTPP協定交渉に参与することを決定し、ベトナムはオブザーバーとしてTPP交渉に参加することになった。

　オバマ氏は2008年11月の大統領選挙で勝利し、2009年3月にTPPの第一回交渉を行うと予定していたが、2009年1月に就任演説を行った後、2月にアメリカ国会の54人からTPP協定への抗議を受けた。仕方なく、オバマ氏はTPP交渉延期を決めた。3月、アメリカの貿易代表はTPP協定をめぐってヒアリングを行い、45名の国会議員がTPP交渉を支持する意を表した。それでも、3月に開催される予定だった第一回交渉は延期することになった。その後、2010年3月にアメリカ国会はTPP協定の批准を決定した。その後、3月15日から19日まで、TPP協定の第一回交渉はオーストラリアのメルボルンにおいて開かれた。これはTPP協定が新しい枠組みの下で交渉を展開することを証明していた。P8の最初の交渉では主に原産地規則・農業・技術障壁と知的財産権などの問題に触れていた。マレーシアは後に行われた交渉会議に参加した。アメリカのサンフランシスコとブルネイで開催された第二回・第三回会議 (P9) は工業製品・農業と織物の基準・サービス投資・金融サービス・知的財産権・政府調達・競争・労使・環境などの問題を議題としていた。また、会議ではどのように地域の統一性を促進するのか、どのように中小企業の発展を促進するのか

などの問題も議論された。

　2010年11月、ベトナムが正式にTPPのメンバー国となったが、マレーシアはまだ正規のメンバーになっていない。一方、日本はオブザーバーとしてTPP首脳会議に出席した。2011年のAPECハワイサミット期間中に、日本首相の野田佳彦氏は日本がTPP交渉に参加する決定を宣言した。そのため、現時点まで計12回の交渉がP9を基礎として行われている。そして、カナダ・フィリピン・韓国および中国台湾が次々とTPP交渉に参加する意志を表明した。

　現在、アメリカがTPP交渉を主導していく姿勢は非常にはっきりしている。2011年、アメリカはAPECサミットの主催国である優勢を生かしてTPP交渉を全面的に推し進めた。そして、日本に圧力をかけてTPP交渉への参加を宣言させるだけではなく、交渉の内容も広げていった。非公害成長・監督障壁の減少・中小企業の貿易機会の拡大などが交渉に加えられた。2012年5月16日に、アメリカのダラスで閉幕したTPP協定第十二回交渉では、九つのメンバー国の代表者が協定に関連するあらゆる議題について交渉した。第十三回交渉は2012年7月2日から10日にかけてアメリカのサンチアゴで開かれることも決定した。第八回会議以来、アメリカは交渉会議を何回も行った。頻繁に交渉会議を行ったことからアメリカの積極的な態度が見られた。

　内容からみると、上にP4協定の内容を列挙したが、TPP協定が大きく変化したためP4協定によって分析することができなくなった。交渉中の協定なので、詳しい内容もまだ公式に公布されていない。アメリカは米韓自由貿易協定を基準とすると主張しているが、そのほかにまた新しい標準をつくっている。具体的に言えば、TPP協定は貨物・サービス・非関税障壁・投資・知的財産権を含んでいる。それ以外に、アメリカはさらに監督統一などの規則をその中に追加し、メンバー国間の監督の多様性によって必要でない貿易障壁を減らすことを求めている。国有企業に対しては規則を定め、競争性市場規則に従わず市場が歪曲している状況を改善する。それに、TPP協定もアメリカ企業のサプライチェーンがアジアの様々な国に分散していることを考慮し、原産地規則を一致させる。また、貿易を簡素化して貨物の流通コストを下げるのがもう一方である。

TPPは国境を越えた自由なデータ活用の促進にも関心を寄せている[4]。P4協定の環境協力や労使協力に関する付属協定を結び、アメリカが希望するTPP協定の枠組みが明確に示された。

　TPPの発展の見通しについては二つの視点がある。一つは、経済への影響という視点である。一般的に現段階では、アメリカを除きメンバー国の経済規模はあまり大きくないため、確立しても大きな影響が出ないと認識されている。たしかに、日本国内では農業部門からの強烈な反対の声があるため、日本政府が2011年APEC首脳会議でTPPに参加する意を表明したとしても、アメリカが出した条件を満たせず、オブザーバーとして交渉に参加するしかない。もし日本がTPPに入らなければ、アメリカと他の国だけでは大きな影響力を形成できない。逆に、日本が参加すればTPPの経済的影響が広がると日本側は考えている。もう一つは戦略意図の視点である。この点についてアメリカははっきりと述べている。TPPは東アジアにおける地域影響力がますます大きくなっている中国に対応するものである。その手段として東アジアのためのゲームのルールを定めることである。アメリカ側は、もしアメリカがルールを定めなければ中国が必然的にルールを決めるだろうと考えている。この意味では、メンバー国の経済規模よりTPPに加盟しているメンバー数のほうが更に意義がある。TPP協定を受け入れるメンバー数が十分であれば、アメリカはTPP協定はAPECの範囲内の規則だと標榜できる。そのとき中国は困った局面に陥ることになる。したがって、TPPは戦略意図によってその発展の見込みに一定の違いがあると考えられる。

3　地域包括的経済連携協定（RCEP）

　アセアン十ヵ国と中国・日本・韓国・インド・オーストラリア・ニュージー

4　Meltzer, Joshua, "The significance of the Trans-Pacific Partnership for the United States," testimony to the House Small Business Committee, May 16, 2012.

ランドとのRCEPは現段階の最も新たな地域連携イニシアチブである。RCEPに対する研究はまだ多くないが、アセアンが2011年に合意した「RCEPのためのASEAN枠組み」は、「アセアン憲章」に則って地域包括的経済連携関係を作り、アセアンの地域協力枠組みにおける中心的地位及び主な推進者という積極的な役割を維持することに触れている。そのような表現から見れば、アセアンのRCEP構想は少なくともTPPと中日韓FTAに対抗する役割があると考えられる。

　RCEP提案はアセアンが発表した「RCEPのためのASEAN枠組み」の形で登場したものである。この提案を深く理解するには二つの文書が不可欠である。つまり、「RCEPのためのASEAN枠組み」と「RCEP交渉の基本方針及び目的」である。その中、RCEP構想はRCEP建設の一般的原則を提示しているのに対して、「RCEP交渉の基本指針及び目的」はRCEP協定交渉に関する指導文書である。二つの文書を分析すれば、大まかにRCEP提案の基本的な内容がわかる。つまり、既存のアセアンを中心とした五つの「ASEAN+1FTA」を整理したうえで、「現代的で、包括的な、質の高い、かつ互恵的な自由貿易区」を建設するのである。

　2011年11月に、アセアン第十九回首脳会議がインドネシアのバリ島で開かれた。会議の期間中に、「RCEPのためのASEAN枠組み」が合意された。その目的は「アセアンがルールを定めることによってプロセスを主導する」ということである。当該文書が確立したRCEP一般的原則は、基本的に地域協力協定の枠組みを描いている。具体的に言えば、既存の自由貿易区パートナーとより深く、より広い交流をしていく。そして、既存のパートナー間の自由貿易協定或いは包括的経済連携協定（FTAs/CEP）を全力で推し進める。この構想はまだはっきりしていないが、将来の地域連携の枠組みとして強い誘導作用がある。

　RCEP推進の重要な一環として、2012年8月にカンボジアのシェムリアップにおいて開催されたアセアン第四十四回経済部長会議では「RCEP交渉の基本指針及び目的」が合意されている。当該文書の公布はRCEPが協定の形で交渉を通じて展開することを表明した。内容から見れば、経済担当大臣らが合意し

た交渉原則は実際に「RCEPのためのASEAN枠組み」を脱したり乗り越えたりはしていなかった。ただ交渉の具体的目標の限定について更にはっきりさせ、交渉開始の準備を整えただけである。

（1）時間の枠については、RCEP協定の第一歩として、アセアン十ヵ国＋中日韓印豪NZの交渉は2013年の初めより開始し、2015年年末までに完成する。

（2）目標の枠については、交渉により、アセアン加盟国と自由貿易圏パートナーの間に現代的で、包括的な、質の高いかつ互恵的な経済連携協定、そしてモノの貨物貿易・サービス貿易及び投資に加え、経済技術協力、知的財産、競争、紛争処理、その他の問題を含む経済連携協定を達成することを目指している。実際に、それは枠組文書の中に明記されているRCEP構築の目的をより一層詳しく定義し、今回の交渉の目標を明確にした。また、それと同時に関連のある具体的な分野に関しても規定した。詳しくは以下のようなものである。

モノの貿易では、すべてのモノの貿易について関税及び非関税障壁を漸進的に撤廃することを目指し、参加国の間でFTAを設立する。

サービス貿易では、RCEP参加国間にあるサービス貿易に関する制限、または差別的な措置を実質的に撤廃する。すべての分野及び提供形態（モード）を交渉内容とする。

投資では、域内で自由で、円滑で、競争的な投資環境を創出することを目指している。投資交渉は促進、保護、円滑化、自由化の四つの柱を含む。

経済技術協力では、RCEPの経済技術協力条項はアセアンと自由貿易区パートナー間の既存の協力協定に基づく。協力活動は電子商取引やRCEP参加国がお互いに承認する他の分野を含む。

知的財産では、経済統合によって知的財産権の利用、保護および執行における協力を促進し、貿易と投資に対する知的財産権に関する障壁を低下させる。

競争では、競争分野における加盟国間の能力と国家体制の大きな差異を認識して協力できる基礎を提供する。

そのほか、RCEP協定にはまた紛争を処理するメカニズムもある。そして、RCEP参加国間のFTAに関係のあるほかの事項をカバーすることも検討してい

る。それは交渉の中で各国により確定し合意する。それと同時に、ビジネス活動に関する新たな問題も考慮する[5]。

　上述した文書によると、地域包括的経済連携関係の構築は全面的で互恵的な経済連携協定を達成することを目指していることが分かる。具体的に言えば、アセアンは自由貿易協定が締結された六のメンバーから着手し、最終的に外部の経済メンバーまで広げる。協定交渉が早めに開始できるように、2012年8月、アセアン諸国の経済担当大臣はカンボジアのシェムリアップで「RCEP交渉の基本指針及び目的」に署名した。2012年11月に行われた東アジアサミットの期間中、アセアンの提唱は六のメンバーから支持され、十六ヵ国が2013年に地域包括的経済連携協定の交渉開始に合意し、会議の後に「東アジア地域包括経済連携協定（RCEP）の交渉立ち上げに関する共同宣言文」を共同発表した。これから、「RCEP交渉の基本方針及び目的」に基づき、「現代的で、包括的な、質の高い、かつ互恵的な経済連携協定を達成し、地域のためにオープンな貿易投資環境を作り、地域貿易投資の拡張に便宜を与え、世界の経済成長と発展に寄与する」ということをめぐって交渉する意思を表明した。

　RCEPを現代的で、包括的な、質の高い、かつ互恵的な経済体に構築することは参加国に巨大な潜在的利益をもたらす[6]。しかし、それを実現するため、RCEP参加国は共に努力する必要がある。例えば、レベルが非常に高い関税削減の比率[7]、異なる原産地規則及びサービス貿易の統合、投資分野の合意的措

5　詳しくは "Guiding Principles and Objectives for Negotiating the Regional Comprehensive Economic Partnership", http://www.asean.org を参照。

6　研究によると、アセアン経済共同体がもたらした収益だけで地域収入の5.3%に達する。もしアセアン経済共同体を外部の主要なパートナーに広げたら、収益が倍増できる。(Peter A, Petri, Michael G, Plummer and Fan Zhai, "ASEAN Economic Community: A general Equilibrium Analysis", *Asian Economic Journal*, 2012, Vol 26 No2, p.93-118.)

7　日本の学者がRCEP構築に一連のアドバイスを出している。Fukunaga, Yoshifumi and Arata Kuno, "Towards a Consolidated Preferential Tariff Structure in East Asia: going beyond ASEAN+1 FTAs", *ERIA Policy Brief*, No.2012-03, May 2012. を参照。

置などである。2013年5月13日にRCEP貿易交渉委員会第一回会議が閉幕した。発表された共同声明から見れば、交渉の時間枠や目標はこの前の文書と比べて大きな変化はない。基本的な論調は依然として、アセアンの中心的地位を維持し発展水準の差異を配慮したうえで、五つの「ASEAN+1FTA」を深く推し進めることである[8]。現段階では、RCEPの参加国はどのように五つの「ASEAN+1FTA」を推進するかについてまだ決めていない。しかし、RCEPの推進は少なくとも以下の三方面の「リービッヒの最小律」[9]の制約に直面することがはっきりとしている。

　第一に、五つの「ASEAN+1FTA」は巨大な差異があることである。各自由貿易区協定の条項を比べるとすぐ分かるように、アセアンを中心とする五つの「ASEAN+1FTA」はスケジュール、関税削減のレベルと進展、原産地規則の適用範囲などの多岐にわたり大きな差異が存在している[10]。RCEPにとって非常に重要なのは異なる自由貿易区の減税項目のカバー率や適用の原産地規則などである。その中で、原産地規則の差異はスパゲティボウル現象が形成する要因である。五つの二国間自由貿易区の平均的な関税削減水準からみれば、課税項目のカバー率が一番高いアセアン・オーストラリア・シンガポール自由貿易区（AANZFTA）は95.7％である。一番低いのはアセアン―インド自由貿易区で、79.6％である。その中で、インド自身はわずか78.8％であり、アセアンの新たな加盟国よりかなり低いのである（表4-1参照）。そのため、関税の課税項目の90％を関税削減の指標としても、インドの現在の開放水準であれば、2015年年末までにRCEPの要求に達することは楽観的ではない。もし95％というさら

8　Regional Comprehensive Economic Partnership (RCEP) Joint Statement the First Meeting of Trade Negotiating Committee, 10 May 2013,Posted in 2013, *Statement & Communiqués*.

9　（訳注）たとえ一枚の板のみがどれだけ長くても、一番短い部分から水が溢れ出し、結局水嵩は一番短い板の高さまでとなる。一般に、バランスの悪さや一点豪華主義への皮肉・警告として、リービッヒの最小律が引き合いに出される。

10　Fukunaga, Yoshifumi and Ikumo Isono, Taking ASEAN+1 FTAs towards the RCEP: A mapping studies, ERIA Discussion Paper 2013を参照。

表4-1　5つのASEAN+1FTAの関税削減の比率

国別	アセアン-豪NZ	アセアン-中国	アセアン-インド	アセアン-日本	アセアン-韓国	平均
ブルネイ	99.2	98.3	85.3	97.7	99.2	95.9
カンボジア	89.1	89.9	88.4	85.7	97.1	90.0
インドネシア	93.7	92.3	48.7	91.2	91.2	83.4
ラオス	91.9	97.6	80.1	86.9	90.0	89.3
マレーシア	97.4	93.4	79.8	94.1	95.5	92.0
ミャンマー	88.1	94.5	76.6	85.2	92.2	87.3
フィリピン	95.1	93.0	80.9	97.4	99.0	93.1
シンガポール	100	100	100	100	100	100
タイ	98.9	93.5	78.1	96.8	95.6	92.6
ベトナム	94.8	-	79.5	94.4	89.4	89.5
オーストラリア	100					
ニュージーランド	100					
中国		94.1				
インド		78.8				
日本				91.9		
韓国					90.5	
平均	95.7	94.7	79.6	92.8	94.5	

注) この表はHS6桁分類の関税項目に基づいて統計したものである。中国一アセアン自由貿易区のベトナムのデータは欠けている。
出所：Kuno, Arata,"Revealing Tariff Structure under the ASEAN+1 FTAs and ATIGA:implications for apossible ASEAN++FTA,"in Chang Jae Lee,shujiro Urata anda Ikumo Isono (eds.), Comprehensive Mapping of FTAs in ASEAN and East Asia Phase II, http://www.eria.org.

　に効率の高い水準に達することを期待するなら、シンガポール・ブルネイ・マレーシア・タイなど一部のアセアン国及びオーストラリア、ニュージーランドだけが達成でき、それ以外の国は困難に面する。RCEP枠組み及び交渉基本方針は繰り返し柔軟性の原則を強調したため、RCEP協定交渉が合意に達するためには「底辺への競争」（Race-to-the-Bottom）というやり方になることを心配する必要がある[11]。RCEP協定交渉はいくつかの自由貿易区の共存で生じるスパゲティボウル現象を打ち破ってこそ確実な進展が取られる。しかし、コンソリ

11　多国間の関税削減で、交渉で合意を達成するために最低価格を受け入れる行為が存在する。これが「底辺への競争」と言われる。Vézina, Pierre-Louis, Race-to-the-Bottom Tariff Cutting (IHEID Working Papers 12-2010), Economics Section, The Graduate Institute of International Studies, http://ideas.repec.org/e/pvz5.html.

デーション（consolidation）の過程では「リービッヒの最小律」の制約に直面している。

　第二に、RCEP参加国の間にはいくつかの非常に重要な二国間自由貿易区が欠けていることである。RCEPはもう一つの「リービッヒの最小律」に直面している。RCEPの各国が今まで説明した交渉原則によると、RCEPはアセアンを中心とした五つの二国間自由貿易協定に基づいて進んでいるという。しかし、アセアン及び五つの自由貿易区メンバーの中で、中日・中印・日韓・印NZなどの国の間ではまだ二国間自由貿易協定を締結していない。中日韓FTAは2013年より交渉し始められ、計画した原則は基本的に中日・中韓・日韓の三つの二国間自由貿易協定を締結することだが、三ヵ国間自由貿易区に明るい兆しが見え始めたところで、中日の間で釣魚島問題で膠着した局面に陥った。中日韓FTAの第一回交渉を見ても、将来の交渉は必ず三ヵ国間の外交関係に影響されることが考えられる。現段階から言えば、三ヵ国協力に依存してRCEP自由貿易区の構築に貢献することはまったく現実的な話ではない。RCEP構築は五つのASEAN+1FTAをまとめ上げてできたのではない。如何にしてまだ二国間自由貿易協定を締結していない各メンバー国に、RCEPが共に計画した自由化の目標を受け入れさせるかは、五つの自由貿易区を整合することより容易ではない。

　第三に、アセアン経済共同体の構築は期日どおりに完成するのは難しいことである。アセアンはRCEP構築の主導国と推進国として、自身の能力を高めることが極めて重要である[12]。ただし、アセアン経済共同体の構築の見込みはあまり楽観的ではない。アセアン経済共同体構築の中期レポートによると、関税削減が期日通りに完成しにくいことが分かる[13]。さらに重要なことに、アセア

12　許寧寧はRCEP構築を評価する時、「RCEPの成功と失敗はアセアンが自身の一体化を進められるかどうかによって決まる。」と語っており、理にかなっている。詳しくは、許寧寧「RCEP：アセアンが主導する地域包括的経済連携関係」、『東南アジア縦横』、2012年第10号を参照。

13　ERIA, "Mid-Term Review of the Implementation of AEC Blueprint: Executive Summary," *Jakarta: Economic Research Institute for ASEAN and East Asia,*

ン経済共同体のより一層の発展を実現するには、メンバー国が内部の構造調整を行うことが要求されている[14]。この条件ではアセアン経済共同体の構築が難しくなるに違いない[15]。それがアセアンのRCEP協定交渉の弱点になる恐れがあることを意味している。

　発展の見込みから見れば、各国はRCEP協定交渉が2013年から始まり、2015年までに終わると明確に表明した。そして、アセアンはすでに初期のRCEP交渉に参与したメンバーと二国間FTA/EPAを達成したため、RCEPの推進は楽観的であると考える人が多い。しかし、RCEP交渉は長い期間にわたって効果的な進展が得られなかった中日協力及び開放レベルが比較的低いインドを含むので、RCEP交渉は予想のようには順調に進まないかもしれない。

第2節　アジア太平洋地域協力の発展趨勢

　冷戦の終わりがアジア太平洋地域協力のスタートであった。APECは中国が初めて参加した地域協力組織である。振り返ると、APECは当時の地域の各国の経済一体化を実現する願いを凝集していた。人々は2010年に発展参加国が率先して貿易投資自由化を実行して巨大な利益効果をもたらすことに憧れている。そのため、APECはアジア太平洋地域でよく認められている一体化プラットフォームとなった。1997年アジア金融危機の後、アセアンが主導

October 2012, http://www.eria.org.

14　Peter A., Petri, Michael G.Plummer and Fan Zhai, "ASEAN Economic Community A general Equilibrium Analysis," *Asian Economic Journal*, 2012, Vol.26 No.2, pp.93-118.

15　民衆がアセアン共同体構築に消極的な態度を持つことは、ある程度アセアン経済共同体が直面する困難を反映している。Moorthy, Ravichandran and Guido Benny, "Is an 'ASEAN Community' Achievable? A public Perception Analysis in Indonesia, Malaysia and Singapor on the Perceived Obstacles to Regional Community," *Asian Survey*, Vol.52, No.6 (November/December 2012), pp.1043-1066. を参照。

して「ASEAN+3」という協力メカニズムを開始した。ただし、当時の人々は
その東アジア協力枠組がAPECに与える潜在的な衝撃を見極めなかった。事
後に考えてみれば、「ASEAN +3」は自らの金融援助より始まったのである
が、代表する地域協力は地域の主導権に関わるので真剣に扱われていた。例え
ば、日本は「ASEAN +3」協力の初めから、特に東アジア・ビジョン・グルー
プ（EAVG）が曖昧に東アジア共同体という概念を提案した後から、地域の主導
的地位を取ることを希望している[16]。中国―アセアン自由貿易区のスムーズな
展開に励まされ、中国は「ASEAN +3」というプラットフォームを通じて発言
権を拡大することを図っている。見込みを魅惑的に描いた東アジア自由貿易区
が討論の議事日程に収められた。一方、APECはアメリカの主導により東アジ
アが中心的に推進しようとしない非経済的議題を導入した。東アジアの国は当
然アセアンを中心とした「ASEAN +」協力を推進することによって自国の利
益を実現するようになる。そのため、東アジア地域は「APEC」と「ASEAN
+3」に対してアンバランスな状況を形成した[17]。アメリカが反テロ戦争に陥っ
て挽回する力がない状況の下で、APECは自然に過去の活力が失われた。

　アメリカがTPPを推進し、「アジア太平洋リバランス」戦略を提出して以来、
少なくとも中国はアメリカの対中戦略が「接触+抑制」から牽制に強く傾斜し
たと感じた。情勢の発展に伴い、アメリカがTPPに参加し推し進めることは東
アジア協力の新たなスタートだとも見られるだろう。今までTPPの「アジアの
政治構造を乱す、地域を混乱させる、地域経済協力プロセスを妨げる、東アジ
アの自由貿易区協力形態を変える」などのマイナス効果はまだ全面的に出てい
ないが[18]、それによるアジア太平洋或いは東アジアの協力プロセスに対する影

16　東アジアが共同体の概念を提出してから、日本は中国が地域の主導権を奪って
　　いると思うようになった。ある日本の学者は中国は東アジア共同体構築に参加
　　できず、主導権を奪う資格はないと思っている（兪新天「21世紀初の東アジア
　　協力問題」、『当代アジア太平洋』、2003年第10号）。
17　東アジアが1997年の危機において手を拱いていたアメリカへの不満をアメリカ
　　が主導したAPECに対し当り散らしたのも原因である。
18　張海琦、李光輝「TPPを背景に中国が東アジア地域経済協力に参加することに

響は徐々に現れている。

1　アジア太平洋の協力枠組みがはっきりしない時期

アメリカが強い勢いでTPPを推し進めたことはAPECに巨大な衝撃を与えた。
だが、TPPがアジア太平洋協力の新たなプラットフォームに成長する見込みは
明確ではない。

まず、APECはアジア太平洋協力のプラットフォームとしての地位が弱めら
れた。アメリカはTPPの最終目標はAPEC範囲内のアジア太平洋自由貿易区
になることだと宣言したが、TPPはその厳しい標準や高いハードルで少なく
とも中期段階にAPECをTPPと非TPPといった二つのグループに分けていた。
1997年アジア金融危機以降、影響力が下がっていたAPECにとって、このよ
うな内部の分裂はAPECの各国が協力分野の利益を調和することに影響する。
そして、アメリカがAPECとTPPに対しアンバランスに扱う姿は、アメリカ
が真剣にAPECを推進する意思がないことも意味している。現在、アメリカは
「ボゴール目標」を諦め、一部のAPECメンバーが参加しているTPPに取り組
んでいる。それにより実際にAPECには指導者がいなくなった。従って、競争
がAPEC協力の議題を主導する場面があった。2013年10月にインドネシアの
バリ島で開かれた2013年首脳間非公式会議は、「強靭なアジア太平洋、世界成
長のエンジン」というテーマの下で、「ボゴール目標」の実現、公平と持続可
能性、地域のコネクティビティといった三つの問題を重点的に議論した。こう
いった三つの問題の選択は継続性を維持すると同時に発展も強調した。しかし、
2011年ハワイ会議や2012年ウラジオストク会議と比べると、今回の議題選択
はAPECに存在している競争が議題を主導するという問題を表面化させた。ア
メリカはハワイ会議で重点をTPPに置いたが、応えられなかった。今回のバリ
島会議は「成長」の議題を継続するが、再び「ボゴール目標」に言及し、コネ

対するアドバイス」、『国際経済協力』、2013年第3号。

クティビティも加えた。競争がAPEC協力の議題を主導することによりAPEC共通認識がバラバラになっていることが明らかになった。そうすると、TPPが期待した効果をとってアメリカが視線をより一層アジア太平洋自由貿易区の構築に移す前に、APECがアジア太平洋に大きな寄与をすることは期待できない。

　その次に、TPPは短期間ただアジア太平洋を分裂する手段に過ぎず、アジア太平洋協力のプラットフォームではないことである。オバマ政府がアジア太平洋の経済構造を主導する戦略の礎石として、TPPは今まで17回の交渉を完了している。2012年年末の情報によると、アメリカは2013年年末までにTPP交渉を完成することを希望しているそうである。けれども、今までの情報からみれば、その目標は実現しにくい。なぜなら、多くの分野では、特に敏感な横断的問題（horizontal and cross-cutting issues）に対して合意に達することができないからである[19]。そのため、2013年5月にオバマ大統領がコスタリカを訪問した際、現在TPPの要務はメンバー数を拡大することではなく、交渉を達成することであると語った[20]。もちろん、アメリカが妥協の態度をとって農業部門の巨大なプレッシャーに耐える日本をTPP交渉に入れた後[21]、急いで多くのAPECメンバーを引き寄せ、TPPに入れようというつもりはない。日本の参加がなければ、TPPはあまり経済的意味がないからである[22]。ただし、たった一回で多くのAPECメンバーをTPP交渉に入れると必然的に交渉の進展を妨げる。結局、得るものより失うもののほうが多い。それに、短期的に見れば、中国・インド

19　蔡鵬鴻「TPP横向議題と次世代の貿易規則及び中国への影響」、『世界経済研究』、2013年第7号。

20　U. S. Now Focused On Concluding TPP, Not Adding Countries, Official Says. Inside U. S. Trade, May 10, 2013.（蔡鵬鴻「TPP横向議題と次世代の貿易規則及び中国への影響」、『世界経済研究』、2013年第7号）

21　日米共同声明では、日本がTPP交渉に参加する際「交渉の前に一方的にすべての関税を削減することを承諾する必要はない」と言及した。特別扱いする「敏感な製品」があることを証明した（張君栄「TPP: 米日の棋局」、『中国ニュース週刊』、2013年第10号）。

22　田凱、邵建国「アメリカTPP経済貿易戦略の中の日本の要素」、『太平洋紀要』、2013年第1号。

ネシアなど東アジア協力の主要参加国はTPPの高いハードルで交渉に参加することはありえない。TPPは短期間にアジア太平洋をカバーすることができないから、TPPがAPECに代わって新たなアジア太平洋協力枠組みになることは難しい。そして、TPPと非TPPの国家利益の分でもTPPの影響がより多くアジア太平洋協力の分化に現れることがわかった。

　まとめて考えれば、アジア太平洋協力のプラットフォームとしてのAPECの役割が破壊されると同時に、TPPも伝統的なアジア太平洋協力の各国の参加が認められないので一部のAPECメンバーから弱い抵抗を受けており、アジア太平洋協力プラットフォームの役割を発揮できない。それはアジア太平洋協力は実際に各国に認められたプラットフォームがなくなってしまい、長い間枠組みが曖昧な状態にあることを意味している。

2　東アジア協力は枠組みを作り直す段階に入り、RCEPが東アジア協力の新たなプラットフォームに成長している

　TPPの推進がある程度アセアンに地域包括的経済連携（RCEP）を構築させた。RCEPの出現は元々中日競争で膠着に陥っていた「ASEAN+3」と「ASEAN+6」の東アジア協力プラットフォームとしての役目が終わったことを意味しているが、RCEP自身が東アジア協力の新たなプラットフォームとなる可能性がある。

　まず、TPPがRCEPの誕生を促した。アメリカは東アジア協力が中国により主導される東アジア秩序を生むのではないかと心配したため[23]、TPP協定でアメリカの「東アジア協力」を「アジア太平洋協力」に変える意図に取り組んだ。実際に、アメリカが東アジア協力をカバーするように全力でTPPを推し進めるのに伴い、地域組織であるアセアンはかえってTPPがもたらす脅威を実感した。一方で、アセアンにはすでにTPPに加入したメンバーもあり、TPPに断固として反対するメンバーもあるため、アセアンはTPP推進の分裂作用を明らかに感じた。他方では、アセアンはTPPが東アジア協力プロセスを破壊し、自身の東

23　彪中英「東アジア協力はどこへ行くのか——東アジア地域の秩序の苦境及び中国の戦略選択を論じる」、『学術最前線』、2012年第6号。

アジア協力における中心的地位を脅かすことを心配している。1997年アジア金融危機以降、客観的に言えば、アセアンは「ASEAN+3」協力というプラットフォームに依存して東アジア協力で「中心的地位」を得たのである。2006年、日本が「ASEAN+6」協力を提案してから、東アジア協力では「ASEAN+3」と「ASEAN+6」が競争する場面があった。それもアセアンを中心とした東アジア協力を停滞させ、アセアンの中心的役割の発揮を脅かした。しかしながら、「ASEAN+」の枠組みがTPPに覆われるリスクに面する際、アセアンはそれにより中心的地位を失うことを一層心配している[24]。そのため、アセアンは研究者から見れば、アメリカのTPPを制限する対策であるRCEPを提案した[25]。アセアンはこの見解を認めず、RCEPがTPPと違うやり方で同じ結果を得ることを求めており、その最終目標もアジア太平洋自由貿易区であると公言している。ただし、RCEPがアセアンの中心的地位を守る意図ははっきりしている[26]。退いて考えてみると、アセアンが本気でRCEPがTPPのように最終的にアジア太平洋自由貿易区に成長すると希望しても[27]、客観的にはアメリカを含まない東アジアの協力枠組みの形成に役立つのである。RCEPが提案された後、関係者から明確な支持を得た。それも「ASEAN＋3」と「ASEAN＋6」の東アジア協力プラットフォームとしての地位が大幅に弱くなったことを示している。もちろん、現在までRCEPは依然として「ASEAN＋6」協力である。この意味では、RCEPが東アジア協力の継続だと思われるのにも理由がある[28]。

---

24 TPPはアメリカにより主導されている。そして、TPPはAPECの枠組みでの協力であるものの、アセアンの一部のメンバー国はAPECに所属していない。それはアセアンは最終的に全体としてTPP協力に参加することができないことを意味している。アセアンは中心的地位を維持できない。
25 王金強「TPP対RCEP：アジア太平洋協力の後ろにある政治ゲーム」、『アジア太平洋経済』、2013年第3号。
26 王玉主「RCEPとアセアンの中心的地位」、『国際問題の研究』、2013年第5号。
27 アセアンのシンクタンクの多くの専門家はRCEPがTPPに対抗するためのものだとは認めていない。反対に、彼らはRCEPの最終的な目標はアジア太平洋自由貿易区であると説明している。
28 RCEPは東アジア協力の継続だと思う中国学者もいる。賀平・潘陳「RCEPと中

その次に、RCEPはさまざまな困難に直面しているが、各方面から支持されているため、TPPと対立的に存在する東アジア協力の新たな枠組みに成長する可能性がある。RCEPは五つのアセアンを中心とした二国間自由貿易区の整合を地域自由貿易区構築の第一歩にすることを希望している。しかしながら、この目標を達成するには少なくとも三重の「リービッヒの最小限」の制約がある。2015年までに「RCEPのためのASEAN枠組み」が計画した目標を達成することは容易ではない[29]。それでも、東アジア協力が脅威に面する状況では、RCEPは依然として各参加国に支えられている。最も重要なのは、RCEPがアメリカに承認されたことである。2012年8月、ロナルド・カーク米通商代表がRCEPに言及した際、「TPPとRCEPは相互補完関係であり、競争関係であるとは限らないと思っている。」と語り[30]、積極的な態度を表明した。なぜなら、アセアンはRCEPがTPPに対抗するものだというレッテルを貼られたくないからである。一方、アメリカのRCEPへの支持によりアメリカの同盟国は安心してRCEPを推進できる。アセアンは東アジア協力の「中心的地位」を守るRCEPが各国によって真剣に推進され、東アジア協力の新たな枠組みになることを期待している。

　総合して見れば、アメリカがTPP協定のほかに打ち出した「アジアリバランス」戦略はいまだ推進中にある。そして、アメリカは、将来、世界の覇権を維持するという戦略目標を実現するには利用できる戦略資源が足りないという問題に直面するが[31]、TPPの推進により既に、既存のアジア太平洋と東アジア協力プラットフォームは活力を失った。

国のアジア太平洋のFTA戦略」、『国際問題研究』、2013年第3号。

29　王玉主「RCEPとアセアンの中心的地位」、『国際問題研究』、2013年第5号。

30　許寧寧「RCEP：アセアン主導の地域包括的経済連携関係」、『東南アジア縦横』、2012年、第10号。

31　王偉男「アメリカの‘アジア太平洋に戻る’戦略の実施ルート及び制約的な要素」、『教学と研究』、2013年第1号。

第4章　アジア地域協力のプロセスと発展　　091

3 中日韓FTA、TPPとRCEPとの対話に基づく東アジア協力

　中日韓FTA、TPP及びRCEPにはアジア太平洋地域の主要国が含まれているので、将来のある時期、三者間のインタラクティブは必然的に東アジアの協力構造を作り直す力となる。

　中日韓FTAは中・日・韓三ヵ国が世界経済発展の不確定性に対応するための努力により始まったものである。しかしアセアンの立場から見れば、三ヵ国の協力はアセアンの東アジア協力における主導的地位を脅かす。TPPはアメリカの経済力が相対的に衰えていく背景において、アメリカ自身のアジア太平洋地域における利益を維持・強化し、中国の東アジアにおける影響力に対応するプラットフォームである。ただし、TPPの東アジア協力枠組みをカバーする能力はアセアンにとっても脅威となる。そのため、アセアンがRCEPの目的は地域にとってより良い協力や発展のプラットフォームを提供することであると表明したとしても、RCEPが中日韓FTAとTPPに対する対策であることは非常にはっきりしている。

　そのような東アジア協力の発展情勢について、中国はTPPが中国を抑えるための戦略だと考えているため、必ず対応策を取らなければならない。中日韓FTAは効果的な手段になりうる。つまり、相手にはTPPがあり自分には中日韓FTAがあるということである。そして、RCEPが実施された後、中国も積極的に支持の態度を表明した。中国はアセアンがRCEPでTPPを制限する意図を見破ったのかもしれない。日本はTPPと中日韓FTAは別々に関与できるチャンスだと思っている。RCEPは基本的に「ASEAN+6」で、中国の影響力を平均化するという日本の要求にぴったり合うため、日本は積極的に支持している。アメリカは見たところ、あまり中日韓FTAが好きではなさそうだが、TPPに対抗する要素を含んだRCEPには寛容な姿を見せ、RCEPとTPPは相互補完関係にあり、競争関係だとは限らないと考えている。確かに、アセアンもRCEPとTPPとの補足関係を表明している。例えば、シンガポールのトミ・コー外務省無任所大使は「RCEPはTPPと競争するわけではない。RCEP協定を推進する

のはそれがTPPより実現しやすいからだ」と言っている[32]。

　なんといっても、TPPとRCEPの推進は必然的に東アジア各国に東アジアとアジア太平洋という二つの協力枠組みを提供する。それらの対話の中で中日韓FTAは重要な要素である。なぜかと言うと、中日韓FTAがスムーズに推進できれば、RCEPもより良い支持が得られるからである。どのように中日関係を扱うのかは将来の東アジア協力にとって重大な意義を持つものである。

32　トミ・コー大使が2012年11月にシンガポールで開かれた第一回「中国―アセアンフォーラム」における発言された内容。

第5章

中国とアジア地域経済関係の変化

趙江林

外部市場、とりわけ先進国市場への高い依存度が、中国を含むアジア諸国の経済発展における長期的かつ共通した特徴である。そして、この特徴は中国がアジアの国々とそれぞれ貿易関係を形成する際の基盤もしくは大前提ともなっていた。

ところが、外部環境の変化と中国経済の台頭に伴って、成長のために外部市場に頼ってきた中国とアジア諸国との経済貿易関係が徐々に舞台の中心から外れ、そのかわり、互いの市場を基盤とした両国間経済貿易関係が重要度を増している。この新たな経済貿易関係のあり方は、2008年の世界金融危機の試練に耐え、外部市場の需要が縮小したにも拘わらず、比較的速い成長スピードを保つことに成功したのである。

第1節　中国とアジア地域経済関係の変化の主な特徴

中国とアジア諸国との経済関係の変化は主に貿易、投資などの分野でみられた。

1　中国のアジアにおける貿易関係の変化

1980年代以降、中国は地域分業に参入することで経済成長を加速させた。アジア諸経済体のなかでも地域分業体制への参入が遅かった中国であったが、

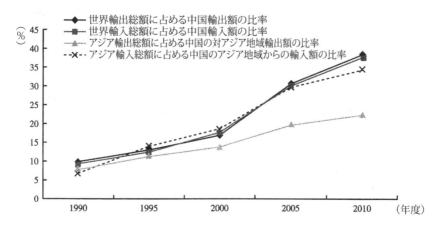

図5-1　東アジア地域における中国の位置づけの変化
注：東アジアには、中国、日本、韓国、中国台湾、シンガポール、インドネシア、マレーシア、タイ、フィリピン、ベトナムが含まれる。
出所：国連貿易統計データベース、アジア開発銀行。

人件費、規模、政策等を武器に、1990年代に徐々に地域分業による製品製造の末端を背負っていた。具体的には、他のアジア経済体から部品、原材料や資本財を仕入れて、加工・組立を経て製品を欧米等の先進国に輸出する形である。30年余りかけて、中国はアジア地域経済への大規模な参入を実現した。そして図5-1の示す通り、輸出と輸入の両面において、アジア地域内貿易に占める中国の割合が1990年代から大幅に上昇していることが分かる。

　アジア地域分業に参入する過程において、中国とアジア地域との貿易関係には下記のような変化が見られた。

　一つ目の変化点として、外部市場において、中国製の商品が他のアジア経済体製の商品に取って代わる現象が見られた。アジア地域内部では、中国が徐々に地域間分業の中心的な存在となり、地域内部と外部の経済関係のインターフェースとなっていた。アジアを全体的にみれば、アメリカ市場において、中国製商品の輸入額が徐々に日本とアジアNIEsを上回っていった。一方、ASEAN諸国には中国にほぼ匹敵する人件費や政策メリットがあるため、中国によって完全には替えられず、若干低いが比較的安定したシェアを維持することができ

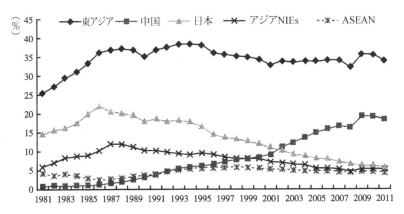

図5-2　アメリカの輸入総額にしめる東アジアからの輸入額比率
注：東アジアは中国、日本、アジアNIEs、そしてASEANの合計値。アジアNIEsには中国
　　台湾、韓国、シンガポールが含まれる。ASEANにはインドネシア、タイ、マレーシア、
　　フィリピン、ベトナムが含まれる。
出所：国連貿易統計データベース。

た（図5-2参照）。アメリカ市場において、中国がその他アジア経済体に取って
代わるに伴って、アジアとアメリカの経済関係が徐々に中米両国の経済関係、
中国とアジアの経済関係に変わり、中国はアジアと世界を繋ぐ中枢となってい
った。表5-1の示す通り、中国はアジア地域から部品などの中間品を大量に仕
入れながら、アジア以外の地域には最終製品を大量に輸出していることが分か
る。貿易収支への影響としては、アメリカの貿易赤字の半分以上をアジアが占
め、中でも対中貿易赤字が年々上昇する傾向にあり、2010年の対中貿易赤字
は対アジア貿易赤字の約7割を占めた。同時に、中国は貿易黒字でありながら
も、対アジアの貿易赤字、特に中間品の貿易赤字が年々拡大している（図5-2参
照）。

　二つ目の変化点として、中国は地域の生産者から消費者に変身しつつある。
中国の対アジア貿易額を100とすれば、中国のアジアからの消費財輸入額は約
3%でまだまだ低い。反面、アジア地域への消費財輸出は、割合が下がってい
るとはいえ、2010年には24.4%と比較的高い水準を維持していた（表5-1参照）。
このデータは、対中貿易は地域経済成長をけん引しているものの、中国自身の

表5-1　中国とアジア地域の貿易関係　　　　　　　　　　　　　　　　　　　　　単位%

年度	中国輸入総額に占めるアジアからの輸入額の比率						中国輸出総額に占める対アジア輸出額の比率					
	全体	消費財	資本財	中間品	#部品	#原材料	全体	消費財	資本財	中間品	#部品	#原材料
2000	49.8	38.0	45.4	51.3	58.6	47.8	29.9	27.8	22.4	34.3	35.0	34.0
2005	49.5	37.4	54.0	48.6	65.6	37.5	24.9	20.2	18.6	31.9	30.5	33.0
2010	41.8	35.4	52.1	40.2	62.9	28.4	22.3	19.0	17.7	27.6	24.9	29.8
2011	38.5	33.2	50.1	37.7	62.6	26.5	22.5	19.3	17.8	27.7	24.2	30.3

年度	アジアからの輸入品の内訳						対アジア輸出品の内訳					
	全体	消費財	資本財	中間品	#部品	#原材料	全体	消費財	資本財	中間品	#部品	#原材料
2000	100.0	3.0	16.0	78.0	28.5	49.5	100.0	40.6	12.9	43.4	15.0	28.4
2005	100.0	2.5	21.2	73.4	39.2	34.3	100.0	26.5	19.8	51.3	20.7	30.6
2010	100.0	3.0	20.2	72.5	39.0	33.5	100.0	24.4	23.5	49.8	20.4	29.4
2011	100.0	3.3	19.5	72.4	37.3	35.1	100.0	24.2	23.0	50.6	18.9	31.6

注：いずれも国連BEC分類に基づく。「全体」は消費財、資本財、中間品を含み、そのうち中間品は部
　　品と原材料を含む。
出所：国連貿易統計データベース。

表5-2　中国の世界とアジアにおける貿易収支　　　　　　　　　　　　　　　　単位：億ドル

地域	年度	消費財	資本財	中間品	#部品	#原材料	その他	全体
世界	2000	1003	35	-763	-226	-537	-34	241
	2005	2260	732	-1889	-664	-1225	-83	1020
	2010	4029	2420	-4147	-729	-3419	-484	1818
	2011	4691	2919	-5097	-647	-4450	-962	1550
アジア	2000	270	-83	-551	-208	-343	-20	-375
	2005	420	-317	-1426	-886	-540	-47	-1370
	2010	681	-351	-2476	-1555	-921	-153	-2312
	2011	811	-326	-2701	-1695	-1006	-224	-2439
日本	2000	218	-45	-169	-93	-76	-3	1
	2005	313	-69	-391	-233	-157	-17	-164
	2010	431	-196	-717	-393	-324	-74	-557
	2011	519	-204	-701	-426	-275	-78	-463
アジア NIES	2000	33	-42	-291	-87	-204	-18	-317
	2005	74	-229	-798	-474	-324	-45	-997
	2010	109	-214	-1296	-842	-454	-80	-1480
	2011	121	-215	-1368	-911	-457	-160	-1622
ASEAN	2000	18	4	-91	-28	-63	1	-60
	2005	32	-19	-237	-178	-59	15	-208
	2010	141	59	-462	-320	-143	1	-275
	2011	171	92	-632	-358	-274	14	-355

出所：国連貿易統計データベース。

郵 便 は が き

113-8790

（受取人）

文京区本郷1−28−36

鳳明ビル1階

株式会社 三元社　　行

1138790　　　　　　　　　　　　　　17

お名前（ふりがな）		年齢
ご住所（ふりがな） 〒		
	（電話	）
Email（一字ずつ正確にご記入ください）		
ご職業（勤務先・学校名）		所属学会など
お買上書店	市 区・町	書店

20190522/10000

愛読者カード　ご購読ありがとうございました。今後、出版の参考にさせて
いただきますので、各欄にご記入の上、お送り下さい。

書
名
_____

▶本書を何でお知りになりましたか
　□書店で　□広告で（　　　　　　　　　　　）　□書評で（　　　　　　　　　　）
　□人からすすめられて　□本に入っていた（広告文・出版案内のチラシ）を見て
　□小社から（送られてきた・取り寄せた）出版案内を見て　□教科書・参考書
　□その他（　　　　　　　　　　　　　　　　　　　　　　　　　　　　　　）

▶新刊案内メールをお送りします　□ 要　　　□ 不要

▶本書へのご意見および今後の出版希望（テーマ、著者名）など、お聞かせ下さい

●ご注文の書籍がありましたらご記入の上お送り下さい。
（送料500円／国内のみ）
●ゆうメールにて発送し、代金は郵便振替でお支払いいただきます。

書　　名	本体価格	注文冊数
		冊
		冊

http://www.sangensha.co.jp

経済（すなわち内需の）成長は地域経済をけん引していないことを物語っている[1]。そして世界の経済循環から独立した経済循環を形成するようにもなっていない[2]。ところが、中国が地域の生産者から消費者に転換している最中だと論ずる文献もある。一部の研究では、中国の消費はアジアが世界の需要拡大の新しいけん引役になることを促進したと論じている[3]。国内の研究者は中国がアジア地域の市場提供者になっていると指摘している。この役割は中国の経済成長や元高とともに更に強化される。今このような変化を遂げていないのは、巨大な製造規模や最終製品加工地といった特徴によって、アジア地域で消費財を大量輸入することがなくなったためである。そればかりか、地域内では先進国にとって代わる大規模な消費財市場を形成することも難しい。また、中国の国民一人当たりの国民所得はまだ低い水準にあるため、短期間に大規模な中高級消費市場を構築することも難しいであろう。

　そして三つ目は、中国がアジア地域の輸出主導型経済戦略が一国型から地域型に転じるように主導し、アジア地域と運命共同体を結成したことである。輸出主導型経済戦略は昔から一国が取る経済成長モデルとされており、アジアも例外ではない。今までアジア諸国がそれぞれの発展のために輸出主導型の経済戦略を取ってきた。ところが、もともと単一の経済体を主体とする輸出型経済

1　Park と Shin の研究によると、2008年世界金融危機爆発後、アメリカを含む先進国の市場衰退から、多くの人は大きな新興市場である中国がアメリカの需要低下を埋めてくれるのではないかと期待しているという。しかし計量分析の結果から見れば、中国の活躍は中国自身より、アメリカのアジア製品への需要を反映しているのであって、中国はまだアジア経済成長のけん引力になっていないことが分かる。Donghyun Park and Kwanho Shin, "The People's Republic of China as an Engine of Growth for Developing Asia:Evidence from Vector Autoregression Models," ADB Economics Working Paper Series No.175, October 2009 を参照。
2　2007年度アジア開発銀行の経済見通し報告によると、アジア地域内の貿易成長はグローバル企業に主導されている。世界のビジネス循環と緊密に連動しているだけに、世界から独り立ちすることは難しく、アジアの輸出は当分先進国の状況に左右されると見られる。
3　詳しくは2007年度のアジア開発銀行経済見通しを参照。

戦略が、もはや中国をはじめとするアジア全体で実行する戦略と化している。その背景にあるのは外部市場の限界である。アメリカ市場を見れば分かるように、アジアからの商品への需要はいくつかの段階に分かれて成長してきた。成長期を経て現在も約35%のシェアを維持していることから、アジア製品に対するアメリカの需要はほぼ止まっていることが分かる。このように限りある外部市場と引き換えに、アジアのほとんどの経済体は一人当たり国民所得が低い水準にあるため、工業化を支えられるほどの国内、地域内市場がまだ形成されていない。アジア経済体の工業化を推し進めるためには、生産規模が外部の市場規模を上回っているという課題を解決しなければならない一方で、「合成の誤謬」[4]を解決する課題にも直面している。このような状況を受けて、中国は規模、コスト、政策などのメリットを武器として、アジア諸国の最終製品の組み立てを中国に集中させ、その他の経済体が中国に部品や原材料を輸出する仕組みを構築した。このようにして、中国の輸出成長が地域の輸出成長に繋がり、中国とアジア地域が一体化したのである。

2 中国とアジア諸国間の資本の流れ

2008年の金融危機が勃発した後、アジアは経済成長の潜在力によって世界の投資の的になった。アジアへの投資のストックで見る場合、2012年のアジアへの直接投資は2.1兆ドルに達し、世界直接投資総額の9.2%を占めた。そして、対外投資のストックで見れば、2012年のアジアの対外直接投資高は約2兆ドルで、世界直接投資規模の8.5%を占めたことが分かる（表5-3参照）。

アジア地域において、中国は最大規模の投資対象国になっており、その次はシンガポールとインドである。そして対外投資においては日本に次いで2位の経済体であり、シンガポールを超えている。国連貿易開発会議が公表した

---

4 「合成の誤謬」とは、数多くの発展途上国が同様の発展戦略を講じた場合、限りある市場規模によって同じ発展戦略を取った発展途上国が経済の促進に失敗することをいう。

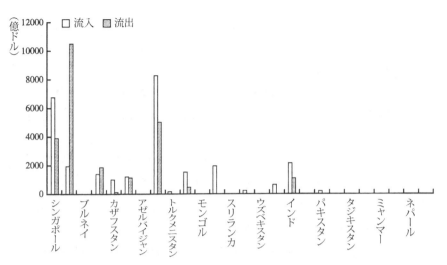

図5-3 2012年迄、アジアにおいて流入・流出したストック
出所：国連が公表した「2013年世界投資報告書」。

表5-3 2012年迄アジア地域の資本の流れ（ストック）　　　　　　　　　　単位：億ドル

国又は地域		世界	中国	日本	韓国	シンガポール	インド	モンゴル	ASEAN
流入	カザフスタン	1069.2							
	韓国	1472.3							
	マレーシア	1324.0							
	日本	2053.6	5.5		25.1	153.8	0.6		2.5
	タイ	1591.3							
	シンガポール	6824.0							
	インド	2263.5							
	インドネシア	2056.6							
	ベトナム	725.3							
	中国	8328.8		693.0	477.3			0.3	5.1
流出	日本	10549.3	932.1		255.9	360.6	151.1		855.7
	シンガポール	4014.3							
	韓国	1964.1	585.8	55.1				6.7	
	マレーシア	1204.0							
	インド	1181.7							
	中国	5090.0		13.7	15.8	106.0	6.6	18.9	55.8

注：ASEANはマレーシア、タイ、インドネシア、フィリピン、ベトナムを含む。
出所：「2013年世界投資報告書」と諸国の統計データ。

「2013年世界投資報告書」によると、2012年の世界の海外直接投資の流入額は1.35兆ドルで、18%減少した。世界の投資が全体的に低調な中、海外から中国への投資はわずか2%ダウンであり、海外投資対象国として世界第2位を維持したのみならず、海外投資規模において世界3位となったのである。2012年、中国の海外投資は史上最高の840億ドルに達し、アメリカと日本に次いで世界3位の対外投資国になった。また、中期的視点から見ても、グローバル企業にとって中国は依然として最良の投資先である。グローバル企業が最も期待を示している上位5つの国のうち、中国が1位で、アメリカが2位との調査結果も出ている。

　資本の行き先から見れば、日本、シンガポール、そして韓国のアジアに対する投資は主に韓国、シンガポール、インド、中国のような一人当たり国民所得の水準が高く、経済的規模の大きな国に集中している。

　それに対して、中国の対外投資は周辺の後進国に投資する傾向があり、ベトナム、ラオス、ミャンマー、南アジアのパキスタン、北東アジアのモンゴルへの投資総額が100億ドルに上っており、アジア地域への投資が多く出入りする大国や（シンガポールを除いて）一人当たり国民所得の高い国の投資規模を超えている。つまり、中国が周辺の後進国へ投資しているのは、投資対象国が所有する資源もしくは産業移転するための安価な労働力が目的である可能性がある。

　2010年末時点で、中国の対外投資はビジネスサービス業、金融業、鉱業、卸売・小売業の四つの業界に集中し、対外投資総額の約75.4%を占めた（表5-4参照）。商務部の「2010年度中国対外直接投資統計公報」によると、ASEAN諸国に対する投資は主に電力などのインフラ施設、金融業、鉱業、卸売・小売業、製造業に集中し、五つの業界への投資がASEANへの投資総額の70.8%を占めている。アメリカへの投資は主にビジネスサービス業、金融業、卸売・小売業、製造業に集中し、四つの業界への投資がアメリカへの投資総額の72.7%を占めている。そして香港への投資はビジネスサービス業、金融業、鉱業、卸売・小売業に集中し、四つの業界への投資が中国対外投資総額の81.7%を占めている。

　中国は日本を超える対外直接投資大国になる可能性がある。これから10〜

表5-4　2010年迄中国のアジア諸国への直接投資の産業別内訳　　　　　　単位：％

産業	比率	産業	比率	産業	比率	産業	比率
ビジネスサービス業	30.7	製造業	5.6	電力・ガス等	1.1	文化・体育	0.1
金融業	17.4	情報・ソフトウェア業	2.7	住民サービス・その他サービス	1.0	衛生・社会保障	0.0
鉱業	14.1	不動産	2.3	農林水産業	0.8	教育	0.0
卸売・小売業	13.2	建築業	1.9	水利・インフラ施設	0.4		
交通運輸・倉庫保管	7.3	地質探査	1.3	宿泊・飲食業	0.1		

出所：商務部「2010年度中国対外直接投資統計公報」。

15年の間、アジア地域の対中投資は総じて減少する見通しである。先進国の対中投資が減る一方で、発展途上国からの中国投資が増える可能性がある。また、中国のアジアへの投資額が上昇する見込みである。主な根拠としては下記の要素が考えられる。

(1) アジアの発展途上国は投資主導型経済成長期に入っている上、経済構造も大きく変動している最中であるため、中期的に、対外投資より海外からの投資を誘致することに関心が高いと考えられる。

(2) しかし一方で、長期的な視点から見れば、一人当たり国民所得の増加に伴い、一部の発展途上国も対外投資に注力し始めている。

(3) 中国が上質な投資を求め始めたほか、先進国の経済力の衰退が原因で、先進国による産業移転を目的とする投資が減少する代わりに、中国市場シェア争奪を目的とする投資が増加する見込みだが、大規模投資にはならないであろう。

(4) 中国はアジアへの投資規模を拡大していく見通しである。今まで中国の対外投資といえば主にラテンアメリカなどの資源豊かな地域がメインターゲットだったが、2008年の金融危機以降、生産能力過剰に伴い、産業移転を目的とする投資活動が活発になり、一人当たり国民所得が低い周辺諸国への投資が増加した。一方、先進国の技

術取得を目的とする投資活動も頻繁になっているため、日本、韓国、シンガポールへの投資もしばらく拡大する見通しである。同時に、潜在的消費市場であるアジアも、市場シェアを獲得しようとして、中国の投資対象になるであろう。

第2節　中国とアジア経済の相互的影響

　長年の発展を経て、中国とアジアとの経済的連携は日増しに緊密になっている。中国にとって、アジアの経済成長の見込みや経済成長戦略の調整はアジアの「経済」環境の新たな変化を意味する。特に2008年以降、アジア経済諸国が打ち出した経済成長戦略は地域内の国々との連携強化に重きを置いているため、今回の調整は自ずと同じ地域のほかの国に波及し、さらに地域内の諸国の経済関係の変化をもたらすことになる。中国はアジア地域の大国とはいえ、経済面もしくは非経済面において、上記のようなアジアの「集団的行動」が中国に影響を及ぼすことは必至である。したがって、アジアの主要国が経済成長戦略を調整しているのを機に、中国の最終的な産業化や経済成長に有利になるように、アジアと新たな関係構築を図らなければならない。

1　中国経済成長におけるアジア経済成長戦略の意義

　2008年世界金融危機以降、アジア諸経済体が相次いで新しい経済成長戦略[5]を打ち出し、アジア経済成長への舵が切られた。この方向転換によって、中国に対して下記の影響が想定される。

　プラスの影響から見れば、まず成長しているアジアは、中国の製品とサービスの主な輸出先になる。経済力の増大に伴い、アジアは資本財と消費財を含む

5　趙江林「現在アジア諸国の経済成長戦略の調整：背景、方向と影響」、『アジア太平洋経済』、2013年第3号。

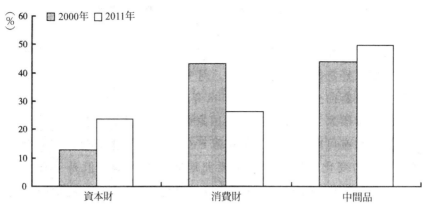

図5-4 中国の対アジア輸出構造の推移
出所：国連貿易統計データから算出。

最終製品の受入れ元になりつつある。拡張投資のニーズによって資本財の輸入
が増大するのと同時に、一人当たり国民所得の増加もアジアの消費構造の中高
級消費財輸入への進化を促している。したがって、アジアは従来の先進国市場
にとって代わって、中国の主要輸出先になる可能性があるのである。

　ここ数年、中国とアジア諸国との貿易が急速に拡大している。アジアに対す
る輸出額は2000年の815億ドルから2011年の5750億ドルまで増加し、年間成
長率は19.4%だった。そして過去十数年の間、アジアに対する輸出構造も変わ
りつつある（図5-4参照）。アジア諸国に対して、資本財と中間品の輸出が増え
ている一方で、消費財の輸出は減っている。産業生産においては緊密な連携が
見られつつも、消費市場においては大きな変化がなかったように見える。

　だが実際はそうではなかった。アジア市場を細分化していくと分かるよう
に、中所得のアジア諸国が中国の最終製品の主な行先となっている。近年、特
にアジアの新興国の経済力の成長がめざましい。世界銀行が2010年に公表し
た基準によれば、アジア30か国は低所得、中所得、高所得の3グループに分け
られる。高所得グループに入った国は依然として日本、韓国、ブルネイ、ニュ
ージーランド、シンガポール、オーストラリアの6ヶ国であるが、低所得グル

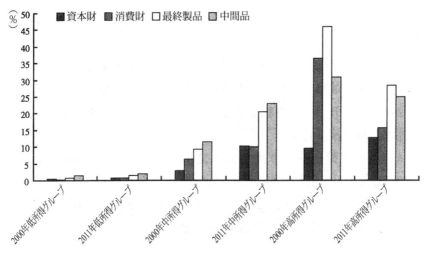

図5-5　中国の対アジア輸出構造の推移（対アジア総輸出額を100とする）
出所：国連貿易統計データより算出。

ープ（1000ドル以下）の国は2000年の18ヶ国から2011年のアフガニスタン、ネ
パール、バングラデシュ、タジキスタン、ミャンマー、カンボジアの6ヶ国に
減少した。そして残りは中所得国家で、2000年の7ヶ国から2011年の19ヶ国
に増えている。このように、ごく一部の国を除いて、2011年末時点で、数多
くの発展途上国の一人当たり国民所得が1000ドルを上回っており、中所得グ
ループに上がっている。そして経済力の変化が中国のアジアに対する輸出構
造に大きな変化をもたらした（図5-5参照）。アジアに輸出する製品のうち、中
所得国家への輸出比率が2000年の20.8％から2011年の43.6％に上がった。そ
のうち最終製品（資本財と消費財含む）の輸出比率は2000年の9.3％から2011年
の20.5％、中間品の輸出比率は2000年の11.6％から2011年の23.1％に上がっ
ている。それに対して、高所得国への輸出は正反対の変化を見せ、輸出比率は
2000年の76.9％から2011年の53.2％に下がった。そのうち最終製品の輸出比
率は2000年の46.0％から2011年の28.3％、中間品の輸出比率は2000年の30.9
％から2011年の24.9％に下がっている。低所得国への輸出比率はほとんど変
化はなかった。

とはいえ、発展途上国の経済力には限りがあるため、中国の対アジア輸出総額に占める中・低所得国家への輸出比率は高所得国の同比率を超えていない。全体的に、中国のアジアへの輸出構造はやはり高所得グループ、つまり先進国への輸出によって決まるところが大きい。

　二つ目として、アジアは中国の主要対外投資先になっている。対外投資のモデルとして、主に資源追求型（資源の取得が主な目的）、効率追求型（コストダウンが主な目的）、市場追求型（相手国の市場獲得が主な目的）、そして技術追求型（技術などの戦略的リソースの獲得が主な目的）に分けられる。資源を求めてきた中国の対外投資はラテンアメリカ地域への投資が大きな割合を占めており、2005年時点で中国対外投資（香港への投資含まず。以下同様）の70％以上を占めていて、アジアへの投資はわずか10％余りだった。しかし2008年以降、アジアへの投資比率が上昇し、20％に上った。今後の発展からみれば、アジアの台頭に伴い、中国の対外投資先は更に変化を見せるであろう。アジア市場のシェア獲得、ないし技術の取得を主目的として、中国企業はアジアとより緊密な関係構築に注力していくだろう。

　三つ目として、アジアは中国の地域別経済協力方針策定の最優先地域になる。長い間、アジア地域の協力、特に多国間協力があまり進んでいないため、世界において独立した一極として成立するのに遅れを取っている。今後、中国とアジアとの経済関係の強化、とりわけ中国のアジアにおける経済的地位の上昇によって、安定した多国間協力体制が構築され、中国の対外経済戦略の実施に有利に働くのみならず、アジアにおける中国の利益も大いに確保されるとみられる。したがって、新たな地域的関係構築にあたって、アジアは重点地域であり、試金石でもある。

　四つ目はアジアの安定した地域環境への欲求が高まることによって、中国経済成長の高度成長期を延長することが期待される。中国と同様に、アジアの発展途上国もまた経済成長の高度成長期を逸したくないため、周辺環境や地域環境安定化への要望が高まっている。このような安定した地域環境への共通した要望によって、中国にとって経済成長の有利な外部条件が整えられている。

一方、消極的な視点から見れば、中国とアジアとの経済関係は全面的な競争激化に走る可能性もないとは言えない。全面的な競争激化とは製品の原料調達から最終製品の販売まで、すべてにおいて競争することである。アジアの発展途上国は経済成長を強く求めているため、自国の経済を少しでも促進するようにより多くのリソースを獲得しようとする。しかし経済成長には限りがあるため、資源の争奪、産業移転、産業革新における相互競争や市場争奪の白熱化も避けられないだろう。表5-5からも分かるように、アジア、特にアジアの発展途上国は2008年前後にわたって製品輸出構造が大きな変化を見せた。低付加価値製品の輸出比率が下がったかわりに、中高付加価値製品の輸出比率が上昇し、中国の輸出構造と同じ傾向を示している。それによって中国とアジアの市場競争が強まるだけでなく、安全上の懸念材料の増加にもつながるかもしれない。呉強と周曙東の研究によると、インドにおいて生産要素の増大が経済的プラス要素を増やしたことが分かった[6)]。また、日本は3・11大震災後、一部のハイテク製造業を海外へ移転する際に、ASEAN諸国を主な移転先にした。もし技術水準から産業移転の受け入れ先を考えれば、ASEANより技術的優位性のある中国がうってつけであるが、ASEANに視線を転じたのは、明らかに中国の産業構造改革を遅らせ、日本の技術に追い付く歩みを少しでも遅らせたいからである。このように、いかに過度な競争から生じるマイナスの影響を減らすかは今後われわれが直面する大きな課題となる。

　また、より多くの地域的安全課題や地域外の大国からの干渉に直面する可能性がある。地域外の大国もアジアという新興市場を狙っているため、アジアのみならず、これらの大国もアジア市場の獲得に躍起になっている。アメリカの輸出倍増計画はまさにそのためのものであり、主要輸出先はほとんどアジアにある。このように、アメリカはより大きな利益を得るために、アジアにおける新しい経済的秩序の構築を加速している一方で、中国の経済的台頭に伴って、

6　しかしほとんどの状況では中国とアジアには利益より損害の方が大きい。呉強、周曙東「台頭するインド経済の中国とアジアへの影響——CGEの視点より」、『アジア太平洋経済』、2008年第2号。

表5-5　アジア主要国の輸出品の技術水準の変化

国	2011年技術水準別の輸出構造（%）				2005から2011年までの変化（ポイント）			
	高技術	中技術	低技術	資源	高技術	中技術	低技術	資源
日本	17.2	61.7	10.5	10.6	-4.0	0.5	0.7	2.7
韓国	24.5	47.3	11.2	16.9	-8.5	5.0	-1.7	5.2
シンガポール	39.6	24.1	6.0	30.3	-11.3	2.2	-0.2	9.2
マレーシア	35.8	23.5	12.1	28.6	-12.5	-0.6	1.3	11.9
タイ	19.3	39.2	13.9	27.6	-6.1	2.8	-4.8	8.2
インドネシア	6.2	23.0	20.8	50.0	-4.4	0.4	-5.7	9.8
フィリピン	43.9	21.4	9.3	25.5	-18.5	2.3	-0.4	16.6
ベトナム	19.8	13.9	53.4	12.9	10.4	1.9	-12.9	0.7
カンボジア	0.3	6.8	90.8	2.1	0.0	6.0	-7.4	1.3
インド	8.4	19.3	26.2	46.2	2.9	2.1	-9.8	4.7
スリランカ	1.4	8.0	65.2	25.4	-2.6	4.2	-5.9	4.3
パキスタン	1.2	10.4	73.6	14.7	-0.1	3.0	-8.8	5.8
中国	30.2	28.8	32.2	8.8	-1.4	2.6	-1.7	0.4

注：上記各国の四種類製品の輸出額は輸出総額より低いため、当表での比率は四種類の製品
　　の輸出総額を分母とする。
出所：国連貿易統計データベース。

表5-6　アジア経済発展戦略の調整による中国への影響

経済面		非経済面	
プラス影響	マイナス影響	プラス影響	マイナス影響
製品とサービスの主要輸出先	リソースの争奪	非経済分野での交流と協力の強化	国家安全の悪化
主な対外投資先に	産業移転・産業高度化が抑えられる	周辺国の安定志向強化	アジア以外の大国による干渉
アジア地域の制度づくりの中心に	貿易摩擦など市場競争の激化	アジアにおける中国の地位向上	

アジアにおける中国の影響力も抑えようとしている。アジア諸国とTPPの協議を加速したのは動かぬ証拠である。アジア諸国の共通した経済成長の要望が、ルート、資源、市場など多くの面における競争によって、地域内外を問わず多くの安全面でのプレッシャーをかけられることは必至であろう[7]。したがって、

7　李香蘭によると、中国とアジアとの非在来型セキュリティー問題はまだ制御できる範囲内にあるとはいえ、両国関係にはマイナスの影響がある。李香蘭の「中国周辺経済環境における非在来型セキュリティーへの再認識」、『経済問題探索』、

いかに地域外の大国からの影響に対処するかは重要な課題になる（表5-6参照）。

2 中国の自発的経済成長のアジアに対する意義

　アジアの他の発展途上国に比べて、中国の自発的成長の実現は地域にとって重要な意義がある。

　一つ目は、地域の大国として、中国は地域の成長モデルの転換を主導する立場にある。アジア経済に限って言えば、外需への依存現象は経済的規模と大きな相関性がある。アジア経済体は大きく「大国」と「小国」に分けられる。人口規模は経済体の内需市場の形成に大きな影響を与える。人口規模が大きいほど経済体の内需市場の潜在力が大きく、特に経済がある程度まで成長すると、人口規模と内需市場は更に緊密な関係性を示す。図5-6の示している通り、アジアの人口規模と輸出依存度とは負の相関性を示し、つまり人口規模が大きいほど貿易依存度が低くなる。反面、人口規模が小さいほど、貿易依存度が高まる傾向にある。これらの経済体は外部との商品、資本の取引を通じて経済成長を図らなければならない。したがって、経済成長をけん引するのが内需か外需かは、経済体の人口規模が大きな要因になるといえる。経済の発展段階を問わず、アジアでは人口が1億人以下の経済体は外部依存度が高い。まとまった内需市場を形成するのが難しいため、外需への長期的な依存は避けられない。そしてこれらの「小国」では成長モデルの転換がなかなか進まないのもそのためである。とりわけ後進国は経済の高速成長を実現したければ、外需に頼るほかない。産業化初期段階にある人口大国も、国内市場規模が小さいため、外部市場で経済成長を促す必要がある。輸出主導型経済モデルを採っている南アジアの三か国がその一例である。とにかく、人口規模からみれば、多くのアジア経済体は引き続き輸出主導型成長モデルを維持する必要があるようである。

　ところが、中国の状況は少し異なる。既に低収入から中収入水準に上りつつ

2002年第9号。

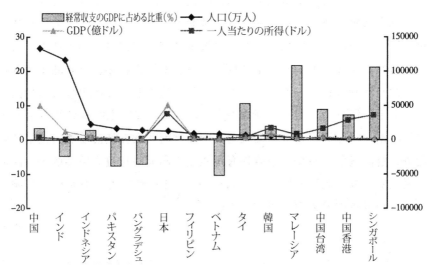

図5-6　人口規模、GDP、一人当たりの所得と経常収支のGDPに占める比重
出所：アジア開発銀行、国際通貨基金。

ある中国は膨大な人口規模によって大きな市場規模と潜在力を有しているため、自発的成長モデルに転換する条件がある程度揃っているうえ、成長モデルの調整によって外需依存度を削減することも期待できる。さらに、中国のGDPがアジア経済で占める割合を考えると、中国の成長モデルの転換は自国の転換を通り越して、アジア地域の構造的転換をも意味する。換言すれば、中国経済成長モデルの転換は、ある意味でアジア地域の経済成長モデルの転換を物語るものでもある。

　二つ目は、「標準モデル」からあまりにもかけ離れているばかりか、逆方向の変化すら起こしている成長モデルによって、中国はアジア成長モデル転換の主体になっている。需要構造からみれば、アジアの発展途上国の経済成長を促進する要素に関するニーズもかなり違っていて、将来自発的成長へ進化する方向性も一定ではない。

　各経済体の需要構造と「標準モデル」に対する乖離の具合から見れば、中国は消費水準が低いのに対して投資水準があまりにも高いことから、「標準モデ

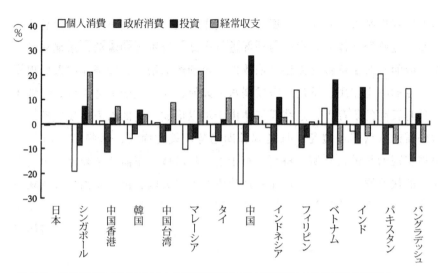

図5-7　2009年度「標準モデル」に対するアジア各主要経済体の消費構造の乖離値
出所：アジア開発銀行、国際通貨基金。

ル」から最も逸れているアジア経済体である（図5-7参照）。GDPに占める投資
の比率は高すぎても低すぎても経済成長に不利な影響をもたらす。比率が高す
ぎると、経済を促進するほかの要素が圧迫され、生産と消費のアンバランスを
引き起こす。一方、比率が低いと経済成長の底力が弱くなる。世界的範囲でい
えば、GDPの20％程度の投資比率が最も理想的だが、世界の製造工場である
アジアにおいて、投資の比率は若干高い。なかでも中国は大国経済であるだけ
に、投資比率の削減は自国のみならず、アジア地域が経済の重心を内需に転ず
ることにも積極的な意味を持っており、早すぎた生産能力の拡張を抑えるとと
もに、生産能力を他経済体に移転することによって地域全体の生産成長スピー
ドを維持する役割が期待される。したがって、中国は経済における個人消費の
比重を引き上げるとともに、高すぎる投資水準を下げる必要があるのである。
　三つ目は、中国とアジアとの産業分業関係が中国をアジア成長モデル転換の
最前線に押し上げた。長い間、中国は貿易や海外投資の誘致を通して、アジア
での存在感を高めてきた。貿易と海外投資の誘致によって、中国と地域内の主

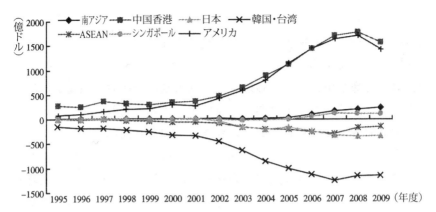

図5-8　中国・アジア地域とアメリカとの貿易収支状況
出所：国連貿易統計データベース

要経済体と緊密な経済的連携関係を築き、長年の経営上の提携のなかで地域的
な利益を手に入れただけでなく、中国の利益と地域とを密につないだ。1997
年のアジア金融危機の勃発以降、アジア地域の貿易関係に大きな変化が起こ
り、中国は東アジアの主要経済体に対して貿易赤字が急増し、特に韓国と中国
台湾に対する赤字が日本に対する赤字を超えた。それに引き換え、アメリカに
対する貿易黒字が急増した。韓国と中国台湾は日本に対して大きな赤字を抱え
る一方、アメリカに対する黒字が減少し、ほとんどの黒字が対中貿易に移行し
た。こうやって日本、韓国、中国台湾、中国（中国香港を含む）、アメリカという
順に産業チェーンとほぼ一方通行の貿易フローが形成され、そして中国は東ア
ジア生産過程の末端にある（図5-8参照）[8]。2007年になると、東アジアの生産
過程において末端にいる中国は更に存在感を上げた。アメリカの東アジアから
の輸入品について、中国が占める割合が1997年の20％から2007年の49.5％ま
で上昇し、アメリカの対東アジア貿易赤字に占める中国の割合は同期36.9％か
ら69.9％に上昇した。

8　　周小兵「貿易収支からみた東アジア貿易構造の発展」、『2006年アジア太平洋地
　　　域開発報告』、社会科学文献出版社、2006年。

厖大な経済規模とアジア地域の分業における地位から、中国はアジアと地域外との経済課題の真っ只中にある。それだけにアジア経済成長モデルの転換において特別な意味を持っている。したがって、中国経済成長モデルの調整は自国の経済成長の長期的需要に応えるためだけでなく、地域全体の利益のためにもなる。中国は徐々にアジア自主成長を率いる主体となりつつある。

第3節　中国とアジア経済関係の変化の趨勢：相互の市場

　本節はASEAN諸国を例として、中国とアジア諸国経済関係のこれからの変化を論じてみたい。

1　規模拡大：1997年のアジア金融危機までの中国―ASEANの経済貿易関係の拡大

　1991年に中国とASEANが対話を始めてから、双方の経済貿易関係は急速な成長を遂げてきた。中国―ASEANの関係は中国の改革開放に伴って急成長した。特に1990年代以降、中国とASEAN主要メンバー国との政治関係の改善によって、双方の経済貿易関係は転機を見せ、新しい歴史的段階に入った。そして2008年の世界金融危機勃発までの間、中国―ASEANの関係は萌芽から高度協力にまで発展した。ところが、上記関係の変化は外部市場の存在によるところが大きかった。

　中国とASEANの1990年代の経済成長レベルのため、両者の協力はごく限られた次元でしか展開されなかったので、協力を開始した当初、中国―ASEAN間の貿易、投資及びその他協力の規模は小さく、レベルも高くなかった。貿易額からみれば、1990年の地域間貿易額はわずか67億ドルで、2000年になっても395億ドル程度であり、現在の地域間貿易額の10分の1でしかない。その時の協力はあくまで双方の経済発展のニーズを満たすことに限られており、

東アジア地域の産業分業という大きな背景に基づいたものではなかった。

　1997年のアジア金融危機前後、中国―ASEANの経済貿易関係に新たな変容が見られた。地域分業に参画し、互いに模索する中で、加工貿易を基盤として、外部消費市場をターゲットとする経済関係が形成された。この経済関係によって短期間のうちに双方の貿易額が引き上げられただけでなく、外部市場への共通した依存によりある種の運命共同体を結成するようになった。

　東アジア地域の分業からみれば、1997年のアジア金融危機前後の分業構造の再編により中国―ASEAN関係の成り立つ土台が大きく変化した。時間軸からみれば、ASEANは中国より先に地域分業体制に入り、アジアの製品加工基地と最終製品の輸出基地の一つとなった。中国が大々的に東アジアの地域分業に参入する1990年代前まで、日本がアジアNIEsに資本、技術、重要部品材料を提供し、アジアNIEsの加工・組立を経てASEANに半製品を供給し、ASEANが組み立ててから欧米に輸出するというのが主な産業分業構図だった。ところが、1990年代になってから、外国資本が大量に中国に流入するとともに、東アジア地域の分業構造も新たな変化を見せ、中国はあっという間に東アジアの製品加工・組立基地と最終製品の輸出基地になった。そして日本、アジアNIEs、ASEANは主に中国が輸入する部品材料や原材料の供給者に転じた。簡単に言えば、中国という大きな経済体が地域分業に参入することによって、東アジア地域の分業においてASEANの位置づけが大きく変わり、地域の代表として最終製品を輸出する経済集団から中間品の供給者になったのである。それに伴って中国―ASEANは加工貿易を基盤とする産業分業関係を形成した。中国―ASEANの経済貿易関係の成り立つ基盤が変わった、つまり従来の単なる双方の経済成長のニーズに基づいた経済貿易関係から、双方自身のニーズ以外に、なにより地域分業を背景とした経済貿易関係が確立された。こうやって、双方の貿易関係が一気に拡大していったのである。

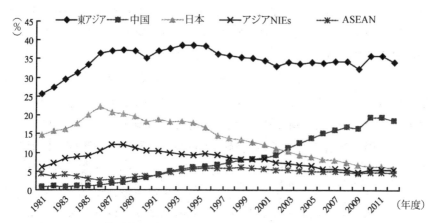

図5-9　アメリカの輸入総額に占める東アジアからの輸入額比率
注：東アジアとは中国、日本　、アジアNIEs、そしてASEANの合計値。アジアNIEsには
　　中国台湾、韓国、シンガポールが含まれる。ASEANはインドネシア、タイ、マレーシア、
　　フィリピン、そしてベトナムを含む。
出所：国連貿易統計データより算出。

2　外部市場：2008年の世界金融危機前の中国―ASEAN経済貿易関係が発展する前提

　1997年アジア金融危機以降、中国―ASEANの経済貿易関係、つまり外部市場への共通した依存がある種の運命共同体の結成を促した。外資の大量流入に伴い、中国はすぐにアジア地域の製品加工・組立基地と最終製品の輸出基地となった。そのかわりにASEANは主に中国が輸入する部品材料の供給者となった。こういった加工貿易を主な特徴とした地域間関係は、両地域の貿易額を拡大しただけでなく、共通利益の形成と発展をも促した。

　外部市場の観点からみると、地域内の分業調整が起きてから、外部市場において中国製品がASEAN製品に代替・抑制する現象が生じる一方で、ASEAN製品の輸出増加を抑えてはいない。アメリカ市場でいえば、中国が地域分業に参入すると、自身の比較優位によって、すぐさま日本やアジアNIEsのアメリカ輸入市場での地位に取って代わるとともに、ASEANのアメリカへの輸

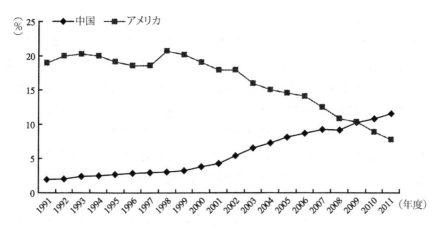

図5-10　ASEANの輸出総額に占めるアメリカ、中国への輸出額の比率
出所：国連貿易統計データベース。

出拡大をけん制した（図5-9参照）。にもかかわらず、中国の対外輸出の拡大は
ASEANの輸出拡大に影響を及ぼすどころか、その拡大を手伝う効果もあった。
図5-10の示すとおり、ASEANは対米輸出が相対的に減少するとともに、中国
への輸出が増えた。ASEANの輸出に起きたのは貿易額の縮小ではなく、輸出
先の変化であり、つまり欧米などの先進国から中国に輸出するようになった
のである。中国はASEANのもっとも大きくかつ重要な貿易パートナーとなり、
そこから投資や他分野での提携など、さらに双方の他の協力活動の展開をも促
した。こうやって、中国―ASEANの貿易関係は外部市場に対して従来の「競
争」から「協力」関係に転じたわけである。

　ここでは、6608項目の8桁HSコードに基づいて、中国がマレーシア、イン
ドネシア、タイ、フィリピンなどのASEAN主要国に対して実施している減税
構造について考察したい。HSコードの商品を国連のBEC分類に基づいて再分
類してから、それぞれの分類について各税率の占める割合を計算した。2005
年時点では中国のASEAN諸国に対する減税構造がほぼ同様だったため、イン
ドネシアのみ取り上げた。表5-7の示す通り、ASEANに対する減税は主に資
本財と中間品に集中しており、多くの消費財は依然として高い関税のままであ

表5-7　中国のASEANに対する製品別減税構造　　　　　　　　　　　　　　単位

	2005年	資本財	消費財	中間品	#原材料	#部品	その他
インドネシア	税率＝0	4.8	16.9	6.4	7.4	5.8	16.6
	0＜税率≦5	21.4	37.6	9.0	56.9	58.1	49.8
	5＜税率≦10	47.6	35.8	17.3	24.3	25.2	19.2
	税率＞10	26.2	9.7	67.3	11.4	10.8	14.5
	合計	100.0	100.0	100.0	100.0	100.0	100.0
	2012年	資本財	消費財	中間品	#原材料	#部品	その他
	税率＝0	97.2	87.6	93.3	94.7	84.9	57.1
	0＜税率≦5	0.5	0.2	1.4	1.6	0.2	0.0
	5＜税率≦10	0.8	1.8	4.3	3.4	9.8	21.4
	税率＞10	1.4	10.4	1.0	0.3	5.2	21.4
	合計	100.0	100.0	100.0	100.0	100.0	100.0
ASEAN 関税保護商品	2007年	資本財	消費財	中間品	#原材料	#部品	その他
	0＜税率≦5		23.3	25.8	3.2		
	5＜税率≦10	62.9	36.1	56.6	52.4	90.3	18.5
	10＜税率≦20	14.3	18.0	6.5	6.9	3.2	0.0
	20＜税率≦40	22.9	29.5	6.1	6.5	3.2	81.5
	税率＞40		16.4	7.5	8.5		
	合計	100.0	100.0	100.0	100.0	100.0	100.0

注：国連BEC分類では貿易商品を最終製品、中間品、そしてその他に分類している。そのうち、最終製品は更に資本財、消費財に、中間品は更に原材料、部品に分類することができる。
出所：商務部公式サイト。

ったことが分かる。ASEANに提示した402項目の関税保護商品リストを見ても、低関税を実施しているのはやはり中間品と資本財で、消費財は高い関税水準を維持している。資本財と中間品、特に中間品に低関税をかける主目的は、ASEANから原材料や部品を輸入するコストを下げ、輸出時の競争力を上げるためであり、そうすることによって中国—ASEANの貿易は外部市場の成長潜在力が低かったり規制が強くなった時期でも比較的高い成長スピードを保つことができたのである。

　2008年の世界金融危機まで、中国—ASEANの経済貿易関係の拡張は主に双方の主要経済分野で起きていた。

（1）貿易規模の急拡大。2000〜2007年の中国の対ASEANの貿易成長率は26.3%に達した。2004年は貿易額が1000億ドル、2007年

は更に2000億ドルを超え、中国が掲げた2010年には貿易額2000億ドルに達するという目標を3年も早く実現した。2007年時点では、ASEANは中国の四番目の貿易パートナーであり、三番目の輸入元であり、そして四番目の輸出品受け入れ先になった。同時に、ASEAN対外貿易における中国の位置づけにも似たような変化があった。

(2) 双方投資額の拡大。2000年以前、双方の投資関係といえば主にASEANが中国に投資するといった一方的な投資であり、中国からASEANへの投資は極少だった。2000年になってから、このような一方的な投資関係は次第に双方向のものになっていった。2008年までに、ASEANの対中投資は合計520億ドルを超え、中国にとっては五本の指に入る直接投資元だった。一方、近年中国は経済グローバル化戦略を積極的に実施していて、ASEANに対する投資額も急成長を遂げている。2008年時点では中国の対ASEAN総投資額が61.3億ドルに達し、双方の投資関係は対称の関係になりつつある。

(3) 双方協力規模の急拡大。1999年時点では、中国がASEANで竣工した受託工事、労務協力、設計カウンセリング案件の売り上げは17.9億ドルで、2008年は91億ドルであり、年間平均成長率は19.8％だった。それに加えて2002年のプノンペンサミットで中国はASEANとより緊密な貿易関係の構築に向けて新しい枠組み協定を締結し、農業、通信、人的資源、投資、メコン河流域開発などの分野における経済協力にゴーサインを出した。2006年の中国―ASEANサミットが協力の更なる進化の契機となった。サミットでは10の優先分野において一歩進んだ幅広い協力を展開することで合意した。これらの分野は農業、情報通信技術、人的資源開発、双方投資、メコン河流域開発、交通運輸、エネルギー、文化、観光、そして公共衛生と多岐にわたり、そのうえいくつかの了解覚書（中国―ASEANサミット合同声明、2006年）も取り交わした。2007年にはさらに環境分野を

協力分野として加えた。2006年首脳会議の成果として、2007年全体にわたって優先分野における協力を推進する関連会議が大幅に増え、関連協定の締約数も増え続けた。港貿易促進会議の開催、食品安全と消費者権益保護協定の締結、検査検疫協力の覚書の取り交わし、貿易・投資・観光開発促進を目的とする新しい研究センターの設立など、いずれも双方経済貿易関係の飛躍的な発展ぶりを物語っている。そして2007年11月に開催された首脳会議では、双方が更に推進する14の提携プロジェクトに関して合意した。

(4) 両地域の経済の仕組みの構築が本格化している。1997年のアジア金融危機以降、中国とASEANは経済の仕組構築を通じて中国—ASEAN経済貿易関係を安定化させ、徐々に縮小する外部市場に対処しようとした。実際、東アジア地域の先進国での市場縮小はアジア金融危機以前にも兆しが見えていた。ここでもアメリカ市場を例とするが、アメリカの東アジアからの輸入額は長い間上昇傾向にあり、1980年代中ごろまでずっと40%前後の水準を維持していた。ところが、1997年アジア金融危機以降、この比率が35%まで低下し、以降ずっと横ばいが続いた。中国は外部市場とのインターフェースとなる主要経済体であるだけに、地域の外部市場における競争力を強化するためには中国—ASEAN経済貿易関係を一層強化しなければならない。そこで、2000年の第4回中国—ASEAN首脳会議で、中国は初めて両地域自由貿易区の設立を提唱し、これをきっかけに中国—ASEAN経済貿易関係の仕組み構築が本格化する時期に入った。2002年に中国—ASEANは全面経済協力パートナーシップを確立し、「中国—ASEAN包括的経済協力枠組み協定」に調印し、2010年までに中国—ASEAN自由貿易区の設立する目標を確認した。また、2004年には「貨物貿易協定」、2007年には「サービス貿易協定」にそれぞれ調印した。

3 相互の市場となる：金融危機後中国─ASEAN経済貿易関係の行方

　2008年の世界金融危機の勃発によって中国─ASEAN経済貿易関係は大きな衝撃を受けた。それまで成長していた地域間貿易が一気に縮小していった。中国と多くのASEANメンバー国はまだ産業化初期にあり、輸出主導型の成長戦略を採っている経済体がほとんどであるため、外部市場への依存のため金融危機による双方の経済成長への影響がほぼ同時に起きたのである。2009年には両地域ともに貿易を含む分野で成長の減速を経験した。

　金融危機によって中国─ASEAN経済貿易関係へ与えられたのが短期的影響であるのに対し、先進国をメインとする外部市場による双方の経済貿易関係への抑制が長期化するおそれがある。2008年の世界金融危機勃発後、先進国の経済は大きな打撃を受け、とりわけ危機に起因した債務問題が、先進国の消費需要の変化を不安定にした。この変化は長年先進国市場に頼ってきた東アジア経済諸国にとって強い抑制力となっただけでなく、先進国の国内経済事情のため短期間には効果的に解決できず、長期化する課題になったのである。

　したがって、あまり大きくない外部市場の成長の見込みを受けて、いかに新しい代替市場を探すかは中国とASEANの共通した課題となった。そのために、地域間関係の構築加速、内部市場の統合促進も両地域の政策制定において最優先検討事項となった。事実、長年の発展を経て、両地域の内部市場を基盤とした経済貿易関係を構築する条件はすでに一部揃っていた。

　一つは中国とASEANの消費力の成長である。長年の経済成長の結果、中国とASEANの一人当たり国民所得は大幅に上昇した。国際通貨基金の統計によると、2001〜2011年の間、中国とASEAN諸国（ブルネイは除外）の一人当たりGDPは急上昇し、いずれも過去の約2倍に増加した。同時に、中国とASEANメンバー国の大半は人口大国であるため、一人当たり国民収入の増加は必ず消費力の成長を伴うものである。アジア開発銀行の統計によると、2000〜2010年のASEAN諸国の個人消費額の成長スピードはGDPの成長スピードを上回

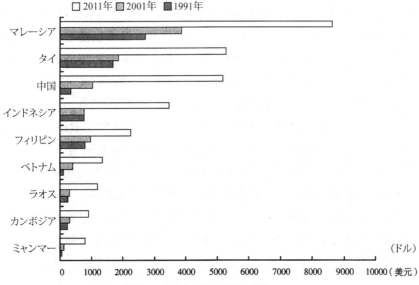

図5-11　中国とASEAN諸国の一人当たり国民所得の推移
出所：国際通貨基金。

った。中でもマレーシア、ベトナム、フィリピン、カンボジア、そしてミャン
マーの成長は目覚ましいものであった（図5-11参照）。

　現在、日米欧の先進国と比べて、中国とASEANの個人消費額が上昇して
いる（表5-8参照）。一般的に、発展途上国のGDPに占める個人消費の比率は
先進国のそれを下回るにしても、実際の消費規模は拡大している。2005年の
中国とASEANの個人消費額はわずか欧米の20％、日本の50％ほどだったが、
2010年時点ではそれぞれ30％、100％に上がっていた。

　二つ目は双方の経済貿易依存関係に大きな変化が起きていて、相互依存に
なりつつあることである。2008年世界金融危機の前後のデータを対比すると
分かるように、貿易、投資もしくはその他分野において、中国とASEANの
相互依存関係は早く発展した。貿易を見れば、2000年から現在まで、中国の
ASEAN向け輸出でもASEANの中国向け輸出でも、それぞれの総輸出額に占
める割合が上昇した。製品の観点からみれば、上昇が最も速いのは最終製品で、

表5-8 2005〜2010年中国、ASEAN、先進諸国の個人消費比較

国・地域	規模（億ドル）		中国・ASEAN合計値と先進国との差（%）		GDPに占める個人消費の比率（%）	
	2005年	2010年	2005年	2010年	2005年	2010年
中国	887	1969			39.3	33.5
ASEAN	521	1017			58.1	55.5
中国・ASEAN合計値	1407	2986			44.6	38.7
日本	2595	3198	54.2	93.4	57.0	58.6
アメリカ	7691	8727	18.1	34.2	59.5	58.4
EU（15カ国）	8798	10241	16.0	29.2	69.7	70.5

出所：アジア開発銀行、アメリカ合衆国経済分析局（BEA）、EU公式サイト。

表5-9 中国-ASEANの相互貿易依存度 　　　　　　　　　　　　　単位：%

中国の輸出総額に占める対ASEAN輸出額の比率	全体	最終製品	#資本財	#消費財	中間品	#原材料	#部品	その他
2000年	7.0	10.6	7.2	3.4	10.2	9.2	12.3	31.3
2005年	7.3	9.2	6.0	3.2	10.6	10.1	11.4	35.6
2010年	8.8	13.7	8.2	5.5	10.7	12.4	8.7	32.9
2011年	9.0	14.2	8.4	5.8	11.0	12.9	8.4	25.0
ASEANの輸出総額に占める対中輸出額の比率	全体	最終製品	#資本財	#消費財	中間品	#原材料	#部品	その他
2000年	3.9	3.6	1.9	1.7	5.0	7.8	3.0	4.3
2005年	8.1	10.4	7.5	2.9	10.1	11.2	9.1	4.5
2010年	10.8	16	11.7	4.3	12.9	13.6	12.1	6.4
2011年	11.5	16.4	11.1	5.3	14.1	15.2	12.3	6.6

出所：国連貿易統計データベース。

　特にASEANが中国に対して輸出した最終製品の割合が最も速く成長した。これは双方がお互いの輸出の受入れ先となっていることを表している（表5-9参照）。
　同時に、相互投資額も引き続き拡大し、次第に対等な投資関係になっていった。2000年までは、両地域の投資関係は、ASEANが中国に一方的に直接投資する一方通行のものであり、中国のASEANへの直接投資は無視していいほど極小のものであった。しかし2000年以降、このような一方的だった投資関係が次第に双方向の投資関係になっていった。2010年には、ASEANの対中投資総額は630億ドルを超え、中国にとって上位5位に数えられる直接投資元になった。そして中国の対ASEAN投資額も急成長し、2010年に投資総額が143.5

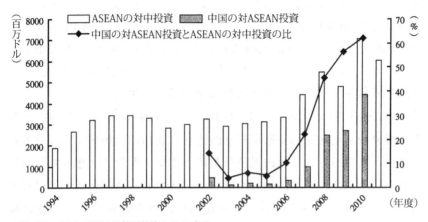

図5-12　中国-ASEAN相互投資とその成長
出所：商務部公式サイト。

億ドルに達した。中国の対ASEAN投資額とASEANの対中投資額との比も
2003年の約5%から2010年の60%以上にまで上昇した（図5-12参照）。

　三つ目は双方の政府が政策による調整に積極的に取り組んだことである。
2008年世界金融危機勃発後、中国―ASEANは政策による調整を更に強化し、
内部市場の統合を加速させた。具体的には下記の施策が挙げられる。

　まず、「投資協定」の調印と中国―ASEAN投資基金（CAIF）の設立である。
2009年、中国とASEANは「投資協定」に調印し、双方投資者にオープンで公
平な投資環境を整えるだけでなく、なにより各自内部の生産構造の再構築、地
域内消費者のニーズの満足に重要な前提条件を揃えるといった重要な意味を持
っている。中国の対ASEAN投資を推し進めるために、中国は2009年に100
億ドルの中国―ASEAN投資基金を創設し、当基金は双方のインフラ施設、エ
ネルギー資源、情報通信等分野の重要提携プロジェクトに使用することを公表
した。それに加えて、今後3〜5年をかけて、ASEAN諸国に合計150億ドル
の融資を提供する予定で、そのうち中国企業の東南アジア進出を推奨する特別
融資として17億ドルが含まれている。各自の内部市場の統合促進は、地域間
貿易協定が達成した時点ですでに始まっていたといえよう。しかし、減税だけ

では足りず、大量の資本の注入があって初めて地域の産業構造を改善し、消費構造の変化に適応することができる。そのため、「投資協定」の締結と中国―ASEAN投資基金の創設によって、地域内で新たな産業構造の調整が促進され、より長期的な経済貿易関係が構築されることが期待される。

　次は、金融分野の協力促進と通貨交換である。ASEANは中国の第三の貿易パートナーであり、越境人民元決済試行計画の海外試行地域の一つでもある。中国政府が2008年に広東、長江デルタ地域、香港・マカオ地域、広西、そして雲南とASEANとの商品貿易を対象に人民元決済を試行し始めてから、すでにASEANの10か国で人民元決済が試行されている。その上で行われている通貨交換はもう一つの重要な金融リスク対策である。2009年、中国はマレーシアと通貨交換協定に調印し、800億人民元に値する通貨交換が可能になった。同年またインドネシアと1000億人民元の通貨交換協定に調印。その後ベトナム、ミャンマーなどとも自主選択可能な地域間通貨協定を締結した。

　自由貿易区の設立を計画通りに推進し、消費財関税を大幅に削減した。中国―ASEAN一体化を研究するパネリストが提出した報告書によると、中国とASEANの外部市場への高度依存が原因で、アジア地域の経済情勢が不安定になっているが、共通市場を建設する取り組みは地域経済の自給力向上に有利で、双方に利益をもたらすことが期待される。そこで両地域の一連の努力を経て、2010年1月1日付けで中国―ASEAN自由貿易区が正式に設立された。世界の主要経済体のほとんどがまだ金融危機後の回復期にあるだけに、中国―ASEAN自由貿易区の設立は大変重要な意味を持った――2011年の地域間貿易額が3600億ドルを上回り、前年比で23.9％アップした。2012年、中国はASEANとの間の2類減税商品に対してもゼロ関税を適用するとともに、通常関税保護商品の関税も引き下げた。表5-7の示す通り、2005年の対ASEAN減税構造と比べても、2012年1月1日に施行した減税項目リストではほとんどの消費財に対しても低関税を適用し、両地域の消費者がより多くの良質な商品をより低い価格で享受できるようになったのである。

　最後に、相互に市場となることである。これは中国―ASEAN経済貿易関係

の主な目標である。各自内部市場の統合は中国—ASEANの各種リスクへの対応力を上げ自主的な経済成長を促進するのみならず、外部市場を中心とする東アジア地域の従来の分業構造を変え、東アジア地域市場の統合を促進し、更に非経済分野における協力にも繋がることが期待できる。中国—ASEAN経済貿易関係の発展を促進するために、中国は2010年に新しい目標、つまり5年以内に中国—ASEANの貿易額が5000億ドルになる、双方の人的往来が1500万人に達する、10〜15年以内に各経済体との陸路による交通が実現し、2020年までにそれぞれの留学生数が10万人に達するなど等の目標を掲げた。

中国の勃興で変わる地域市場

張中元

||||||||||||||||||||||||||||||||||||||||||||||||||||||||||||||||||||||||||||||||

　赤松要の雁行形態論によると、東アジア地域は日本を頭とし、アジアの新興工業経済国（Newly Industrialized Economics, NIEs）が両翼となり、中国とASEAN諸国が最後尾となって、順々に雁行発展形態をなしたという。こういった産業移転と進化モデルにおいては、日本は技術密集型製品を生産し、アジアNIEsは資本集約型と低付加価値の技術集約型製品を生産し、そして中国とASEANは労働集約型製品を生産する。東アジアの各国間は代替産業間分業の構造を維持しており、技術レベルが順に下がる日本—アジアNIEs—ASEAN、中国といった雁行形態を形成した。しかし、経済のグローバル化と地域経済一体化が進むにつれて、1990年代以降、日本経済が停滞と衰退の一途を辿り、雁行形態が徐々に崩壊を迎えた。日本経済産業省は2001年5月、当年度の「通商白書」で日本をはじめとする東アジアの雁行形態による発展の時代が終わったと初めて明言した。雁行形態は間違いなく東アジア諸国・地域間の経済的連携と一体化を強化し、東アジア地域生産網の形成に向けて経済的基盤を固めた。東アジア地域は雁行形態時代の産業間垂直型分業をメインとする分業構造から、産業内分業と製品内分業をメインとしながら、産業間分業も併存する複合型分業体系に移行した。こうして、複数のバリューチェーンが交錯する東アジア生産網が織りなされたのである[1]。

1　林桂軍、湯碧、沈秋君「東アジア地域生産網の発展と東アジア地域経済協力の深化」、『国際貿易問題』、2012年第11号。

第1節　東アジア地域貿易発展の新しい趨勢

　経済のグローバル化が進むにつれて、サービス・連絡コストが下がり続けるなか、最終製品がいくつかの価値増加プロセスに分割され、違う国や地域に配置され、各地の有利な要素を利用してコストダウンを図ってきた。そしてこういった細分化生産が国際生産網を生み出した[2]。1980年代後半、円高に伴って日系企業が東アジアの諸経済体に直接投資し、アメリカへ輸出するための基地としてきた。それに応じて東アジアの多くの後進国も輸出加工を推奨するための経済政策を掲げたり、投資をよりスムーズにする措置を打ち出したりして、外資を誘致した。具体的には外資比率の制限緩和、外資投資額制限緩和、自国への外資流入への奨励、自国に生産網を作り上げるためグローバル企業を誘致するなどが挙げられる。また関税面では二重税制を採用し、一般的な輸入品に対しては高い輸入関税を課し、自国産業を保護するとともに、輸出税金還付の貿易政策で輸出加工や輸入した中間品や部品に対して間接的に減免税などのインセンティブを与えたり、中国が加工貿易と製品の分業に参加できるように各種輸出加工区を設立したりして、地域生産網に参加することを加速した。東アジア経済体の輸出主導型の外向的発展戦略と投資・貿易政策が当地域で生産網を形成するための重要な制度的保障になったのである。

　1990年代以降、日本経済が停滞と衰退の一途を辿り、本来はっきりと区別されていた分業モデルに変化が起こった。中国への地域内からの輸出額が増える一方で、日本への輸出額が明らかに下落に転じた[3]。表6-1〜6-3は東アジアのその他の経済体の1995〜2012年の間の日本、中国、アメリカへの輸出比率の推移を示している。2012年まで、日本とアメリカは東アジア経済体（韓国と

2　安礼偉、楊夏「三角貿易モデルの中国の対中貿易額増加への影響」、『国際経貿探索』、2012年第4号。

3　李暁、付競卉「アジア市場提供者としての中国の現状と未来」、『吉林大学社会科学学報』、2010年第2号。

表6-1　東アジア経済体の対日輸出比率の推移　　　　　　　　　　単位：%

年度	1995	2000	2005	2008	2009	2010	2011	2012
韓国	12.98	11.85	8.42	6.62	5.83	5.98	7.06	7.03
インドネシア	27.02	23.20	21.07	20.25	15.94	16.34	16.57	15.86
マレーシア	12.48	13.02	9.35	10.76	9.65	10.46	11.65	11.81
シンガポール	7.80	7.53	5.46	4.92	4.54	4.64	4.47	4.57
タイ	15.74	14.74	13.60	11.30	10.31	10.51	10.72	10.23
フィリピン	15.76	14.67	17.47	15.68	16.17	15.16	18.40	19.00
ベトナム	25.39	17.78	13.38	13.51	11.00	11.07	11.61	12.04
ASEAN6ヵ国	13.84	13.32	10.98	10.58	9.38	9.64	10.12	10.03

出所：ADB, Key Indicators for Asia and the Pasific, 2013.

表6-2　東アジア経済体の対中輸出比率の推移　　　　　　　　　　単位：%

対中国	1995年	2000年	2005年	2008年	2009年	2010年	2011年	2012年
日本	4.95	6.34	13.44	15.96	18.35	19.39	19.63	18.02
韓国	6.96	10.69	21.69	21.41	23.23	24.80	23.86	24.34
インドネシア	3.83	4.45	7.78	8.49	9.87	9.95	11.27	11.40
マレーシア	2.56	3.09	6.60	9.55	12.20	12.53	13.12	12.64
シンガポール	2.33	3.89	8.60	9.17	8.73	10.32	10.37	10.69
タイ	2.73	4.07	8.27	9.11	10.58	11.11	11.79	11.72
フィリピン	1.20	1.74	9.89	11.13	7.55	11.04	12.66	11.84
ベトナム	6.44	10.61	9.95	7.74	8.58	10.47	11.98	12.95
ASEAN6ヵ国	2.68	3.85	8.14	9.15	10.21	10.89	11.52	11.61

出所：ADB, Key Indicators for Asia and the Pasific, 2013.

表6-3　東アジア経済体の対米輸出比率の推移　　　　　　　　　　単位：%

対米	1995年	2000年	2005年	2008年	2009年	2010年	2011年	2012年
中国	16.61	20.93	21.42	17.69	18.40	17.95	17.08	17.18
日本	27.51	30.09	22.85	17.75	16.39	15.61	15.50	17.74
韓国	18.53	21.89	14.54	10.90	10.13	10.61	10.03	10.56
インドネシア	13.90	13.66	11.54	9.55	9.35	9.06	8.11	7.85
マレーシア	20.77	20.54	19.69	12.50	11.01	9.55	8.28	8.67
シンガポール	18.25	17.29	10.40	7.13	6.55	6.51	5.43	5.51
タイ	16.74	21.32	15.39	11.42	10.95	10.47	9.80	9.94
フィリピン	35.75	29.84	18.02	16.72	17.52	14.65	14.75	14.24
ベトナム	3.02	5.06	18.26	18.96	19.85	20.39	18.23	17.05
ASEAN6ヵ国	18.61	18.90	14.35	10.63	10.19	9.59	8.58	8.73

出所：ADB, Key Indicators for Asia and the Pasific, 2013.

ASEAN6ヶ国）の輸出額の多くを占めたが、最近10年の間大きな下落傾向を示している。ASEAN6ヶ国のうち、フィリピンの対日輸出額が（フィリピンの輸出総額に対して）比率を上げてはいるものの、残り5か国や韓国の対日輸出額はともに（自国の輸出総額に対しての）比率が下がった。ASEAN6ヶ国のうちベトナムの対米輸出額の（ベトナム輸出総額に占める）比率が若干上昇した以外は、残り5か国と日本、韓国の対米輸出額の（自国輸出総額に占める）比率がともに下がった。同時に、中国の東アジア各経済体の輸出額に占める比率が大幅に上昇した。こうした中国と日本の東アジア地域における立場の重要な変化は、中日両国の地域内分業における位置づけの変化を示している。

　東アジアの貿易では部品貿易の存在が大きく、その成長も最終製品貿易の成長よりずっと早かった。先進国は高度な技術と潤沢な資金によって設計、開発、重要部品の生産に携わるのに対して、後進国は安い労働力を生かして多くは労働集約型の加工や組み立てに携わった[4]。部品組立作業はアジアの低賃金国家に移転しつつあり、製品内の分業がアジア地域生産網発展の内的原動力となっている。表6-4は東アジア諸経済体の2000～2012年の間の輸出構造の推移を示している。輸出品はBEC分類に基づいて分類している。日本の輸出部品は日本の輸出総額に占める比率が2006～2012年の間ほぼ横ばいで、約28%を維持していた。資本財も小幅な動きで22%前後で推移している。このように、部品と資本財の輸出額が日本の輸出総額の50%以上を占めていることが分かる。それに対して輸出総額に占める消費財の比率が低いうえ、2005年の6.5%から2012年の4.7%に下がり、年々縮小する傾向にある。そして韓国の部品、資本財、消費財の輸出比率も日本と似ていて、部品と資本財の輸出額が輸出総額の約50%を占める。消費財輸出額の占める割合が低いうえ、2005年の6.7%から2012年の4.1%に下がり、年々縮小する傾向にある。

4　林桂軍、湯碧、沈秋君「東アジア地域生産網の発展と東アジア地域経済協力の深化」、『国際貿易問題』2012年第11号。

表6-4　東アジア経済体2000〜2012年BEC分類別輸出構造の推移　　　　　　　　　　　　　　単位：%

国	製品	2000年	2005年	2006年	2007年	2008年	2009年	2010年	2011年	2012年
日本	原材料	19.4	22.8	23.4	24.4	26.8	26.3	27.1	26.6	
	部品	31.7	29.6	28.5	27.7	26.6	28.7	28.5	27.9	28.3
	資本財	26.5	22.6	22.1	21.5	21.8	20.5	21.9	23.2	22.3
	消費財	6.8	6.5	6.1	5.8	5.5	5.7	4.9	4.7	4.7
韓国	原材料	27.2	25.2	25.5	25.8	26.4	26.2	26.3	27.7	27.9
	部品	27.7	26.9	25.9	26.4	24.0	24.4	26.9	24.8	25.7
	資本財	21.6	26.3	27.6	27.5	29.1	32.4	29.2	27.0	24.5
	消費財	11.3	6.7	5.4	4.7	4.3	4.7	4.3	4.1	4.1
インドネシア	原材料	58.1	64.8	67.3	69.7	72.1	69.6	72.0	74.6	71.7
	部品	8.7	8.4	7.1	6.7	6.3	6.3	6.0	5.5	6.0
	資本財	8.1	6.4	5.8	5.1	4.7	6.2	4.7	4.1	4.2
	消費財	22.4	18.0	16.7	16.0	15.2	16.7	15.2	13.8	15.2
マレーシア	原材料	26.0	32.4	33.7	36.9	41.8	38.5	40.6	45.1	43.2
	部品	40.0	32.3	30.9	30.1	18.1	30.4	29.0	26.1	25.3
	資本財	18.9	19.8	20.4	18.0	14.2	14.8	13.5	11.6	12.5
	消費財	12.3	11.2	10.5	10.6	10.0	12.3	12.5	11.9	11.6
シンガポール	原材料	13.4	17.4	16.7	16.4	15.0	16.3	16.5	17.4	18.0
	部品	44.2	42.9	44.4	42.7	39.8	41.5	41.3	35.9	35.7
	資本財	24.1	16.9	14.4	12.8	11.9	11.7	11.1	11.4	11.6
	消費財	8.2	7.2	7.6	8.5	7.6	8.7	8.4	8.0	8.5
タイ	原材料	23.2	28.3	29.2	30.2	30.3	31.2	31.9	36.0	33.0
	部品	27.0	21.3	21.3	21.7	19.1	18.8	19.2	18.0	17.4
	資本財	13.2	17.8	17.9	18.3	18.1	16.9	17.5	15.2	18.7
	消費財	31.6	26.8	25.0	23.4	24.4	26.3	23.8	23.6	23.4
フィリピン	原材料	8.4	11.0	15.1	15.6	17.5	16.2	17.3	24.6	23.5
	部品	60.3	56.1	5.37	49.3	47.2	46.3	31.0	30.9	41.3
	資本財	15.7	18.1	15.6	20.6	20.3	23.4	13.7	11.4	19.8
	消費財	14.4	13.0	13.0	12.1	12.2	13.1	7.9	10.4	14.3
ベトナム	原材料	38.1	39.7	41.0	39.0	39.8	33.3	31.5	32.3	
	部品	5.9	4.9	5.5	5.8	5.7	5.9	6.6	6.6	
	資本財	2.2	3.5	4.3	4.7	5.4	7.2	8.6	12.2	
	消費財	49.1	50.3	47.6	48.6	47.1	51.3	50.9	46.1	
ASEAN6ヵ国	原材料	25.0	29.7	30.5	31.7	33.2	32.6	33.7	37.1	35.8
	部品	35.3	31.2	31.0	29.6	24.9	27.4	26.3	23.1	24.9
	資本財	17.2	15.7	14.7	13.9	12.5	12.8	11.7	11.0	12.4
	消費財	17.1	15.4	14.9	15.2	15.1	17.2	16.1	15.8	13.6

注：国連BEC分類に基づき製品分類を行った。そのうち、原材料は111+121+2+31+322、部品は42+53、資本
　　財は41+521、消費財は112+122+522+6から構成する。表中のデータは、各種製品の当該国の輸出総額に占
　　める比率を示している。
出所：国連貿易統計データより算出。

表6-5　東アジア経済体2000～2012年対中製品別輸出比率の推移　　　　　　　単位：%

国	製品	2000年	2005年	2006年	2007年	2008年	2009年	2010年	2011年	2012年
日本	原材料	13.7	21.6	22.2	23.2	22.9	25.6	24.4	24.1	23.7
	部品	6.2	14.8	16.7	18.0	18.8	21.6	21.9	22.5	20.2
	資本財	4.9	12.2	13.1	13.0	13.3	15.2	18.7	19.7	16.8
韓国	原材料	22.3	32.6	31.3	31.2	29.4	32.8	31.3	29.9	30.2
	部品	7.6	32.4	29.6	30.0	31.2	31.7	32.2	29.6	31.4
	資本財	4.9	11.6	12.9	15.1	13.4	17.7	21.0	21.6	23.7
インドネシア	原材料	7.1	10.8	11.0	11.0	10.9	12.9	12.8	14.0	14.6
	部品	1.1	2.0	2.5	2.4	2.0	2.0	2.8	2.9	3.1
	資本財	0.4	3.6	4.7	5.9	5.1	7.0	3.8	3.6	3.1
マレーシア	原材料	6.2	9.1	9.3	10.8	10.4	12.4	12.9	14.0	13.1
	部品	2.4	7.3	8.7	11.7	7.9	18.8	17.8	17.9	18.4
	資本財	2.0	4.3	4.6	5.1	7.5	8.8	12.8	14.6	12.9
シンガポール	原材料	7.5	9.8	10.1	10.4	10.4	12.2	13.7	14.3	14.4
	部品	3.7	10.4	12.4	12.5	12.0	11.5	12.2	12.1	13.6
	資本財	2.6	7.6	7.4	7.2	7.1	7.6	6.7	7.1	8.5
タイ	原材料	8.9	14.0	15.8	14.6	12.3	14.4	16.8	20.3	21.3
	部品	4.5	6.8	7.4	7.8	7.6	8.9	8.3	8.3	7.3
	資本財	1.5	11.8	10.1	13.6	15.0	17.2	14.9	12.6	10.9
フィリピン	原材料	6.0	7.2	6.6	11.7	6.2	11.1	13.6	12.2	12.1
	部品	1.5	12.1	13.4	13.9	15.8	7.4	9.3	9.7	10.9
	資本財	0.4	10.5	7.8	11.4	11.2	9.4	19.3	29.7	20.8
ベトナム	原材料	18.2	19.2	14.9	13.6	13.7	18.0	21.1	21.6	
	部品	0.8	2.9	2.1	1.9	3.0	5.6	9.3	12.2	
	資本財	1.4	5.9	4.8	6.4	9.0	6.8	9.1	6.0	
ASEAN6ヵ国	原材料	7.8	11.2	11.4	11.7	11.0	13.3	14.3	15.7	15.4
	部品	3.0	9.1	10.7	11.4	10.7	12.0	12.3	12.3	13.0
	資本財	1.9	7.5	7.0	8.5	9.6	10.4	11.1	10.7	10.8

出所：国連貿易統計データより算出。

　　ASEAN諸国も部品輸出が高い比率を占める。インドネシアとベトナムを除き、マレーシアの部品輸出比率は近年縮小傾向にあるが、2010年にはまだ29%と高い割合を占めており、2012年に25.3%に下がった。2000～2006年の間の部品輸出率が40%以上だったシンガポールも2011年以降36%以下まで下がった。フィリピンは2000～2006年の間の部品輸出率が50%以上で、2010年にいったん31%に下がったが、2012年にはまた41.3%と上がった。タイの部品輸出率は2007年までは20%以上だったが、2012年には17.4%に下がっ

表6-6 東アジア経済体2000〜2012年対日製品別輸出比率の推移　　　　　　　　　単位：%

国	製品	2000年	2005年	2006年	2007年	2008年	2009年	2010年	2011年	2012年
韓国	原材料	9.0	9.9	9.1	8.6	9.3	7.9	8.6	9.9	9.7
	部品	11.4	7.1	6.5	7.3	6.7	5.8	5.1	4.9	4.6
	資本財	7.1	6.2	7.4	4.8	3.7	3.2	3.1	3.7	4.6
インドネシア	原材料	29.8	24.9	25.4	24.5	24.0	18.8	19.2	19.2	18.4
	部品	19.5	14.8	16.3	17.2	16.5	15.0	14.4	13.2	14.0
	資本財	9.1	11.9	9.5	11.2	12.8	8.6	9.7	10.5	11.1
マレーシア	原材料	19.2	15.2	14.5	14.4	16.3	15.2	15.4	17.0	18.8
	部品	9.0	6.0	6.1	6.4	7.4	5.7	5.2	5.3	5.3
	資本財	11.5	6.1	5.5	5.7	6.3	7.6	7.3	7.6	9.0
シンガポール	原材料	5.6	4.7	4.7	4.2	4.4	3.6	4.0	3.6	3.4
	部品	8.1	6.9	6.8	5.3	6.2	5.6	5.6	6.0	5.9
	資本財	7.4	4.3	4.0	5.0	5.7	5.1	5.2	4.8	4.4
タイ	原材料	14.3	12.7	12.1	11.3	11.6	9.4	10.0	10.0	9.2
	部品	14.5	16.8	15.8	15.1	14.4	12.6	12.5	11.3	11.1
	資本財	13.3	10.8	10.0	8.7	7.8	7.7	6.9	7.6	6.7
フィリピン	原材料	21.5	18.9	29.0	27.6	26.1	28.3	25.2	27.7	28.8
	部品	12.2	12.3	11.3	9.9	11.4	11.9	13.8	20.0	14.2
	資本財	21.8	38.3	29.2	19.5	20.7	18.5	14.3	7.4	11.8
ベトナム	原材料	15.6	12.0	12.0	13.2	15.8	10.2	9.4	13.5	
	部品	14.4	36.9	42.4	41.7	45.9	42.8	39.5	33.8	
	資本財	25.9	18.0	18.1	12.5	12.0	9.2	9.0	4.6	
ASEAN6ヵ国	原材料	19.6	15.3	15.7	15.3	16.2	13.2	13.6	14.4	14.3
	部品	10.3	9.0	8.8	8.1	9.0	8.0	7.9	8.3	7.5
	資本財	10.6	9.2	7.9	7.9	8.2	8.0	7.1	6.5	7.0

出所：国連貿易統計データより算出。

た。ASEAN6ヶ国の部品総輸出は2000〜2006年の間の輸出全体の30%以上を占めており、2010年に26.3%、2012年には24.9%に下がった。消費財の輸出比率はタイとベトナムを除いてみな低いうえ、小幅な動きとなっていた。ベトナムの消費財の輸出比率は50%以上と高く、タイは23%前後で推移している。インドネシアの消費財輸出率はここ数年低下傾向にあり、2000年の22.4%から2007年16.0%に下がり、2012年にはさらに15.2%に下がった。表6-5と6-6はそれぞれの東アジア経済体が2000〜2012年の間中国、日本に対する輸出品（国連BEC分類に基づく）の比率推移を示している。当比率は東アジア経済体の対中・日輸出額の自国輸出総額に占める比率を示している。日本は中国に輸出

する原材料、部品、資本財の自国同類輸出品に占める比率が年々上昇している。2000年、中国へ輸出する原材料、部品、資本財は同類輸出品に占める比率はそれぞれ13.7%、6.2%、4.9%だったが、2007年にそれぞれ23.2%、18.0%、13.0%に上昇し、2012年にはさらに23.7%、20.2%、16.8%に上昇した。韓国の同類商品も日本と似たような推移を示している。2000年、韓国の対中輸出の原材料、部品、資本財の同類商品の輸出総額に占める比率はそれぞれ22.3%、7.6%、4.9%だったが、2007年に31.2%、30.0%、15.1%に上昇し、2012年に更に30.2%、31.4%、23.7%に上昇した。

そして、ASEAN6ヶ国の対中輸出の原材料、部品、資本財の同類商品に占める比率の推移は日本、韓国と似ている。2000年にASEAN6ヶ国の対中輸出の原材料、部品、資本財の同類商品に占める比率はそれぞれ7.8%、3.0%、1.9%だったが、2007年に11.7%、11.4%、8.5%に上昇し、2012年にはさらに15.4%、13.0%、10.8%に上昇した。なかでもマレーシアの対中部品輸出比率は2000年の2.4%から2007年の11.7%に、さらに2012年には18.4%に上昇した。シンガポールの対中部品輸出比率は2000年の3.7%から2007年の12.5%に、2012年にはさらに13.6%に上昇している。フィリピンの対中部品輸出比率は2000年の1.5%から2007年の13.9%に上昇したが、2012年には10.9%に下落した。ベトナムの同比率は2000年の0.8%から2007年の1.9%に上昇し、2011年にはさらに12.2%に上昇した。

また、東アジア経済体の2000～2012年の対日輸出比率の推移は中国のそれとは正反対の形を見せた。韓国の対日原材料、部品、資本財の同商品の輸出総額に占める比率はいずれも年々下がっていて、2000年の同比率はそれぞれ9.0%、11.4%、7.1%だったのが2007年に8.6%、7.3%、4.8%に低下、2012年にはさらに9.7%、4.6%、4.6%に下がった。ASEAN6ヶ国の対日原材料、部品、資本財の同商品輸出総額に占める比率も年々下がっており、2000年の同比率はそれぞれ19.6%、10.3%、10.6%だったが、2007年に15.3%、8.1%、7.9%に下がり、2012年にはさらに14.3%、7.5%、7.0%に下がった。

中国は豊富な労働力と市場潜在力などの要素に恵まれて、30年の成長を経

てすでに貿易、投資、そして東アジアの製造の中枢となっている。東アジアの相互依存関係の中心は徐々に日本から中国へと移っただけでなく、東アジアの国や地域が中国に中間品を輸出し、中国がアメリカへ輸出するための生産者となるといった中国・東アジアの他国・アメリカの生産と貿易の三角体制を形成させたのである[5]。ここで、東アジア地域の従来の三角貿易モデルに重要な変化が起きていることはいうまでもない。従来なら、東アジア諸国は日本から資金、資本財を輸入してはアメリカへ製品を輸出して、対米貿易による黒字で対日貿易から生じた赤字を補う旧来の「貿易の三角」があった。それは徐々に東アジア諸国が中国に資本財を輸出し、中国が組み立ててアメリカなどの先進国へ輸出する「新たな三角」になりつつある。アジア地域の国際生産体制はアジア地域の貿易成長にとって重要な役割を担っているだけでなく、生産体制内の分業によって比較的完備した生産体系を形成した。しかしそれにもかかわらず、東アジアの生産体制は輸出主導の色が濃く、欧米等の先進国の最終製品の需要が重要なけん引力となっている。

第2節　市場提供者という中国の地位

1　中国と東アジア他国との貿易連携の緊密性

　貿易連携指数（Trade Combination Degree, TCD）とは通常、貿易連携の度合を評価する指標であり、本稿では日本、中国、アメリカと東アジア各国との貿易連携指数を試算し、3か国と他の東アジア各国との連携の度合いを考察したい。計算の数式は下記になる。

5　Ahn, B.J, "The Rise of China and the Future of East Asian Integration," *Asia-Pacific Review*, 2004, 11 (2), pp.18-35.

$$TCD_{it}^{c} = \frac{X_{it}^{c}/X_{it}}{M_{ct}/M_{wt}}$$

　数式のうち、TCD_{it}^{c}はt年目における国iの国c（当節では日本、中国及びアメリカを指す）に対する貿易連携指数で、X_{it}^{c}、X_{it}はそれぞれt年目における国iの国cに対する輸出額と国iの輸出総額を表す。X_{it}^{c} / X_{it}はt年目の国iの輸出総額に占める国c向け輸出額の占める割合を表す。M_{ct}、M_{wt}はそれぞれt年目の国cと世界の総輸入額を表し、M_{ct} / M_{wt}はt年目の世界総輸入額に占める国cの輸入額の割合を表す。TCD_{it}^{c} <1であれば、その年国iと国cの貿易関係が疎遠であることを示す。TCD_{it}^{c} =1であれば、国iと国cの貿易連携指数TCDがt年目に世界平均に達したことを示す。そして、TCD_{it}^{c} >1は、国iと国cがt年目に緊密な貿易関係にあったことを表すのである。

　表6-7〜6-9はそれぞれ日本、中国、そしてアメリカの東アジア各国との貿易連携指数を示している。日本と韓国、ASEAN6ヶ国（シンガポール除く）とのTCD指数はいずれも1以上であり、高度な連携関係を示した。そしてインドネシア、フィリピン、ベトナムとのTCDは高い水準にあるなか、インドネシア、ベトナムとのTCDは年々低下し、フィリピンとは年々上昇していることが分かる。中国は日本、韓国、そしてASEAN6ヶ国（シンガポールとフィリピンの一部年を除く）とのTCDはいずれも1以上であり、日本、韓国、ASEANとは緊密な連携関係にあることが分かる。しかし日本と比べていずれのTCDも低く、韓国と中国のTCDのみ韓国と日本とのTCDを上回っている。中国と東アジア諸国とはまだまだ連携関係を向上させる余地があるようである。また、中国とインドネシアとのTCDが年々低下している以外に、中国とASEAN諸国のTCDはおおむね放物線状の推移を示している。TCDは2008年の金融危機前後ピークに達した後、年々下落しているのである。また、アメリカと東アジアの貿易連携、TCDを見たところ、1を上回るのは中国、日本、フィリピン、ベトナムくらいで、アメリカと東アジア諸国との貿易関係が主に中国と日本を通じて強化されてきたことがうかがえるのである。

表6-7　日本と東アジア諸国との貿易連携指数

国	1995年	2000年	2005年	2008年	2009年	2010年	2011年	2012年
韓国	2.02	2.08	1.76	1.43	1.34	1.33	1.52	1.47
インドネシア	4.21	4.07	4.40	4.37	3.67	3.63	3.57	3.31
マレーシア	1.94	2.28	1.95	2.32	2.22	2.32	2.51	2.47
シンガポール	1.21	1.32	1.14	1.06	1.04	1.03	0.96	0.95
タイ	2.45	2.59	2.84	2.44	2.37	2.33	2.31	2.14
フィリピン	2.46	2.57	3.65	3.39	3.72	3.37	3.96	3.97
ベトナム	4.05	3.12	2.79	2.92	2.53	2.46	2.50	2.52
ASEAN6ヵ国	2.16	2.34	2.29	2.29	2.16	2.14	2.18	2.10

出所：ADB, Key Indicators for Asia and the Pasific, 2013. 国連統計データベース。

表6-8　中国と東アジア諸国との貿易連携指数

対中国	1995年	2000年	2005年	2008年	2009年	2010年	2011年	2012年
日本	1.96	1.88	2.20	2.32	2.38	2.14	2.07	1.83
韓国	2.76	3.16	3.54	3.11	2.93	2.74	2.52	2.48
インドネシア	1.52	1.32	1.27	1.23	1.25	1.10	1.19	1.16
マレーシア	1.02	0.91	1.08	1.39	1.54	1.38	1.39	1.29
シンガポール	0.92	1.15	1.40	1.33	1.23	1.14	1.10	1.09
タイ	1.08	1.20	1.35	1.32	1.33	1.23	1.25	1.19
フィリピン	0.48	0.51	1.61	1.62	0.95	1.22	1.34	1.21
ベトナム	2.55	3.14	1.62	1.12	1.08	1.16	1.27	1.32
ASEAN6ヵ国	1.06	1.14	1.33	1.33	1.29	1.20	1.22	1.18

出所：ADB, Key Indicators for Asia and the Pasific, 2013. 国連統計データベース。

表6-9　アメリカと東アジア諸国との貿易連携指数

対米	1995年	2000年	2005年	2008年	2009年	2010年	2011年	2012年
中国	1.13	1.11	1.33	1.34	1.45	1.41	1.39	1.36
日本	1.87	1.59	1.42	1.35	1.30	1.22	1.26	1.41
韓国	1.26	1.16	0.90	0.83	0.80	0.83	0.82	0.84
インドネシア	0.94	0.72	0.72	0.72	0.74	0.71	0.66	0.62
マレーシア	1.41	1.09	1.22	0.95	0.87	0.75	0.67	0.69
シンガポール	1.24	0.91	0.65	0.54	0.52	0.51	0.44	0.44
タイ	1.14	1.13	0.96	0.87	0.87	0.82	0.80	0.79
フィリピン	2.43	1.58	1.12	1.27	1.38	1.15	1.20	1.13
ベトナム	0.21	0.27	1.14	1.44	1.57	1.60	1.48	1.35
ASEAN6ヵ国	1.26	1.00	0.89	0.81	0.81	0.75	0.70	0.69

出所：ADB, Key Indicators for Asia and the Pasific, 2013. 国連統計データベース。

上記の結果から、中国市場に対するASEANの依存度が高まっており、東アジア地域における市場提供者の地位が強化されていることが分かる。しかし一方、部品材料の輸入と完成品の輸出にほとんど頼り切っている東アジアの経済成長は、外部市場に依存する生産や貿易構造を形成しており、外部からの供給と需要の激変に耐えられないことは明らかである。欧米の需要への高度な依存により、東アジアは欧米先進国の経済変動に影響されるだけではなく、地域外の国や地域の需要変動もアジアの完成品に対する需要に影響を及ぼしかねない。そして地域外の国の財政、貨幣、金融政策の調整も、世界商品市場や金融市場を通じて東アジア地域に波紋を及ぼすだろう。

2　中国の輸入とその他東アジア諸国貿易の相互補完性

　国Aが大量輸入する商品の構成が国Bが大量に輸出する商品の構成と一致すれば、両国の貿易には相互補完性があるといえる。相互補完性を持つ両国は、貿易上の障壁をなくすことによって互いに大きな利益をもたらすことができる。対して、片方が大量輸入する商品がもう片方が大量輸出する商品ではない場合、相互補完性が弱く、成長の潜在力もあまり強くない。貿易の相互補完性についてはいくつかの分析が見られる。例えば、于津平[6]は国Aの特定産業の輸出における比較優位に相手国の同産業の輸入における比較劣位を乗じて、双方の貿易相互補完性の計測を試みた。結果の指数が大きいほど両国間の輸出入の相性がよく、貿易提携のポテンシャルが大きいうえ、相互補完性が強いことを意味する。

　陸根堯、王暁琳[7]は貿易連携指数、市場シェア、顕示的比較優位指数、産業内貿易指数などの指標を用いて中日貿易の競争性と相互補完性を重点的に分析

6　于津平「中国と東アジア主要国や地域間の相対的優位性と貿易相互補完性」、『世界経済』、2003年第5号。

7　陸根堯、王暁琳「中日自由貿易の競争性と相互補完性研究」、『国際貿易問題』、2011年第11号。

した結果、中日間の自由貿易は相互補完になる貿易関係であることが証明された。労働集約型製品をメインとして輸出する中国では、日本が資本、技術集約型製品を輸出するため、両国間の貿易構造に更なる改善が期待できるほか、競争より相互補完性のほうが大きい。頼明勇他[8]は1992～2007年の中韓間電子情報機器の貿易競争力、貿易相互補完性、産業内貿易指数、そして輸出品の技術レベルを計算し、両国間の電子情報機器産業の貿易構造を分析したところ、中国の電子情報機器の競争力が高まり、輸出品の技術構成が改善し続けてきた結果、中韓の技術レベルの差が徐々に縮まっているのみならず、一部の電子情報機器での競争力が韓国を上回っていることが判明した。双方の競争優位産業には重なる部分が少なく、貿易相互補完性が競争性を上回り拡大している。しかもその補完性は一方的なものから双方向のものになりつつある。

　世界的視点から東アジア経済体と中国との貿易相互促進の潜在力を測るために、当節では相互補完指数（complementary index）を取り入れて、中国と東アジア経済体jとの輸出入構造における相性を計算した。数式は以下の通りである。

$$\text{TCI}_{cj} = 1 - \frac{1}{2} \sum_{i=1}^{n} |m_{ic} - x_{ij}|$$

このうち、TCI_{cj}は輸入相互補完指数、m_{ic}は中国の総輸入額に占める輸入品iの比率、x_{ij}は東アジア経済体jの輸出総額に占める輸出品iの比率である。もし中国の製品iの輸入が東アジア経済体jの製品iの輸出と完全一致した場合、当指数は1となり、中国の輸入と東アジア経済体jの輸出が完璧に相互補完していることを表す。もし中国の製品i輸入が東アジア経済体jの製品iの輸出とまったくマッチしない場合、当指数は0となる。

　表6-10は1995年～2012年の間の中国と東アジア諸国との貿易相互補完性指数を示している。絶対値から見れば、中国の輸入と日本、韓国との貿易相互補完性がもっとも強いことが分かる。指数はいずれも0.5を上回っていて、中国

8　頼明勇、鐘文華、謝鋭「ポスト雁行形態での中韓電子情報機器産業貿易——協力か競争か」、『世界経済研究』、2010年第5号。

表6-10　中国の輸入と東アジア諸国との貿易相互補完性（1995年〜2012年）

国	1995年	2000年	2005年	2006年	2007年	2008年	2009年	2010年	2011年	2012年
日本	0.51	0.57	0.54	0.53	0.52	0.50	0.53	0.52	0.52	0.50
韓国	0.50	0.57	0.59	0.59	0.57	0.53	0.54	0.55	0.51	0.51
インドネシア	0.30	0.43	0.40	0.40	0.41	0.38	0.37	0.36	0.36	0.36
マレーシア	0.39	0.50	0.58	0.59	0.58	0.48	0.54	0.54	0.52	0.53
シンガポール	0.42	0.48	0.55	0.55	0.54	0.51	0.51	0.51	0.50	0.51
タイ	0.38	0.51	0.51	0.50	0.48	0.45	0.45	0.45	0.44	0.43
フィリピン	0.25	0.33	0.41	0.44	0.42	0.41	0.42	0.40	0.40	0.43
ベトナム	0.18	0.25	0.25	0.29	0.30	0.31	0.31	0.31	0.32	0.35

出所：国連統計データベース。

の輸入と日、韓の輸出との強い相互補完性を表している。それに対して、中国の輸入とASEAN諸国との貿易相互補完性は比較的低いものの、全体的に増加傾向にある。とりわけマレーシアとシンガポールの貿易相互補完指数はそれぞれ1995年の0.39、0.42から2006年の0.59、0.55に上昇し、その後も概ね0.5以上を維持している（2008年のマレーシアを除く）。なお、タイとの貿易相互補完指数は2000年に0.51に達したが、2007年から低下に転じ、2010年には0.45、2012年には更に0.43まで下がった。

3　中国と東アジア諸国との貿易競争性

　産業の国際競争力について、研究者によってさまざまな定義があり、それぞれ異なった指標が設けられている。顕示的比較優位指数（RCA）はその1つであって、ある国の輸出総額に占める特定産業の輸出額の比率を表す。RCAを用いれば、ある国にとってどの産業がより輸出競争力を有するかが判断でき、その国の国際貿易における比較優位は何かを突き止めることができる。そして顕示競争優位指数（CA）とは、ある国の特定産業の輸出比較優位から輸入比較劣位を引いた値であり、その国のその産業の本当の競争優位の値とされる。貿易競争力指数（TSB）は、比較可能純輸出指数とも呼ばれ、ある国の総輸出入額に対する輸出入差額の比率を示す。値の範囲は-1〜1で、0に近いほど競争

力が平均水準に近く、-1に近いほど競争力が弱い。そして1に近ければ競争力が強いことを示す。貿易分業指数（TSI）は、貿易特化指数とも呼ばれ、ある国の特定産業における相手国への純輸出額が両国の当産業の貿易総額に対する比率を示す。特定産業において特定の貿易相手国との貿易分業と相対的貿易競争力を測る際に用いられる指標である。

一部の研究では輸出入における貿易双方の世界的競争力の向上を図るため、分業係数（coefficient of specialization, CS）もしくは適合係数（coefficient of conformity, CC）を用いる[9]。数式は下記のようになる。

$$CS_{cj} = 1 - \frac{1}{2} \sum_{i=1}^{n} |x_{ic} - x_{ij}| \qquad (6\text{-}1)$$

$$CC_{cj} = \frac{\sum_i (x_{ic} \times x_{ij})}{\sqrt{\sum_i (x_{ic})^2 \times \sum_i (x_{ij})^2}} \qquad (6\text{-}2)$$

このうち、CS_{cj}、CC_{cj}は分業係数と適合係数、x_{ic}とx_{ij}は輸出品iがそれぞれ経済国cと経済国jの輸出総額に占める比率である。もし経済体cと経済体jで類似した輸出構造を有している場合、係数は1となり、経済体cと経済体jは輸出において激しい競争関係にあることを示す。もし経済体cと経済体jがまったく異なる輸出構造であれば、当係数は0となる。当節では3桁コードSITC分類に基づいて分業係数と適合係数を計算した。

表6-11は2000～2012年の間の中国と東アジア諸国との貿易競争性を示している。分業係数から見ても適合係数から見ても、東アジア諸国のうち、韓国、タイ、マレーシアの輸出品と中国の輸出品とは強い競争性を示している。しかしインドネシア、シンガポールの輸出品との競争性は年々低下している。そして日本、韓国、ベトナムの輸出品との競争性は年々上昇していることが分かる。

9　Qureshi, Mahvash Saeed and Guanghua Wan, "Trade Expansion of China and India: Threat or Opportunity?" *The World Economy*, 2008, 31 (10), pp. 1327-1350.

表6-11　中国と東アジア諸国との貿易競争性（2000～2012年）

	年度	2000	2005	2006	2007	2008	2009	2010	2011	2012
分業係数	日本	0.41	0.41	0.42	0.44	0.44	0.46	0.46	0.46	0.46
	韓国	0.46	0.50	0.50	0.51	0.50	0.50	0.51	0.50	0.49
	インドネシア	0.50	0.44	0.43	0.41	0.38	0.36	0.37	0.35	0.32
	マレーシア	0.43	0.50	0.51	0.51	0.49	0.44	0.47	0.45	0.43
	シンガポール	0.40	0.46	0.44	0.42	0.41	0.39	0.39	0.37	0.37
	タイ	0.54	0.57	0.58	0.58	0.57	0.54	0.54	0.54	0.52
	フィリピン	0.36	0.44	0.43	0.44	0.40	0.40	0.43	0.42	0.37
	ベトナム	0.38	0.39	0.38	0.39	0.41	0.41	0.42		
適合係数	日本	0.39	0.36	0.35	0.34	0.32	0.33	0.37	0.35	0.36
	韓国	0.50	0.60	0.59	0.58	0.58	0.57	0.59	0.57	0.53
	インドネシア	0.46	0.33	0.31	0.26	0.22	0.18	0.19	0.16	0.13
	マレーシア	0.49	0.61	0.63	0.66	0.62	0.47	0.52	0.53	0.46
	シンガポール	0.45	0.52	0.49	0.46	0.43	0.39	0.39	0.40	0.37
	タイ	0.60	0.72	0.74	0.71	0.71	0.65	0.66	0.65	0.58
	フィリピン	0.35	0.45	0.44	0.44	0.49	0.49	0.55	0.56	0.37
	ベトナム	0.34	0.25	0.24	0.25	0.29	0.28	0.35		

出所：国連統計データベース。

4　最終製品から見た東アジアにおける中国の市場提供者の位置づけ

　中国のアジア地域の製品を消費する実力を考察するためには、東アジアの最終製品の輸出において、市場提供者の役割を果たしているかどうか、つまり中国の内需の大きさについて深く検証しなければならない。李暁と付競卉[10]によれば、東アジアの経済成長の外部依存が大きな課題であるため、将来東アジアの経済が継続的かつ安定的な成長を実現できるかどうかは、地域内部でアメリカに代わる最終製品の市場を提供するものが現れるかどうかに大きくかかわっている。現在、中国はまさに東アジア地域の市場提供者になっているものの、最終製品輸出市場に占めるシェアはアメリカを遥かに下回り、アメリカに代わって東アジア地域最大の最終製品市場提供者になる力は付いていない。そのためには、中国は高速かつ安定した経済成長を維持しつつ、経済構造と成長モデ

10　李暁、付競卉「東アジア市場提供者としての中国の現状と未来」、『吉林大学社会科学学報』、2010年第2号。

表6-12　東アジア諸経済国の最終消費財輸出に占める中、日、米の比率推移　　　　単位：％

年度		2000	2005	2006	2007	2008	2009	2010	2011	2012
韓国	中国	4.35	7.77	9.75	10.83	10.53	9.78	11.78	12.86	12.56
	日本	23.17	16.06	15.42	14.17	15.16	17.83	17.16	17.57	18.61
	アメリカ	28.92	23.63	22.00	20.61	19.96	17.69	16.61	15.48	15.70
インドネシア	中国	0.61	1.05	1.07	1.80	1.94	1.80	2.13	3.38	3.61
	日本	12.44	9.33	8.83	7.96	7.52	7.94	7.24	7.49	8.41
	アメリカ	32.32	35.69	37.03	35.15	33.12	32.65	32.14	30.17	28.33
マレーシア	中国	0.56	1.90	2.36	1.87	1.93	1.91	1.96	2.04	2.63
	日本	15.17	8.21	6.68	6.01	6.52	8.32	10.80	11.54	7.56
	アメリカ	29.07	26.53	24.56	19.08	17.60	15.79	14.81	13.79	14.45
シンガポール	中国	2.56	6.71	8.04	9.49	9.43	8.57	8.90	10.68	8.56
	日本	10.26	6.81	6.10	8.65	6.28	6.49	9.31	9.41	10.77
	アメリカ	18.61	17.17	20.74	16.63	10.10	8.01	9.66	8.64	9.18
タイ	中国	1.25	2.66	3.20	2.99	2.40	3.79	4.21	4.75	5.01
	日本	17.04	15.34	13.82	12.89	12.68	13.56	14.15	14.24	14.76
	アメリカ	33.20	27.32	26.82	23.07	19.90	19.31	18.60	17.23	16.77
フィリピン	中国	1.03	1.11	1.00	0.97	1.00	1.305	1.92	1.09	2.57
	日本	12.90	11.35	8.72	10.11	12.02	13.03	12.06	14.25	28.32
	アメリカ	57.16	50.25	49.53	44.36	37.91	36.30	37.40	35.85	30.20
ベトナム	中国	6.42	2.94	2.72	2.88	2.59	3.50	3.16	4.83	
	日本	19.59	12.21	10.78	8.89	8.41	8.85	8.52	9.29	
	アメリカ	7.49	29.86	30.99	33.83	30.99	31.04	31.13	29.54	
ASEAN6ヵ国	中国	1.71	2.93	3.44	3.83	3.50	3.90	4.11	5.16	5.02
	日本	14.70	11.10	9.79	9.47	9.06	9.78	10.49	10.89	12.05
	アメリカ	29.32	28.45	28.86	25.94	22.75	21.92	21.06	20.52	17.50

注：上表で集計した最終製品は消費財のみ。消費財はBECコード112+122+522+6から構成する。表中のデータ
　　は中国、日本、アメリカの関連製品の輸出総額に占める東アジア諸経済体の輸出額の比率を示している。
出所：国連貿易統計データより算出。

　ルを調整し、厳しい長期戦になるのは、目に見えているのであるが、内需を積
極的に拡大しなければならない。
　表6-12は2000～2012年の間、東アジア経済体が中国、日本、アメリカに
輸出する最終製品が自国の当製品の輸出総額に占める比率の推移を示している。
表から分かるように、絶対数から見れば、東アジア経済体の中国への最終消費
財の輸出がその国の当該商品の輸出総額に占める比率は当経済体の日本とアメ
リカへの最終消費財の輸出がその国の当該商品の輸出総額に占める比率より低
い。しかし推移から見れば、東アジア経済体の中国への最終消費財の輸出がそ

の国の当該商品の輸出総額に占める比率は年々上昇しているのに対して、日本
とアメリカへの最終消費財の輸出がその国の当該商品の輸出総額に占める比率
は年々下がりつつある。韓国の中国、日本、アメリカへの最終消費財の輸出
が同国の同商品の輸出総額に占める比率は2000年の4.35%、23.17%、28.92%
から2006年の9.75%、15.42%、22.00%になり、2012年にはさらに12.56%、
18.61%、15.70%になって、中国と日本、アメリカとの差が大いに縮まった
ことが分かる。そしてASEAN6ヶ国の中国、日本、アメリカへの最終消費財
の輸出が自国の同商品の輸出総額に占める比率は2000年の1.71%、14.70%、
29.32%から2006年の3.44%、9.79%、28.86%になり、2012年にはさらに
5.02%、12.05%、17.50%になって、アメリカへの最終消費財の輸出比率が大
幅に減少したことが分かる。

第3節　アジア国家の輸出市場における中米両国の相互影響

　東アジアと南アジア諸国（以下アジア諸国と略す。主に日本、韓国、マレーシア、イ
ンドネシア、タイ、フィリピン、シンガポール、インド、そしてパキスタンの9か国を指す）
の対米輸出と対中輸出との相互作用について考察するために、当節では下記回
帰方程式を設定した。

$$\text{ex2ch}_{it} = \gamma_0 + \gamma_1 \text{ex2us}_{it} + \gamma_2 \text{gdp}_{it} + \varepsilon_{it} \tag{6-3}$$

　このうち、iは上記9か国、tは時間を表す。当節では1992～2012年という
時間帯を採用している。ex2ch、ex2usはそれぞれアジア諸国の対中、対米輸出
額（対数をとる）を表し、いずれもGDPデフレーターによって調整される。し
たがって、GDPはアジア諸国の実質GDP（2005 = 100）の対数になる。
　上記変数は長期間にわたるパネルデータであるため、当節において方程式

（6-3）は動学分散不均一性のパネルモデル推定方法で、プール平均グループ推定量（PMG）（Pesaran, Shin and Smith）もしくはMG推定量（Pesaran and Smith）を算出する。PMGとMG推定は変数の非定常性と存在しうる共和分を考慮している。次は自回帰分布ラグ（Autoregressive Distributive Lag）ARDL（$p; q_1,$ •••, q_k）の動学的パネルモデルを設定した。

$$y_{it} = \sum_{s=1}^{p} \lambda_{is} y_{it-s} + \sum_{s=0}^{q} \delta'_{is} x_{it-s} + \mu_i + \varepsilon_{it} \tag{6-4}$$

このうち、$i = 1, 2, \cdots, N$ グループ内のメンバー、$t = 1, 2, \cdots, T$ は単位時間数、x_{it} は $K \times 1$ 次説明変数、δ_{it} は $K \times 1$ 次に対応した係数変数、λ_{is} はスカラー係数変数、μ_i は個別効果、ε_i は誤差項である。

方程式（6-4）のうち、変数は I（1）過程で共和分の関係を持つ場合、方程式（6-4）を推定する際は通常、式（6-4）を下記誤差を補正した方程式に直す。

$$\Delta y_{it} = \alpha_i (y_{it-1} - \theta'_i x_{it}) + \sum_{s=1}^{p-1} \lambda_{is}^* \Delta y_{it-s} + \sum_{s=0}^{q-1} \delta_{it}^* \Delta x_{it-s} + \mu_i + \varepsilon_{it} \tag{6-5}$$

そのうち、

$$\alpha_i = -(1 - \sum_{s=1}^{p} \lambda_{is}) \ , \ \theta_i = \frac{\sum_{s=0}^{q} \delta_{is}}{(1 - \sum_{s=1}^{p} \lambda_{is})} \ , \ \lambda_{is}^* = -\sum_{m=s+1}^{p} \lambda_{im} \ , \ s = 1, 2, \cdots, p-1 \ ; \ \delta_{it}^* = -\sum_{m=s+1}^{} \delta_{im} \ , \ s = 1, 2, \cdots, q-1$$

パラメータ α_i の推定値は調整項の誤差補正速度を表し、$\alpha_i = 0$ であれば変数間には長期的関係が存在しないことを表す。当推定値がマイナスである場合、変数は長期的な均衡状態に回帰する傾向を持つことを表す。パラメータ θ_i には変数間の長期的関係に関する情報が含まれる。

方程式（6-5）においてプール平均グループ推定（PMG）をする際、切片項、短期係数、誤差分散はクロスセクションで異なることが許容されるが、クロスセクションを制限する長期係数は一定である。それによって長期係数と平均的短期係数を考慮した推定値を得ることが可能である。また、MG推定量で推定

する場合、各クロスセクションのパラメーター推定値は全部異なっていても
よい。PMGとMGの推定値ともに一致推定量との帰無仮説に基づいて、各ク
ロスセクションの長期係数が一定であれば、PMG推定量のほうがより有効な
推定とされる。推定値の一致性を検証するためにPesaran, Shin and Smithは
Hausman統計量を提示した。

$$H = \hat{q}'\left[Var(\hat{q})\right]^{-1}\hat{q} \sim \chi^2(k)$$

　このうち、$\hat{q} = \theta^{\text{MG}} - \theta^{\text{PMG}}$はPMGとMG推定値の差、$Var(\hat{q})$は対応する共
分散行列を表す。帰無仮説を取り入れない場合、PMG推定量は一致推定量で
はないことを表す。

　パネルの共和分分析に先立って、変数の定常性検定をする必要がある。つま
り変数に対してパネルの単位根検定を行う。表6-13では各変数のパネル単位根
検定結果を示している。LLC、IPS、ADF検定の帰無仮説は変数が単位根過程
であることである。水準値のLLC、IPS、ADF検定はいずれもex2ch、ex2us、
gdp配列は単位根過程である帰無仮説を棄却しない。そして一階差分のLLC、
IPS、ADF検定はいずれも1%の有意水準でex2ch、ex2us、gdp配列が非定常
であるという帰無仮説を棄却した。したがって、ex2ch、ex2us、gdp系列はI
（1）過程である。I（1）過程の配列変数は共和関係検定をすることが可能であ
り、表6-14では変数ex2ch、ex2us、gdp間のJohansen Fisherパネル共和検定
結果を示している。そしてJohansen Fisherパネル共和分検定において、トレー
ス検定と最大固定値検定の統計量はいずれもex2ch、ex2us、gdpの間に1つの
共和分関係を持つことを示している。

　次はPMGとMG推定でex2ch、ex2us、gdpの長期的共和分関係について推
定を行った。表6-15で推定結果を示している通り、（1）列目はex2chが変数と
して扱われる時の、アジア9か国の推定結果である。Hausman統計量検定はア
ジア9か国のex2ch、ex2us、gdpの長期的共和分関係に同質性がある仮説を棄
却しないため、PMG推定のほうがより有効な推定量を得ることができる。な

表6-13 変数のパネル単位根検定結果

	水準値			一階差分		
	LLC	IPS	ADF	LLC	IPS	ADF
ex2ch	0.19	1.69	7.84	-7.66***	-6.26***	66.18***
ex2us	-1.15	-1.12	25.33	-6.82***	-6.80***	72.04***
gdp	0.16	-0.32	18.31	-7.68***	-5.36***	58.16***

注：***、**、*はそれぞれ1%、5%、10%の有意水準を表す。検定時、個体切片とタイムトレンドが含まれる。LLCはLevin, Lin and Chuのt統計量、IPSはIm, Pesaran and ShinのW統計量、ADFはFisherカイ二乗統計量を表す。LLC、IPS、ADF検定の帰無仮説は変数は非定常である。

表6-14 変数ex2ch、ex2us、gdp間のパネル共和分検定結果

	トレース検定		最大特性根検定	
	Fisher統計量	確率値	Fisher統計量	確率値
なし	52.66	0.00	47.40	0.00
最大1つ	20.75	0.29	21.57	0.25
最大2つ	14.67	0.68	14.67	0.68

表6-15 アジア諸国の対米輸出と対中輸出との相互影響関係（PMGとMGとの推定結果）

変数	(1)	(2)	(3)	(4)
EC				
ex2us	0.753***	0.785***		
	(9.15)	(8.86)		
ex2ch			-0.469*	0.0853**
			(-1.69)	(2.09)
gdp	2.237***	2.320***	-0.443	0.347*
	(14.04)	(12.80)	(-0.64)	(1.90)
ec	-0.194***	-0.199**	-0.0667*	-0.256*
	(-2.66)	(-2.35)	(-1.81)	(-1.86)
D. ex2us	0.109	0.169		
	(0.75)	(0.97)		
D. ex2ch			0.114**	0.143***
			(2.57)	(2.86)
D. gdp	2.714***	2.344**	2.3027***	1.826***
	(3.00)	(2.06)	(4.08)	(4.01)
定数項	-10.60***	-11.26**	2.814*	3.219*
	(-2.65)	(-2.34)	(1.79)	(1.80)
サンプル数	180	140	180	140
被説明変数	D. ex2ch	D. ex2ch	D. ex2us	D. ex2us
Hausman統計量	2.10	2.79	1.18	0.48
確率値	0.35	0.25	0.55	0.78
モデル選定	PMG	PMG	PMG	PMG

注：（ ）の中の数値はz統計量、***、**、*はそれぞれ1%、5%、10%の有意水準を表す。

かでも、対米輸出の変数ex2usの長期係数はプラスで有意性があり、アジア諸国の対米輸出が長期にわたってそれぞれの対中輸出の成長を促進することを表している。調整項ecの誤差補正速度推定量は-0.194で統計学的に有意であるため、共和分方程式において変数は長期的な関係にあり、長期的均衡状態に回帰する傾向があることを表している。アジア諸国の経済規模変数gdpの係数はプラスで有意性があることも理論的予測と一致しており、つまりアジア諸国は経済成長に伴って、対中輸出を増やしていくことが推定できる。短期間では、D.ex2usの係数はプラスであるが統計学的に有意性がない為、アジア諸国の対米輸出は短期的視点でみれば対中輸出への増進が少ないことを表している。(2)列目は南アジア諸国（つまりインドとパキスタン）を除いた推定結果であり、(1)列目と類似した結果を示しており、東アジア諸国の対米輸出が長期的視点からみて対中輸出を増加させることを表している。

　(3)列目はex2usが変数として扱われる際のアジア9か国の推定結果である。そのうち、対中輸出量変数ex2chの長期係数がマイナスで有意（10%の水準で有意性あり）であるため、アジア諸国の対中輸出が長期的視点で対米輸出の増加を抑えることを表す。短期間ではD.ex2chの係数はプラスで有意であり、短期間においてアジア諸国の対中輸出が対米輸出を促進することを意味する。(4)列目は南アジア諸国（つまりインドとパキスタン）を除いた推定結果である。その結果は（3）列目と違って、対中輸出変数ex2chの長期係数はプラスで有意であるため、東アジア諸国の対中輸出が長期的視点で対米輸出を促進することを表す。

　上記結果から、長期的視点から見た東アジア以外の国々の対中輸出と対米輸出の相互影響は国によって異なることがあることが分かった。そして東アジア諸国と南アジア諸国の対米輸出と対中輸出との相互作用の差異を更に考察するために、当節ではDumitrescuとHurlin[11]の方法で相関変数に対してパネルデ

11　Dumitrescu, Elena-Ivona and Christophe Hurlin, "Testing for Granger Non-causality in Heterogeneous Panels," University of Orleans and Maastricht University, 2011.

ータのGranger因果検定を採用するほか、サンプルとして東南アジアのベトナムと南アジアのバングラデシュを追加した。

パネルデータのGranger因果検定として下記線形関係モデルを設定した。

$$y_{it} = \alpha_i + \sum_{k=1}^{p} \gamma_i^{(k)} y_{i,t-k} + \sum_{k=1}^{p} \beta_i^{(k)} x_{i,t-k} + \varepsilon_{it} \tag{6-6}$$

そのうち、xとyはそれぞれNの個体の期間Tの間のサンプル観測値、$i = 1, 2, ..., N, t = 1, 2, ..., T$である。pはラグ階数、$\gamma_i = (\gamma_i^1, r_i^1, \cdots, \gamma_i^p)'$；$\beta_i = (\beta_i^1, \beta_i^1, \cdots, \beta_i^p)'$；$\varepsilon_{it}$は正規分布に従うランダム攪乱である。

同質で非Granger因果性（Homogenous Non Causality, HNC）帰無仮説のもと、対立仮説は一部の個体にxからyへのGranger因果性がなく、もう一部の個体にxからyへのGranger因果性があることを許容する。したがってHNC帰無仮説を下記のように定義する。

$$H_0 : \beta_i = 0, \forall i = 1, 2, \cdots, N \tag{6-7}$$

そして対立仮説は下記のようになる。

$$H_1 : \beta_i = 0, \forall i = 1, 2, \cdots, N_1$$
$$\beta_i \neq 0, \forall i = N_1 + 1, 2, \cdots, N \tag{6-8}$$

そのうち、N_1は未知数だが、$0 \leqslant N_1 / N < 1$を満足する。上記の帰無仮説に基づいて、DumitrescuとHurlinは下記を証明した。

$$Z_{NT}^{HNC} = \sqrt{\frac{N}{2p}} (W_{NT}^{HNC} - p) \xrightarrow{d} N(0,1), T, N \to \infty \tag{6-10}$$

W_{NT}^{HNC}は平均Wald統計量、つまり$W_{NT}^{HNC} = \frac{1}{N} \sum_{i=1}^{N} W_{i,T}$；$W_{i,T}$は個体$i$が帰無仮説$H_0 : \beta_i = 0$に基づく場合のWald統計量である。$T, N \to \infty$は$T \to \infty$の後、$N \to \infty$を意味する。$T$が一定かつ$T > 5 + 2p$の条件下で、下のようになる。

表6-16　アジア諸国の対中輸出と対米輸出との間のGranger因果検定

国	TUS-TCH		TUS-TCS	
	$p=1$	$p=2$	$p=1$	$p=2$
フィリピン	0.0627	5.2859*	6.3755***	36.1375***
韓国	1.9659	26.2777***	2.2213	6.9859**
マレーシア	5.5082**	6.7072**	1.1504	3.926
日本	8.3321***	7.3197**	2.2277	5.4179*
タイ	1.6099	4.2118	0.0802	0.777
インドネシア	4.5753**	9.5217***	2.2469	9.877***
ベトナム	0.9658	4.2925	0.1439	0.4443
パキスタン	1.2807	1.2344	15.6157***	10.9466***
バングラデッシュ	0.0068	2.3345	0.9312	1.1429
インド	0.0466	0.7702	3.7605***	5.0714*
z統計量	1.8570*	3.8719**	3.4488***	5.0425***

注：z統計量は$\bar{Z}_{NT}^{HNC}$で計算された統計量、***、**、*はそれぞれ1％、5％、10％の有意水準を表す。*TUS-TCH*は*TUS*が*TCH*のGranger原因ではないことを検定するための帰無仮説を表す。

$$\bar{Z}_{NT}^{HNC} = \sqrt{\frac{N}{2p} \times \frac{T-2p-5}{T-p-3}} \left(\frac{T-2p-3}{T-2p-1} W_{NT}^{HNC} - p \right) \xrightarrow{d} N(0,1), N \to \infty \quad (6\text{-}11)$$

当節ではZ_{NT}^{HNC}と$\bar{Z}_{NT}^{HNC}$統計量を用いてパネルサンプルのGranger因果性を検定する。

表6-16ではアジア諸国の対中輸出と対米輸出との間のGranger因果検定結果を示している。Z統計量は$\bar{Z}_{NT}^{HNC}$で計算された統計量を表す。アジア諸国の対米輸出と対中輸出との間のGranger因果検定において、1次ラグと2次ラグのいずれも対米輸出から対中輸出へのGranger因果性がないという帰無仮説を棄却しているが、東アジア諸国と南アジア諸国には顕著な異質性がある。タイとベトナムを除いて、東アジア諸国はいずれも対米輸出から中国輸出へのGranger因果性がない仮説を棄却しているのに対して、南アジア諸国はいずれも対米輸出から対中輸出へのGranger因果性の帰無仮説を棄却できない。一方、アジア諸国の対中輸出と対米輸出との間のGranger因果検定において、1次ラグと2次ラグのいずれもアジア諸国の対中輸出から対米輸出へのGranger因果性がない帰無仮説を棄却している。特に南アジア諸国のうち、統計検定の結果はいず

れもインドとパキスタンの対中輸出から対米輸出へのGranger因果性がない帰無仮説を棄却している。

　上記実証結果から、長期的に見れば、アジア諸国の対米輸出は対中輸出を促進し、特に東アジア諸国の対米輸出は長期間において対中輸出を促進するとみられる。アジア諸国の対中輸出は長期間において対米輸出を抑えることにつながるが、東アジア諸国の対中輸出は長期的視点からみれば対米輸出を促進することにつながる。因果性から見て、アジア諸国は対米輸出から対中輸出へのGranger因果性があるが、東アジア諸国と南アジア諸国には顕著な異質性がある。タイとベトナムを除いて東アジア諸国のいずれにも対米輸出から対中輸出へのGranger因果性が見られる。しかし、南アジア諸国ではいずれも対米輸出から対中輸出へのGranger因果性が見られない。したがって、上記実証で見られたアジア諸国の対米輸出が長期において対中輸出を促進するという結論は東アジア市場にのみ成り立ち、南アジア諸国では成り立たない可能性がある。また、アジア諸国は対中輸出から対米輸出へのGranger因果性があり、特に南アジア諸国のうち、いずれの統計検定でもインドとパキスタンの対中輸出から対米輸出へのGranger因果性を示している。したがって、南アジア諸国では対中輸出が対米輸出に代替する可能性がある。

第4節　最終消費財市場における中米両国の相互影響

　ある国が貿易大国になれるかどうか、そして貿易によってどれほど利益を出せるかは同国の最終製品市場としての受容力によって決まるものである。そして輸入、特に最終製品の輸入が一国の市場規模を端的に反映する。アメリカは世界の消費財輸入大国として、各国から輸入する消費財が世界消費財輸入総額の高い比率を占めている。図6-1から分かるように、2000年前後、アメリカが世界各国から輸入した消費財が世界消費財輸入総額の約20%を占めていたが、

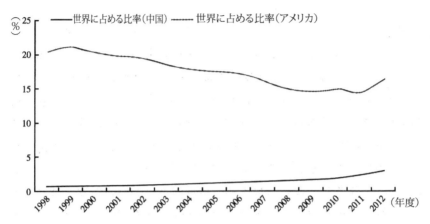

図6-1　世界消費財輸入総額に占める中米消費財輸入額の比率
出所：国連貿易統計データベース。

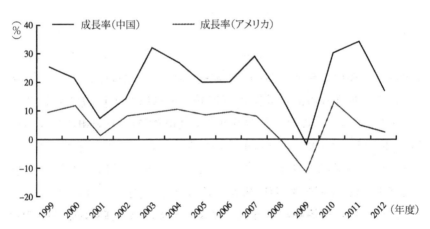

図6-2　中米消費財輸入の成長率
出所：国連貿易統計データベース。

1999年をピークに、世界消費財輸入総額に占める比率が減少に転じ、2011年には14.3%に下がっており、2012年には16.4%と若干回復した。対して中国の消費財輸入が世界消費財総輸入額に占める比率はまだ低く、1998年には僅か0.5%であり、その後年々上昇し、2012年には2.7%に達した。消費財市場としての受容力が低下するなか、中国が消費財市場の重要な提供者になれるかどうかは、中国が現在の国際貿易における地位を一変させるための決定的な要因であり、中国の輸出入モデル転換の要でもある。

1　モデルの設定と推定方法

　アメリカと中国の世界各国からの消費財輸入は中米両国の世界に向けて輸出した最終消費財市場の規模を反映する。図6-2は中米両国の消費財輸入の成長率を示している。1999〜2012年の間、中国の消費財輸入の成長率はずっとアメリカを上回っていた。同期間における中国の消費財輸入の算術平均成長率は20.2%であるのに対して、アメリカはわずか6.5%だった。

　グローバル化の背景下では、アメリカと中国の世界各国からの消費財輸入は互いに影響を及ぼすことが考えられる。そこで、前者から後者への影響を検証するため、当節では下記の動学的パネルモデルを考案した。

$$\text{lncch}_{it} = \alpha_i + \sum_{k=1}^{p} \rho_k \text{lncch}_{i,t-k} + \sum_{k=0}^{q} \gamma_k \text{lncus}_{i,t-k} + \beta' Z + \varepsilon_{it} \tag{6-12}$$

　このうち、lncchとlncusはそれぞれ中国とアメリカの世界各経済体からの消費財輸入額（対数をとる）、pとqはそれぞれのラグ階数、Zは世界各経済体の経済規模（GDPの対数をとる。lngdp）、中国の経済規模（中国のGDPの対数をとる。lngdpch）を含む制御変数を表す。景気循環などの要因による影響を制御するために、推定式（6-12）にはダミー変数を取り入れる。α_iは個別効果、ρ、γ、βは推定待ちパラメータ、ε_{it}は正規分布に従うランダム攪乱を表す。

　アメリカの世界各国からの消費財輸入の中国の消費財輸入への動的影響を詳

しく検証するために、本稿ではHoltz-Eakinたち[12]が提唱したパネルデータの
ベクトル自己回帰モデル (Panel Data Vector Autoregression, PVAR) で検証を行った。
PVARはVARモデルとパネルモデルを融合し、VARモデルとパネル分析の両
方の特徴を活かしたモデルといえる。VARモデルと同様、直交化インパルス
応答関数によって、1つの内生変数が他の内生変数にもたらす影響の度合を識
別するとともに、個別効果項を取り入れて、観測不可の個体異質性を制御する
ことを実現した。当モデルでは、T ≥ m + 3 （Tは時系列の長さ、mはラグの長さ）
であれば、パラメータを推定することができる。当節で用いるPVARモデルは
下記にのようなものである。

$$y_{it} = \alpha_i + \beta_0 + \sum_{k=1}^{P} \beta_k y_{i,t-k} + \varepsilon_{it} \tag{6-13}$$

このうち、y_{it}は変数 {lncch, lngdp, lncus} を含むベクトル、α_iは個体の異質
性、ε_{it}は正規分布に従うランダム攪乱を表す。パネルデータを推定する際は通
常モデルの中の固定効果を消す必要がある。VARのモデル構造によって独立
変数が固定効果と関連付けられるため、Arellanoら[13]が唱えたヘルマート変換
（つまりHelmertprocedure）をつかって固定効果を消す。それによってラグ変数と
変換後の変数が直交することを確保でき、操作変数としてラグ変数を使うほか、
GMM法でモデルを推定することが可能になる。
　中米両国の世界各国からの消費財輸入データは国連のCOMTRADEデータ
ベースより、各経済体のGDPデータは世界銀行WDIデータベースのものを利
用した。サンプルは78の経済体、サンプル期間は1998〜2012年である。

12　Holtz-Eakin, Douglas, Whitney Newey, Harvey S. Rosen, "Estimating Vector
　　Autoregressions with Panel Data," *Econometrica*, 1988, 56 (6), pp.1371-1395.
13　Arellano, M. and Bover, O., "Another look at the instrumental variable estima-
　　tion of error component models," *Journal of Econometrics*, 1995, 68, pp.29-51.

表6-17　アメリカの世界からの消費財輸入の中国の同消費財輸入への影響（システムGMM推定）

変数	(1)	(2)	(3)	(4)	(5)	(6)
L1.lncch	0.702***	0.693***	0.664***	0.676***	0.713***	0.740***
	(119.07)	(72.12)	(132.16)	(118.98)	(114.96)	(114.24)
L2.lncch	0.105***	0.112***	0.0817***	0.0880***	0.128***	0.116***
	(24.51)	(17.87)	(34.88)	(22.81)	(24.32)	(18.50)
L3.lncch	0.0595***	0.0314***			0.0779***	0.116***
	(14.44)	(5.04)			(17.36)	(10.28)
lncch	0.187***	0.188***	0.322***	0.258***	0.0666***	0.0717***
	(10.11)	(7.62)	(36.96)	(25.50)	(8.68)	(11.65)
L1.lncus	-0.0795***	-0.0657***	-0.112***	-0.0722***	-0.0186*	0.0243***
	(-6.82)	(-3.80)	(-13.28)	(-6.91)	(-2.17)	(-4.21)
L2.lncus	-0.121***	-0.123***	-0.116***	-0.129***	-0.135***	-0.126***
	(-12.49)	(-13.40)	(-25.46)	(-14.71)	(-30.84)	(-20.95)
lngdp	0.274***	0.265***	0.232***	0.272***	0.298***	0.275***
	(20.13)	(13.23)	(25.29)	(44.57)	(27.00)	(16.34)
lngdpch	0.0908***		0.335***		-0.0635***	
	(5.49)		(50.92)		(-4.08)	
定数項	-1.230***	-0.647***	-3.346***	-0.640***	0.146	-0.364***
	(-8.60)	(-5.53)	(-70.46)	(-13.56)	(1.28)	(-10.60)
サンプル区間	Y98-12	Y98-12	Y07-12	Y07-12	Y98-06	Y98-06
サンプル数	934	934	468	468	466	466
年度ダミー変数	不包括	包括	不包括	包括	不包括	包括
m_1統計量	-3.69	-3.56	-2.96	-2.95	-3.06	-3.25
P値	[0.00]	[0.00]	[0.00]	[0.00]	[0.00]	[0.00]
m_2統計量	-0.49	-0.58	-0.71	-0.60	-1.08	-1.00
P値	[0.62]	[0.56]	[0.48]	[0.55]	[0.28]	[0.32]
Sargan統計量	73.64	64.50	74.11	71.78	61.88	63.15
P値	[1.00]	[1.00]	[1.00]	[1.00]	[0.65]	[0.61]

注：（　）の中はz統計量、***、**、*はそれぞれ1%、5%、10%の有意水準を表す。[　]の中は各統計量のP値である。当期値と1次、2次ラグ値を含むアメリカの世界からの消費財輸入変数は内生変数と設定する。

2　計量結果と分析

1　システムGMM推定

　　表6-17は方程式（6-12）のシステムGMM推定結果を示している。方程式に代入した被説明変数lncchのラグ階数は3（若しくは2）である。アメリカの世界

各国からの消費財輸入の変数には当期値lncus、1次ラグ値L1.lncus、2次ラグ値L2.lncusが含まれ、いずれも内生変数と設定する。検証モデルに設置した統計量のうち、Sargan統計量はいずれも操作変数が有効である帰無仮説を棄却しない。差分方程式の残差の1次自己相関性を検証するm_1統計量は1%の水準で有意であり、2次自己相関性を検証するためのm_2統計量は10%の有意水準でも有意性がないため、モデルの設定は適切だと判断した。

表6-17の（1）列目では、被説明変数のラグ項L1.lncch、L2.lncch、そしてL3.lncchの係数はいずれも1%の水準でプラスで有意であり、中国の消費財輸入が成長し続けていることを表す。アメリカの世界各国からの消費財輸入の当期値lncus変数の係数は1%の水準でプラスで有意であるため、アメリカの当期消費財輸入の増加は中国の世界各国からの消費財輸入を促進する。しかし、アメリカの消費財輸入の1次ラグ値L1.lncusと2次ラグ値L2.lncus変数の係数は1%の水準でマイナスで有意であり、長期的に見て、アメリカと中国の消費財輸入市場は互いに代替できる可能性があることを表す。つまりアメリカの消費財輸入の増加は長期的には中国の消費財輸入を抑えることにつながるのである。全体的にみれば、アメリカの世界各国からの消費財輸入の中国の消費財輸入への影響は依然としてマイナス（0.187 - 0.0795 - 0.121 = - 0.0135）であるため、アメリカの消費財輸入の増加は中国の消費財輸入を抑制する。世界各経済体の経済規模を表す変数lngdpと中国の経済規模を表す変数lngdpchの係数はいずれもプラスであり、世界各経済体の経済規模の拡張は中国経済規模の拡張とともに中国の消費財輸入市場の拡大を促進することを表す。表6-17の（2）列目は年間ダミー変数を取り入れた後の回帰結果である。多重共線性を避けるため、モデル回帰時は中国の経済規模変数lngdpchが含まれていない。(2) 列目の回帰結果と（1）列目の回帰結果は類似している。

また、アメリカのサブプライムローン問題とそれによって引き起こされた世界金融危機の中米消費財輸入市場の相互関係への影響を検証するために、(3)、(4) 列目は2007～2012年というサブサンプル期間における方程式（6-12）システムGMM推定の結果を示した。そのうち、(4) 列目は年間ダミー変数を取

り入れた回帰結果であり、(3)、(4) 列の回帰結果は類似している。下記に (3) 列目の回帰結果に基づいて説明する。方程式に入れた被説明変数lncchのラグ階数は2、L1.lncchとL2.lncchの係数ともに1%の水準でプラスで有意性があり、中国の消費財輸入が成長し続けていたことを表す。アメリカの消費財輸入の当期値lncus変数の係数は1%の水準でプラスで有意であり、(1) 列目の対応する係数より遥かに大きいため、アメリカの世界各国からの消費財輸入の当期増加は中国の消費財輸入を増進することを表す。そしてアメリカの消費財輸入の1次ラグ値L1.lncusと2次ラグ値L2.lncus変数の係数は1%の水準でマイナスで有意であり、長期的に見て、アメリカの消費財輸入の増加は中国の消費財輸入を抑制することにつながることを表す。ただし、(1) 列目の結果との大きな相違点として、この時期のアメリカの消費財輸入から中国の消費財輸入への全体的影響は既にプラス (0.322 - 0.112 - 0.116 = 0.094) になっていることに注目したい。これはアメリカの消費財輸入の増加が中国の消費財輸入を増進するため、世界各経済体の対米依存度が高まると、中国消費財輸入市場への依存度も高まることを表しているのである。

　表6-17では、(5)、(6) 列目は1998～2006年というサブサンプル期間における方程式 (1) システムGMM推定の結果を示している。そのうち、(6) 列目は年間ダミー変数を取り入れた回帰結果であり、(5)、(6) 列の回帰結果は類似している。下記に (5) 列目の回帰結果に基づいて説明する。L1.lncch、L2.lncch、そしてL3.lncchの係数は1%の水準でプラスで有意であり、当期間において、中国の消費財輸入は成長し続けていたことを表す。アメリカの消費財輸入の当期値lncus変数の係数は1%の水準でプラスで有意であり、そして係数値は (1) 列目の対応する係数を遥かに下回り、アメリカの当期消費財輸入の増加が中国の消費財輸入を促進することを表す。アメリカの消費財輸入の1次ラグ値L1.lncusと2次ラグ値L2.lncus変数の係数は1%の水準でマイナスで有意であり、長期的に、アメリカの消費財輸入の増加は中国の消費財輸入を抑制することにつながることを表す。この時期のアメリカの消費財輸入から中国の消費財輸入への全体的影響はマイナス (0.0666 - 0.0186 - 0.135 = - 0.087) で

あり、アメリカの消費財輸入は中国の消費財輸入を抑えることを表す。したがって、世界各経済体の対米依存度が高まると、中国消費財輸入市場への依存が低下することにつながる。

　以上の回帰結果から、中国の消費財輸入は増え続けていることが分かる。短期間においてアメリカの当期の消費財輸入の増加は中国の消費財輸入を促進する、つまり短期間において世界各国のアメリカの消費財輸入市場の依存度が高まると同時に中国の消費財市場への依存度も高まることを意味する。しかし、長期的に見れば、世界各国のアメリカの消費財輸入市場の依存度が高まると同時に、これらの経済体の中国消費財市場への依存度は低下していく。世界金融危機の勃発を境に、アメリカの消費財輸入から中国の消費財輸入への全体的な影響が大きく変わった。金融危機以前は、世界各国のアメリカ消費財市場への依存度の増加が中国消費財市場への依存度を抑える結果を招いた。しかし金融危機以降は、世界各国のアメリカ消費財市場への依存度が高まると共に、中国の消費財市場への依存度も高まるようになった。

2　インパルス応答分析

　インパルス応答関数はランダム攪乱項の1標準偏差によるインパルスがその他変数の現在と将来の値に与える影響の軌道を示したものであり、変数間の動的相互作用と効果を直観的に表現し、動的効果の中で変数間のラグ関係を判断できるのが特長である。図6-3はlncch、lngdp、lncusの3つの変数からなるPVARモデルの1998～2012年という時期におけるインパルス応答分析の結果を示している。比較の結果ラグ階数を2にし、変数に1標準偏差のインパルスを与えることをMonte Carloで500回シミュレーションすることでインパルス応答関数グラフを作成した。図6-3の中で、横軸はインパルスの応答次数で、ラグ次数は6である。縦軸はインパルスに対する内生変数の応答強度と95%の信頼区間である。

　図6-3から分かるように、lncusに1標準偏差のインパルスを与えると、はじめは若干プラスの影響が見られたものの、2～6期になると徐々に増幅するマ

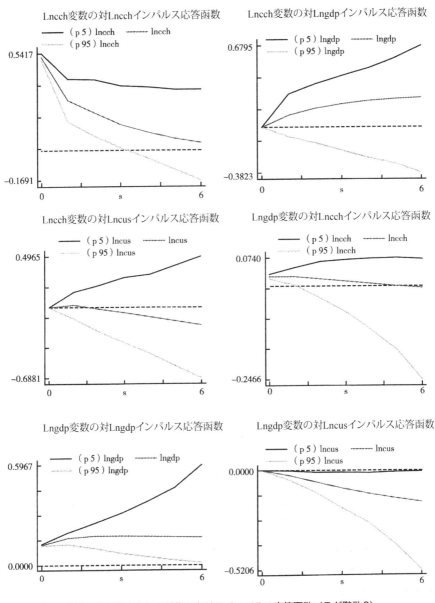

図6-3 1998～2012年という時期におけるインパルス応答函数（ラグ階数2）

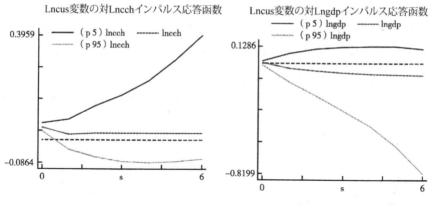

図6-3（続き）　1998～2012年という時期におけるインパルス応答函数（ラグ階数2）

表6-18　分散分析

	s	lncch	lngdp	lncus
lncch	10	0.398	0.389	0.213
lngdp	10	0.005	0.576	0.419
lncus	10	0.013	0.103	0.884
lncch	20	0.141	0.349	0.509
lngdp	20	0.006	0.388	0.606
lncus	20	0.012	0.168	0.821

イナス影響がみられ、6期になっても収束しなかった。したがって、総合的には、lncusは経済体と中国消費財市場に対してマイナス影響を与えたといえる。これは世界各経済体のアメリカ消費財市場への依存度増加が長期にわたってこれらの経済体の中国消費財市場への依存を抑制することを意味する。この結果は表6-17の（1）列目のシステムGMM回帰結果と一致している。また、lncchに1標準偏差のインパルスを与えると、lncusは同期間に速やかに反応して僅かなプラス応答を示し、その後の2〜6期でほぼ同レベルの応答を維持した。これは世界各国の中国消費財輸入市場への依存度増加はアメリカ消費財輸入市場への依存をも高めることを意味する。そしてごくわずかな影響でありながらも持続的に効果を示した。

3　分散分解

　lncch、lngdp、lncusの相互作用をより正確に見るために、当節では分散分析をつかって、それぞれのVAR方程式のインパルス応答が内生変数の変動にどれほど影響するかを確認した。表6-18は1998〜2012年の間、第10予測期間と第20予測期間においてlncch、lngdp、lncus変数の分散分析結果を示している。表6-18から分かるように、lncchとlncusのlncchへの影響は第10予測期間と第20予測期間とで大きな差異を見せた。第10予測期間以降でもlncch、lncusのlncchへの影響はまだ不安定なのである。ところが、lngdpのlncchへの影響は第10予測期間と第20予測期間とほぼ同様であり、第10予測期間以降、lngdpのlncchへの影響はほぼ安定していることを示している。そのうち、lncchが第10予測期間に自身とlngdpから受けた影響はおよそ40％で比較的大きく、lncusからの影響は約20％だった。第20予測期間において、lncchが自身から受けた影響は14％に低下し、lngdpからの影響も35％に低下し、lncusからの影響は61％に上昇した。したがって、世界各経済体のアメリカ消費財輸入市場への依存は中国消費財市場への依存に大きく影響するといえよう。

　変数lncusのVAR方程式の分散分析結果は第10予測期間と第20予測期間とで大きな差異を見せなかったため、第10予測期間以降、lncch、lngdp、lncus

のlncusへの影響はほぼ安定化したことが分かる。なかでもlncus自身からの影響が約88%と最も大きく、その次はlngdpからの影響でおよそ10%だった。lncchの影響は無視していいほど小さい。したがって、1998～2012年の間、世界各経済体のアメリカ消費財輸入市場への依存度はそれぞれの国自身からの影響が大きく、中国消費財輸入市場への依存度からはほとんど影響がないことがわかった。

　したがって、当節の実証分析から下記結論をまとめた。

(1) アメリカは昔から消費財輸入大国であり、消費財輸入額の世界消費財輸入総額に占める比率が非常に高い。しかし1999年以降、アメリカの消費財輸入が世界総輸入額に占める比率が低下に転じ、2000年の約20%から2011年の14.3%まで下がり、2012年には16.4%と若干回復した。それに対して、中国の世界各国からの消費財輸入は世界消費財輸入総額に占める比率がまだ低いとはいえ、年々上昇しており2012年には2.7%に達した。

(2) システムGMM推定の結果から、中国の消費財輸入は成長し続けていることが分かった。短期間では、アメリカの当期消費財輸入の増加は中国の消費財輸入を促進する、つまり世界各国のアメリカ消費財輸入市場への依存度が高まると、中国消費財輸入市場への依存も高まる。しかし長期的に見れば、世界各国のアメリカ消費財市場への依存度が高まるに伴って、中国消費財市場への依存度は低下していく。

(3) アメリカの消費財輸入から中国消費財輸入への影響には金融危機の勃発を境に大きな変化が見られた。金融危機までは、世界各国のアメリカ消費財輸入市場への依存度増加は中国消費財輸入市場への依存度を抑えていたが、金融危機以降、アメリカ消費財輸入市場への依存度増加は、中国消費財輸入市場への依存度をも高めるようになった。

(4) インパルス応答関数分析の結果から、世界各国のアメリカ消費財輸入市場への依存度増加は中国消費財輸入市場への依存を抑制し、しかもその影響は長期間にわたって持続することが分かった。一方、世界各国の中国消費財輸入市場への依存度が高まるとともに、アメリカ消費財輸入市場への依存度も高められる影響は、小さいが長期間継続する効果がある。さらに、世界各国のアメリカ消費財輸入市場への依存度は中国消費財輸入市場への依存度を大幅に左右するのに対して、世界各国のアメリカ消費財輸入市場への依存度はそれぞれの国自身からの影響が大きく、中国消費財輸入市場による影響はほとんど見られない。

　上記結果から、世界各経済体の中国消費財輸入市場への依存とアメリカ消費財市場への依存とは互いに代替することは不可能であり、アメリカ消費財輸入市場への依存度はアメリカ自身の経済状況に影響される面が大きい。ただし、アメリカの経済状況は世界各国の中国消費財輸入市場への依存度に影響があると考えられる。

第5節　主な結論

　中国は豊富な労働力と潜在的市場規模などに恵まれて、30年余りの発展を経て東アジアの貿易、投資、そして生産網の要衝まで成長した。東アジア経済の相互依存関係の中心が徐々に日本から中国へと移転し、従来の三角貿易モードに重要な変化が起きた。つまり、従来の東アジア経済体が資金、資本財を輸入し、製品を主にアメリカへ輸出するといった対米貿易黒字で対日赤字を補う旧い「三角」から、東アジア経済体が中国に資本財を輸出し、中国で加工・組立てからアメリカを含む先進国へ輸出する「新しい三角」に変わりつつあるのである。中国の輸入は日、韓の輸出との相互補完性が強い。ASEAN諸国との

貿易相互補完性は日、韓のそれと比べて若干低いが、年々上昇している。反面、中国の輸出品と韓国、タイ、マレーシアの輸出品とは強い競争関係にあるほか、インドネシア、シンガポールの輸出品と中国の輸出品との競争関係は年々弱まっている。日本、韓国、ベトナムの輸出品と中国の輸出品との競争は年々強まっている。東アジア市場において、ASEANの中国市場への依存度が高まり、中国は東アジア地域における市場提供者として存在感を増している。東アジア地域の国際生産網は東アジア地域の貿易成長にとって重要な役割を果たしているのみならず、生産網での分業によって、比較的完全な生産体制を形成している。にもかかわらず、余りにも強い輸出牽引型の発展特徴によって、欧米を含む先進国の最終製品への需要が重要なけん引力になっている。このような外部市場へ強く依存する生産、貿易体制によって、外部との供給、需要関係が大きく変化した場合、東アジアの発展途上国が対応しきれないことは明らかである。そればかりか、外部の国々の財政、通貨、または金融政策の調整に起因する変動も国際商品市場や金融市場を通じて東アジア地域に影響をもたらすだろう。

　今後、東アジア地域の経済が継続的かつ安定して成長できるかは、同地域内部でアメリカに取って代わる最終製品市場が現れるかどうかに大いにかかっている。アジア経済体の中国への最終消費財輸出が同国同製品の輸出総額に占める比率が年々上がっているのに対して、日本、アメリカへの最終消費財輸出額の比率は年々低下していることから、中国は東アジア地域の市場提供者という役割を果たしていることが分かる。しかし、東アジア経済体の対中最終消費財輸出が同国同商品の輸出総額に占める比率は、対日、対米輸出が占める比率を下回っている。東アジアの最終製品輸出市場でのシェアがアメリカ、日本にまだまだ劣っている中国は、現段階ではアメリカに取って代わって東アジア地域最大の最終製品市場になる力はまだ備わっていない。中国は高速かつ安定した経済成長を維持しつつ、経済構造と成長モデルを調整し、内需を積極的に拡大しなければならない。厳しい長期戦になることは、明らかである。

　また、本章ではパネル共和分分析とパネルGranger因果検定をつかった実証分析を行ったところ、長期的に、アジア諸国の対米輸出と対中輸出が相互促

進する結論は東アジア市場にのみ適用でき、南アジア諸国では対中輸出は対米輸出と入れ替わった結果であるという可能性がある。動的パネルのシステムGMM推定を行った結果、アメリカの消費財輸入から中国消費財輸入への影響には金融危機の勃発を境に大きな変化が見られた。金融危機までは、世界各国のアメリカ消費財輸入市場への依存度増加は中国消費財輸入市場への依存度を抑えていたが、金融危機以降、アメリカ消費財輸入市場への依存度増加は、中国消費財輸入市場への依存度をも高めたのである。そのため、世界各経済体の中国消費財輸入市場への依存度も高まってきた。しかし、アメリカ消費財輸入市場への依存はほとんどアメリカ自身の経済状況だけに影響されるのに対して、世界各経済体の中国消費財市場への依存度はアメリカ消費財輸入市場への依存とほぼ相関性が見られなかったため、世界各国の中国消費財輸入市場への依存はアメリカ消費財輸入市場への依存に取って代われるものではないと考えられる。

中国のアジア地域協力事業への取り組み

王玉主

中国は自身の経済成長のためにアジアの地域協力に参加しているが、その成長はアジアの地域協力に内生的な影響を与える。近い将来に多角的協力の実質的な実現が難しい状況では、中国は地域協力に注目せざるをえない。しかし、アジア太平洋協力に関して、再構築がもたらす不確定性およびTPPの発展については中国が対応すべき問題である。

第1節 中国がアジアの地域協力事業に携わる現状とその成果

国際貿易投資の成長によって世界との経済的繋がりが深まる中、中国は一定の外生的外部環境をすでに受け入れている。中国が1990年代初めにAPECに参加してからの20年余りの地域協力の経験がそれを証明している。中国は地域協力の利益を求めるようになった。それに対して「中国脅威論」が主に戦略手段として使われたが、集団的な反発は起こらなかった[1]。

1 中国—ASEAN自由貿易区の改善

中国—ASEAN自由貿易区が2010年に発足して以来、中国とASEANとの協

---

1 実際、アメリカは「中国の脅威」を恐れておらず、ASEAN諸国が中国との経済競争で脅威を感じるように挑発するためにこのように主張した。

力関係をいかにより一層深めていくかが、ポスト自由貿易時期において中国と
ASEANがともに考えなければならない問題である。2013年9月、李克強総理
が中国とASEANとの関係の10年計画を作ることを打ち出し、中央政府は中国
とASEANとの関係づくりの新たな方向性を明らかにした。2013年10月、習
近平主席は、2020年までに中国―ASEANの双方向貿易総額が1兆ドルに達す
るという目標を立て、ポスト自由貿易時代における中国とASEANの経済協力
の目標を明確にした。中国の高速な経済成長によって世界の中国に対する認識
が変わり、一部のASEAN加盟国との間には領土問題が存在しており、さらに
ASEAN自身の一体化がまだ完成していないなどの様々な状況の中で、双方の
自由貿易環境を利用し自由貿易区を改善していくことは、新たな環境の中で中
国とASEANとの協力関係を深めるための確実な方法である。

1　双方の関係の10年計画の礎となる自由貿易区の構築の推進

　1991年に中国とASEANが正式な協力関係を始めて以来、双方向協力、特
に経済分野の協力は著しい成果を挙げてきた。中国―ASEAN自由貿易区発足
の2002年に、双方の貿易額は548億ドルであったが、2012年、双方の貿易額
はすでに2002年の73倍まで成長し、4000億ドルを上回り、22%の年平均成
長率を実現した。現在、中国は長い間にASEAN最大の貿易相手国となって
おり、ASEANも日本を超え中国の貿易相手の第三位となった。それと同時に、
ASEANは中国の輸出市場の第四位にあり、中国の第二の輸入元でもある。中
国とASEANとの協力により、中国の対外貿易局面が変化した。特に欧米など
の従来の輸出市場の不景気が続く中、中国―ASEAN貿易の急速成長の重要性
が一層際立つ。

　双方向の自由貿易区による中国とASEANの経済協力は双方の関係の橋渡し
役であり、ウィンウィンの協力であるという認識を双方に与えることで中国と
ASEANの平和かつ安定した関係を確保した。また、利益上のつながりによっ
て中国とASEAN諸国の国民の生活も強く結ばれている。中国とASEANの関
係の10年計画を立て、自由貿易区は利益投資などの利益共同体レベルの協力

を超え、中国―ASEANの運命共同体の構築を目指さなければならない。これは、中国―ASEANの経済協力の経験から得た結論である。TPPのようなハイレベルな自由貿易区による圧力のもとで、東アジア協力枠組みを再構築する必要が現れてきた。中国―ASEAN自由貿易区の改善は中国―ASEAN関係をより深く、より広いものにするために有意義であり、RCEPを推進する中でさらなる安定した双方の関係の構築が可能になると同時に、将来のアジア地域協力モデルの有益な模索となる。

2　従来の概念を超越した自由貿易区の改善

　中国―ASEAN自由貿易区は「ASEAN―中国包括的経済協力枠組み協定」のもとで進められた。過去十数年、自由貿易区の構築の重点は物品貿易、サービス貿易および投資分野の仕組みの整備にあった。中国―ASEAN経済一体化の推進、およびTPPをはじめとする次世代の貿易制度の出現により、中国―ASEANは包括的な戦略パートナー関係のもとで双方の関係および協力を強める必要がある。

　第一に、中国―ASEAN経済協力はすでに減税を目的とする最初の段階を過ぎ、サービス貿易の協力範囲の拡大と、地域内の投資協力の促進を重要任務とする次の段階を迎えようとしている。これらの協力には地域の生産ネットワークの構築が関連しており、人員と物資の地域内の流動がさらに頻繁なものとなるであろう。現在注目を浴びている「コネクティビティ」も自由貿易区構築の次の段階で問題となるであろう。インフラ整備をはじめとした物理的な繋がりは地域経済一体化の物理的な基本条件であり、特に、一部のASEAN加盟国のインフラ整備は依然として低いレベルにあるため、地域協力の取り組みの大きな障害となっている。ハイレベルなコネクティビティにより物理的距離を短縮し、物流コストを削減し、国際貿易を推進することによって、地域内の生産ネットワークの形成を加速する。一方、コネクティビティの構築自体が投資協力と関わっており、投資協力を強化する重要な一環である。現在、中国とASEANの双方向直接投資の年当たりのフローとストックは急速に成長して

おり、ASEANが一方的に中国に投資していた態勢から均衡的な状況となった。2013年6月末まで、中国の対ASEAN加盟国の直接投資額は300億ドルに達し、同時期のASEANの対中国直接投資額は800億ドルを上回った。コネクティビティ構築分野に投資を誘導することは、直接的に経済的利益を生むだけでなく、双方向の協力にも波及効果をもたらす。

第二に、次世代の貿易投資の規則が中国とASEANの協力の新しい分野になりつつある。グローバル化が深まるとともに、減税は国際貿易の促進政策として、効率が下がりつつある。その中で、TPPが提唱する国内問題に注目するという新しい貿易規則に、将来の自由貿易区の構築の中で注意しなければならない。中国―ASEAN自由貿易区もそのような国際的な発展の道筋に従い、TPPの価値ある内容を参考にし、中国―ASEAN自由貿易区を拡張しなければならない。

現在の状況から見ると、中国および多くのASEAN加盟国はTPPのようなハイレベルな自由貿易区の構築に参加することは難しい。しかし、TPPが次世代の貿易規則を完成した際には、加盟国であってもなくても、新しい国際貿易の規則に対応する必要がある。したがって、中国およびASEAN諸国は、来るべき新しい規則に向けて経験値を積むため、また、協力の中でアジアの地域協力規則を模索するため、東アジアの現実の状況に応じ、TPPが提唱する規則を双方向の自由貿易区の構築に導入すべきである。

第三に、中国―ASEANからRCEPへの動きである。2011年にASEANはASEANを中心とする五つの双方向自由貿易区の統合によるRCEPの構築を提起した。すでに交渉が始まっているRCEPも現在よりもさらにハイレベルな地域的自由貿易区の構築を望んでいる。中国―ASEAN自由貿易区は、RCEPの構築に従い、貿易の分野を広げ、構築の水準を上げるなどの措置を取らなければならない。

ともかく、十年計画は中国―ASEANの将来の協力関係構築の目標として立てられたものである。中国―ASEAN自由貿易区の改善はこの目標に沿って行われなければならない。改善された中国―ASEAN自由貿易区は、まず自由貿

易区発展の原動力となる生産ネットワークの構築を推進しなければならない。そして、次世代の貿易規則に応じて、中国とASEAN諸国の国際的な経済規則の変化に対する対応力を上げ、地域の特徴と合わせ、東アジア自由貿易区の新しい発展モデルを形成しなければならない。最後に、RCEP交渉の要求に応じ、中国―ASEAN自由貿易区を改善し、RCEPの構築を支持しなければならない。

3　困難の克服と中国―ASEANの10年計画の作成

　中国―ASEAN自由貿易区の改善は、地域の国際関係および経済協力が変化する中で、中国とASEANが経済共同体の構築の基礎を作り、東アジア諸国がRCEPを通して新しい地域協力モデルの形成に貢献し、地域生産ネットワークの形成のための条件を創出するためにある。しかし、中国とASEANの関係を深めることにはいくつかの問題が存在する。

　まず、中国の経済成長が国際関係にもたらした衝撃によって、ASEANは中国に対して「戦略的な疎遠」の態度を取るようになった。すなわち、ASEAN諸国は中国と経済的協力を強化する一方で、政治上の安全を考慮し、中国と距離を保っているのである。このような戦略は中国―ASEAN自由貿易区の改善に影響するであろう。その影響は、政治的安全と関わる経済的分野を自由貿易区の協力範囲に取り入れる時に特に際立つ。例えば、中国とベトナムを陸路で繋ぐ鉄道、道路の建設およびその管理である。この問題に対して、中国は平常心を持って、すでにコンセンサスを得ている分野での協力を強化することで、食い違いを解消すべきである。

　次に、地域各国の不均衡な経済成長は協力において解決しなければならない問題であり、中国―ASEAN自由貿易区の改善を制限する要因となる。ASEANは数十年の発展を経ているが、いまだに加盟国同士間の格差を解消できていない。国々はそれぞれ異なる事情を抱えているため、自由貿易区に対して求める利益や、自由貿易区への参加能力に大きな差が生まれ、自由貿易区の改善を制限している。そのため、参加国の貧富の格差の解消は、自由貿易区の構築および中国―ASEAN関係構築における優先事項である。

最後に、南シナ海の領土紛争は中国とASEANの一部の加盟国との問題ではあるが、中国の実力が向上し、ASEANが内部の結束力を求める際に、この問題は、中国とASEANの間の問題となり、中国―ASEANの経済協力に影響するに違いない。最近、習近平主席はASEAN諸国との海上協力の強化、および海のシルクロードの構築を提唱し、海上での協力による共同利益により対立を薄めることを求めている。しかし、互恵関係を求め、中国―ASEANの10年計画を築くために、中国はASEAN加盟国の中で南シナ海領有権の主張国と非主張国を区別し、経済協力と領土紛争問題を分離し、協力を強調し、双方向の経済協力の強化に有利な環境を作らなければならない。

2　東アジア協力の難関：中日韓自由貿易区の構築

　2013年3月26日、中日韓自由貿易区の第1回交渉会合が韓国の首都、ソウルで開催された。会合前に公開された外交声明によると、今回の会合は年内に予定される自由貿易区の交渉の準備のためのものである。東アジアの協力に関心を持ってきた者ならわかることであるが、今回の会合は、成果が予想していたものになるかどうかに関わらず、将来がまだ不明瞭な東アジア協力にとって、意義は重大である。

　東アジアの協力は1997年アジア金融危機の後に生まれた危機感の中から始まったものである。ASEAN主導の「10＋」枠組みによりある程度の進展が得られたが、大国の間のイニシアティブや影響力をめぐる競い合いにより、東アジアの協力は十分に深まることができなかった。2008年に中日韓自由貿易区に関する提案が始まり、中日協力の制度化の兆しが見えたが、2012年後半の釣魚島問題の影響により、中日韓自由貿易区の協力の見通しが暗くなった。状況が芳しくない中、中日韓は、2012年末に開催された東アジアサミットで、2013年初頭に中日韓自由貿易区の交渉を開始すると発表した。しかし、この後、中日両国の釣魚島問題はより深刻になり、特に安倍政権の強引な政策により、中日韓協力は不安定なものとなった。しかしこのような状況だからこそ、中日

韓自由貿易区の初回交渉会合には特別の意義がある。この会合は、協力を推進し、ウィンウィンの関係を求めることがこの三カ国の共通認識で、厳しい政治情勢の中でも、協力が求められていることを示した。

　東アジア各国の国内状況を見れば、隣国を自国の洪水のはけ口にするようなことは各国が求める利益に一致していないことがわかる。中国にとっても、東アジアの協力を推進していくことが国の発展に必要である。中国の新指導者が提唱した「チャイナドリーム」の実現は、中国経済の持続的で安定した成長が不可欠である。現在および近い将来、エネルギー資源制限の引き上げ、人口構造の変化による人口ボーナスの消失、環境保全の圧力の増加など、中国経済が持続的成長を遂げるために克服しなければならない難問がいくつか存在する。中国は今後、内需主導の成長へ転換せざるを得ないことが予想される。しかし、これもまた長期的で、かつ困難な過程である。経済成長モデルの安定した転換には、安定した国際市場によるサポートが不可欠な条件である。東アジア地域は、現在の世界の経済成長を推進する重要な動力として、莫大な規模を誇る地域内貿易も、国際的な直接投資でつながる生産ネットワークも、近い将来の中国経済の成長にとって重大な意義があるのである。

　もちろん、西方諸国が様々な苦境に陥っている中、東アジアの協力を推進することは中国のみならず、その他のアジア諸国にとっても必要なことである。アメリカのリーマン・ショックやユーロ危機、および世界経済成長予想の下方修正などにより、アジア諸国の協力、およびウィンウィンの関係への希望がさらに深まった。親米の日本でも、アメリカ主導のTPP交渉にはいつでも参加可能であるが、東アジア、特に企業の直接投資による利益が最も大きい中国を無視することはできない。現在、日本の対中投資は対外投資の13%を占めており、対中貿易は対外貿易においてさらに重要な位置を占めている。同様に、親米の韓国は、中国に対する経済的依存を改善すると掲げながら、アメリカや欧州との経済協力を強化し、市場を分散するしかなかった。ASEANが近年東アジアの協力から得た利益についてはさらに言うまでもない。中国との双方向貿易投資による成長だけで、ASEANの安定や東アジア協力の強化に十分な役割を果

たしているのである。

　各国は自身の利益のために協力の強化を求めているが、東アジア協力は現在分岐点にあると言われるほど、東アジアの協力は大きな困難に直面している。このような悲観的な観点は様々な原因に由来しているが、中国の勃興がその中でも重要な一つの要因であることは言うまでもない。ここで中国の勃興の価値について評価するつもりはないが、東アジア協力に与えた影響を論じてみたい。中国は東アジア協力において後発者である。冷戦後、中国はAPECに加盟し、地域協力を学びながら参加してきた。しかし、勤勉で倹約な中国人は、予期せぬ短期間で国力を大幅に向上させた。それに世界は中国の勃興と称して驚いた。中国の勃興がアジア太平洋地域、および東アジアの協力体制を変えたことは事実である。それは、どのような協力体制でも、中国の訴えや影響を無視することができなくなったためである。しかし、中国の政治制度などに対する反発により、このような急速な変化を受け入れがたい国は多い。日本が中国主導を阻止するために「10+6」協力枠組みを提唱したことや、アメリカが中国の東アジア協力における影響を牽制するためにTPP協定を打ち出したことも、そのためである。しかし、中国の勃興が内生的であることは無視されている。2013年末に開催された「十八大」では、中国政府は平和の発展を貫くことを明確に主張した。近い将来は中国経済成長にとって重要な戦略的チャンスである。このような主張をしたのは、国際・地域情勢に対する積極的な判断であり、中国は平和と協力の方針を貫くことを表明している。さらに、この主張は、中国の地域協力戦略は中国経済の長期的かつ安定した成長のためのものであり、東アジアを主導し、中国の勢力範囲を確立させるためのものではないことを表明したのである。

　当然、協力強化の需要から実践へと移るためには、国々の間でコミュニケーションを強化し、信頼関係を築く必要がある。ASEANが東アジア協力強化のために新たな協力構想RCEP（地域包括的経済連携）を提唱している現在、この構想をめぐる交渉会議が近いうちにASEAN、および中国を含む六つの自由貿易区内で行われる。この構想と中日韓自由貿易区の構築は互いを促進しあい、東

アジア協力に新たな協力体制をもたらすであろう。そのために、各国はRCEPを積極的に支持し、その発展を進めるべきであろう。一方、TPPに対しては、対抗心を置き、東アジア協力を促進する外部の動機として考え、実践においてはその長所を取り入れ、短所を改善し、東アジアの協力を充実化させていくべきである。

第2節　中国の協力制度の構築に対するアジア主要経済体の協力戦略による促進と制限

　1997年後に始まった東アジア協力を、兪新天が日本の財務省で国際関係を担当する伊藤隆敏参事官が主張した四つの観点にまとめたことがある。「第一に、世界範囲での貿易自由化は困難であるが、地域内での貿易自由化は比較的簡単であること；第二は、アジア金融危機から得られた教訓；第三に、東アジアは欧州と北米の経済的統合に対して排斥されているように思っていること；第四で、最も重要なのは、アジア人は、彼らが共通点を多く共有していることを認識していること。」[2]これらの観点は、地域主義がアジアで出現する国際的背景を説明するのと同時に、東アジアの自己認識が東アジア協力の基礎となったことを強調した。最後の一点は、21世紀の冒頭に認められた観点であった[3]。中国の勃興という事実に伴い[4]、アジア太平洋地域の国々は中国が地域の実力構成にもたらす潜在的影響に考慮し、アジア太平洋・東アジア協力の利益を計算しなおした。特にアメリカなど主導権を握っている大国にとっては、協力による相対的利益への関心は間違いなく増えることになる。つまり、国際的な駆け引きは、経済的利益の範疇を超越し、アジア太平洋の地域協力を動かす大きな力

2　　兪新天「21世紀初頭の東アジア協力問題」、『当代亞太』、2003年第10号。
3　　例えば、孫承も当時協力の強化は東アジア諸国の共通認識であると考えていた。「大国関係と東アジア協力」、『国際問題研究』、2001年第4号を参照。
4　　呉心伯「中米のアジア太平洋地域における良性インタラクションの促進」、『国際問題研究』、2011年第5号。

となりつつあったのである。

　大国が覇権を争う間に、地域の「小国」にも発展の機会が与えられた。小国の集団であるASEANは、東アジアの協力を突き動かす役割を発揮している。ASEANは自身の実力不足により弱者として位置付けられているが、弱者でいることをよしとせず、情勢を十分に把握したうえで、地域組織としての優位性と能動性を発揮し、国際的に有利な位置を求めてきた。ASEANから見ると、中日韓自由貿易区は中日韓三カ国が世界の経済成長に対応するための不確定な努力であり、その協力はASEANの東アジア協力における主導権を脅かすものである。TPPの交渉には東アジア、東南アジア諸国も参加しているため、ASEANにとっては東アジアでの中心的位置を失いうる脅威となる。ASEANが提唱したRCEPは、地域の「小国」が発展を求める中での産物であることは確かである。

1　アジア太平洋地域協力の顕在的動機としての大国の駆け引き

1　中国の勃興に対するアメリカの反応

　中国がGDP世界一位の大国になれるか、いつなれるかについては、まだ明確な結論はないが、21世紀最初の十数年において、中国経済が急速な成長を遂げたことは事実である。2010年に中国がGDPの世界二位に躍り出たことを無視する者はいない。この勢いでは、将来の10年から20年で、中国はアメリカを追い抜き、GDP世界一位の大国になる可能性がある[5]。その際に、世界経済では、相対的な経済力や国際分業の状況、ないし国際経済の管理体制などすべてにおいて大きな変化が訪れる[6]。中国の製造業の生産額が世界の19.8%を占

5　楽観的な意見として、中国のGDPは2025年に世界一位になると予測されている。保守的な意見でも、中国のGDPは遅くても2030年にアメリカを超え世界一位になるとされている。

6　陳江生、龐博、邱丁「現段階の世界経済局面とその展望」、『中共中央党校学報』、2013年第4号。

め、アメリカの19.4％を上回り、製造業において世界一位の大国になったこと
は、世界の覇権を握るアメリカにとって、特別な意味があることであろう。

　中国の勃興に対して、アメリカが自らが握っている世界の覇権を守ることは
そのアジア太平洋地域戦略の当然の目標の一つである。アメリカには、東アジ
アにその覇権への挑戦者が現れるのを阻止するための十分な理由があるからで
ある[7]。アメリカの国防省が2012年に公開した戦略ガイド「アメリカの世界主
導権を維持するために——21世紀における国防の優先順位」は、タイトルから
して「アジアリバランス」戦略の意図がはっきりしている。つまり、他の国の
ように、中国の勃興の利害を評価する必要があるのと異なり、アメリカの中国
の勃興に対する認識は非常に明白である。

　アメリカは、中国の勃興はアジア太平洋地域の権力構造をまだ徹底的には
変えていないと認識しているため[8]、「アメリカはアジア太平洋地域の経済およ
び戦略における主導権を維持するための強い意志を持っている」と主張して
いる[9]。ヒラリーによるその主張から、見方を変えることにより、アジア太平
洋地域でアメリカと中国の友好交流を促進する可能性は低いことが読み取れ
る[10]。「アジアリバランス」戦略を積極的に受け取っても事態は簡単に変わらな
い。アメリカの中国の勃興に対する認識はより緊迫したものである可能性もあ
る。例えば、一部の中国の学者の観点によると、アメリカは中国の勃興が国際

7　楊毅「アメリカアジア太平洋連盟体系と中国周辺戦略」、『国際安全研究』、2013
　　年第3号。
8　馮玉軍は、「一超多強」の国際秩序は中国の勃興によっても変化していないという。
　　馮玉軍「『大変局』での大国戦略競争」、『現代国際関係』、2013年第4号に参照。
9　Clinton, Hillary, "Remarks on Regional Architecture in Asia : Principles and
　　Priorities," http://www.state.gov/secretary/rm/2010/01/135090.htm, January
　　12, 2010.
10　認識を立ち上げることで中米の良性インタラクションを促進できるとの指摘が
　　ある。呉心伯「中米のアジア太平洋地域における良性インタラクションの促進」、
　　『国際問題研究』、2011年第5号を参照。

秩序を崩壊させ[11]、多元化の無極秩序をもたらすと見ており[12]、敵意のある対応策を取るという。経済、軍事、および通貨において、中国がアメリカを追い越すことが中米の衝突の根源となる[13]。

　経済の勃興に伴い、中国人は、今までと異なる国際的地位を求め始めた[14]。中国は、その勃興と同時に、国際的秩序の公正さについて議論し、国際体制の改善を呼びかけ始めた[15]。中国が国際社会における新たな役割を検討している中、アメリカはただ傍観者でいるのではなく、むしろ積極的に中国の役割を定め、制限しようとする。中国が国際体制の改正を検討すると、アメリカはそれをさらに強化する。これらの変化はアジア太平洋地域協力の権力構造を変えている。アメリカはアジア太平洋協力、特に東アジア協力において直接的に駆け引きをする勢力となった。一方、相対収益に対する考慮により、ルールの制定が今までにない注目を浴びている。

2　アジア太平洋協力における駆け引きの立場の転換

　大国間の駆け引きがアジア太平洋地域協力の主要パワーとなるということの特徴は、主要大国が、協力の駆け引きに直接的に参加することである。

　第二次世界大戦後、日本は経済、技術における優位性、および地域の生産ネットワークにおける有利な位置を利用して、東アジア地域の実質上の主導者

11　金燦栄、段浩文「ポスト危機時代の大国関係局面と新動向」、『湖北大学学報』（哲学社会科学版）、2013年第1号。
12　葉江「現段階の国際体系における権力拡散と移転、およびそれが国際秩序にもたらす影響について」、『上海行政学院学報』、2013年第3号。
13　王在邦「中米関係が十年後にハイリスク期に入る三大指標要因」、『現代国際関係』、2013年第4号。
14　劉強「将来の中国の国際的位置に関する戦略選択——中国が直面する国際戦略環境について」、『南京政治学院学報』、2013年第2号。
15　関連研究は劉豊「国際体系転換と中国の位置付け」、『外交評論』2013年第2号；何志鵬「大国政治の終結——国際法制の目標に関する考察」、『吉林大学社会科学学報』、2013年第3号；宋秀琚、麻陸東「調和の国際制度の構築：起因、構想と中国の戦略位置付け」、『社会主義研究』、2013年第2号。

となった。この東アジアの主導者の役割は、アメリカの支持と支援を得ている。1997年より起動した東アジア協力で、アメリカは最初に日本の東アジアにおける影響力の増大を恐れ、日本のアジア通貨基金（AMF）構想に反対した。2001年、中国ーASEANが双方向自由貿易区の構築を提唱したことにより、中国の東アジア協力における地位が向上した。日本から見ると、中国は地域協力の主導権争奪の有力候補であるが、アメリカは中国がそのアジア太平洋における主導権を脅かすほどではないと判断し、中日両国の東アジア協力における主導権をめぐる競争については傍観者の態度を取り、東アジア協力の主導権争奪に直接的な参加はしなかった。

　振り返ると、日本が東アジア共同体を主導しようとしたのが、東アジア協力の主導権争奪の最後の努力かもしれなかった。その後、中国が急速に台頭し、「失われた20年」を経験した日本を追い越した。2006年、日本は「10+6」提案を提唱したが、この時の日本は「10+3」協力における主導権にすでに自信を失い、新たな勢力で中国の影響を制限することを望んでいたのである。これは中国にとって喜ぶべき展開のはずであったが、日本が競争を放棄する代わりに、アメリカが東アジア協力に直接的に介入してきた[16]。より強力な相手であるアメリカが、中国という潜在的な覇権候補者の出現を恐れ[17]、中国の前に立ちはだかった。中米のアジア太平洋協力における直接的な駆け引きは、アジア太平洋協力を大国の駆け引きをする舞台とした。

3　ルール制定をめぐる競争の白熱化
　アジア太平洋地域協力において、大国の駆け引きによる影響の一つは、短期

16　ヒラリーは、アメリカの戦略重心のアジアへの移行に、地域性多国間体系の介入を含む六点があると指摘した。Clinton Hillary, "America's Pacific Century," *Foreign Affairs*, 2011, No.189, pp.56-63.

17　挑戦者が予想より早く出現したことにより、準備不足の状態で対応するしかなく、その中でTPPは中国がアジア太平洋地域において日々成長している経済覇権を制限するためのものである。Friedberg, Aaron, "Hegemony with Chinese Characteristics," *National Interests*, July-August 2011.

的利益をめぐる競争より、長期的な利益のための競争が優先されることである。具体的には、ルール制定をめぐる競争が激しくなるのである。従来との違いとして、アメリカがTPPを推進する行動は、日本の役割もEUの影響も考慮している。そのため、TPPを推進すると同時に、アメリカは2013年の前半にEUと大西洋横断貿易投資パートナーシップ協定（Transatlantic Trade and Investment Partnership, TTIP）を再起動した。アメリカの「インド洋太平洋戦略」には経済利益という明確な動機があるが[18]、将来の国際経済体系に関する関心のほうがより強く、実際のところ、EUを引き連れて東アジアに引き返してくるようになると見られている。

　バーグステンは、21世紀の初頭に、統一した東アジアには強力な破壊性があると指摘した。具体的には、東アジアには自らの発展戦略を実行する能力があり、国際金融機関の助言に従う必要がなく、世界貿易機関のルールを破ることになるためである。これは、アメリカの孤立主義の台頭を引き起こし、欧米が共同でアジアに対抗する事態になる[19]。この指摘のとおり、21世紀に入ってから、一部の途上国が西方諸国のコントロールから離脱したのに加え[20]、アメリカは欧州と協力体制を取ることにした。TTIPには各自の経済問題を解決し、内部の経済成長を推進するという目的があるが、より重要なのは、お互いが手を組み、新たに台頭した経済体・連盟に対抗し、国際経済貿易における主導権を維持することである[21]。アメリカは、「アメリカの世界における主導権は弱くなるが、アメリカが主導する国際秩序は21世紀でも主流である」と主張している[22]。

18　陳淑梅「TPPからTAP：アメリカの世界経済成長の『潜在利益』発掘」、『中国社会科学報』、2013年4月22日第A06版。

19　〔米〕フレッド・バーグステン「東アジア地域主義：三方の世界へ」、〔英〕『経済学者』、掲載2000年7月21日、兪新天「21世紀初頭の東アジア協力問題」、『当代亞太』、2003年第10号から引用。

20　〔米〕ジェーン・ネッドウェイン・ピーターズ「21世紀のグローバル化：発展の新時代」、王浩訳、『中国治理評論』、2013年第1号。

21　欧米経済貿易関係研究グループ「欧米『大西洋横断貿易投資パートナーシップ』の展望に関する議論」、『現代国際関係』、2013年第3号。

22　Ikenberry, John, "The Rise of China and the Future of the West—Can the

もちろん、アメリカは既存の制度を固守するわけではない。TPP戦略を見ると、アメリカはアジア太平洋地域における多角的な貿易枠組みを計画しており[23]、ルールの一致、国有企業、電子商取引、競争とサプライチェーン、中小企業など、次世代の貿易ルールに関する議題に重心を置いている。世界の主要な経済体・組織をこの枠組みに取り入れることで、途上国の発展、特に中国の経済成長を制限することを目的としている。大国の駆け引きが地域協力の顕在的なパワーとなった後、地域協力のルールの制約力が注目を浴びるようになり、従来の地域協力で求められる利益はかえって二の次の目的となった。

　近い将来、中日韓自由貿易区、TPP、およびRCEPにはアジア太平洋地域の主要大国が含まれているため、この三者が間違いなくアジア太平洋未来の協力体制を形作る重要な勢力となるだろう。

2　RCEP構想とASEANの「中心的地位」

1　ASEANはなぜRECPを推進するのか

　共同体の設立はまだ進行中にあり、当初予定していた目標の実現も困難に満ちた状況下で、ASEANは2011年にRCEPを提唱した。RCEPを実現するには、実力の弱い加盟国による制限が大きい。よって、ASEANがRCEP協力を推進するのは、経済利益のためではなく、中日競争により停滞した東アジア協力におけるASEANの「中心的地位」に迫る危機に対応するためである。RCEPはASEANを中心とした新たな協力体制を立ち上げたが、アジア太平洋地域の協力体制にも影響を与えるだろうと予想される。RCEPは、TPPと共に、アジア太平洋地域協力の新たな「二重体制」となるであろう。

　2011年のASEAN第19回首脳会議で「ASEAN地域包括的経済連携の枠組み」が提唱されてから、各国からこの構想に注目が集まった。数年前のAPEC、

　Liberal System Survive?" *Foreign Aairs*, January/February 2008, pp.35-37.
23　蔡鵬鴻「TPP横方向の議題と次世代貿易規則が中国に与える影響」、『世界経済研究』、2013年第7号。

中国—ASEAN自由貿易区に対する反応のように、この世界の1/2、世界GDPの1/3を占める自由貿易構想が地域経済にもたらす影響について議論された[24]。その中でも、RCEPとアメリカが積極的に推進しているTPPとの関係性が、最も注目されている[25]。

　前述した問題により、ASEANがRCEPを打ち出した真の意図は、RCEPのために設定した目標をどの程度まで実現しようとするかに関係しているため、肝心である。ASEAN共同体の設立がまだ山場にあるにもかかわらず、RCEP協定を打ち出し、ハイレベルな自由貿易区を設立するということは、経済学の視点から見れば、つじつまが合わない。ASEANは真の目的を隠す傾向があるため[26]、この構想を打ち出した目的についても、全面的に分析する必要があると考えられる。地域の経済協力を深めることより、ここ数年間ASEANが強調してきた「中心的地位」こそが、RCEPを提唱したより直接的な目標である。つまり、ASEANのRCEPの推進に関する態度は、過程重視で、進展を二の次にしている可能性が高い[27]。そのため、RCEPによる利益、および地域協力へ

24　ASEAN加盟国のRCEPによる利益影響について模擬分析を行った研究者がいる。Itakura, K, "Impacts of Liberalization and Improve Connectivity and Facilitation in ASEAN for the ASEAN Economic Community," ERIA Discussion Paper 2013-01, Jakarta: ERIA, http://www.eria.orgに参照。

25　TPPがASEANの「中心的地位」を脅威に思う中、RCEPが順調に進めば、ASEANの対TPP対策になると、日本の研究者が指摘している。Fukunaga, Yoshifumi and Ikumo Isono, "Taking ASEAN+1 FTAs towards the RCEP: A mapping studies," ERIA Discussion Paper 2013-02, Jakarta: ERIA, http://www.eria.orgに参照。

26　例えば、Shaunの研究によると、ASEANが政府間人権委員会（AICHER）を設立したのはASEAN加盟国の人権を向上させるためではなく、ASEANの国際イメージ・国際信用の向上のためであると指摘した。西方諸国が主導する価値観では、政治と人権はつながっている。Shaun, Narine, "Human Rights Norms and the Evolution of ASEAN: Moving without Moving in a Changing Regional Environment," *Contemporary Southeast Asia*, 2012, Vol.34, No.3, pp.365-388に参照。

27　Jones, David Martin and Michael L.R.Smith, "Making Process, Not Progress: ASEAN and the Evolving East Asian Regional Order," *International Security*,

の影響が現れるまでには、時間がかかると予想される。

　シンガポールの学者Dasは、ASEANのRCEP構想の動機について次のような三点を指摘した。一つ目は、「10＋3」と「10＋6」の競争が東アジア協力にもたらした「ブレーキ効果」を超えるためである。二つ目は、現在五つの「10＋1」自由貿易区を統合し、東アジア協力における「スパゲティボウル現象」を解決するためである。三つ目は、ASEANの「中心的地位」を強化するためである。本質的に、一点目は三点目と同じことを指しており、すなわち、ASEANの「中心的地位」の強化である[28]。その違いは、各国の利益と関わる地域一体化によってその目的を達成することにすぎない。

2　ASEANの地域協力における「中心的地位」およびその条件

　1997年の金融危機以来の東アジア協力の発展を整理すると、冷戦後に「大国間の均衡」の戦略を掲げるASEANは、中国が中国─ASEAN自由貿易区の設立を提唱して以来、自らを中心とした双方向協力体制をいくつか構築したことにより、東アジア協力における中心的地位を確立したことがわかる。さらに分析を深めると、ASEANが確立したのは、機能上の中心的地位であり、すなわち、ASEANは、東アジア協力においてプラットフォーム的な存在で、機能としての権力を有している。ASEANが東アジア協力の権力の中心ではないことは、東アジア協力の主導権争奪に関する先行研究によりすでに明らかにされている[29]。このような状況に対して、ASEANの中心的地位という観点に疑問を抱くASEAN研究者もいる[30]。権力の中心と機能の中心の分離により、ASEAN

　　 2007, Vol.32, No.1, pp.148-184.

28　Das, Sanchita Basu, "Asia's Regional Comprehensive Economic Partnership," *East Asia Forum*, August 27, 2012, Http://www.eastasiaforum.org.

29　東アジア協力の主導権問題に関する研究は主に中日間の競争に注目している。もちろん東アジア協力の主導権問題を検討するためには、アメリカのこの地域における影響に言及することは避けられない。関連する研究が多くある。例えば、祁懐高「東アジア地域協力主導権パターン構想：ASEAN体系下の中米日共同主導」、『東南アジア研究』、2011年第4号。

30　例えば、Julio Santiago Amador III,"ASEAN in the Asia Pacific: Central or

は、東アジア協力における地位が予想を逸脱したため、自身のプラットフォーム機能を維持することで機能上の中心的地位を継続せざるを得なかった。

　ASEANが東アジア協力において、有利な中心的地位を確立できたのは、次の二点のおかげであると言えよう。まず、東アジア地域は特殊な権力構造を有しているため、欧州協力のような仏独を軸とするような構造は形成できない[31]。小国の集団であるASEANは、東アジア地域にある中日両国の競争と協力が共存する国際関係により、中心的地位を確立している。このような権力構造にあるからこそ、ASEANは「大国間の均衡」という外交戦略を打ち出し、ASEANを中心とした協力体制を構築したのである。この点に関しては、中国経済の勃興により東アジアないしアジア太平洋地域の秩序は再編されているが、中日間の競争と協力が共存する状況はしばらく続くであろう[32]。すなわち、ASEANが機能の中心を維持する国際関係的な条件はまだ失われていない。次に、ASEANは1967年以来地域協力の推進に取り組み、加盟国が増加し、協力分野が拡大する中で、協力を推進する経験を積み上げてきた。この「ASEANモデル」と呼ばれる協力パターンに対しては様々な非難があったが[33]、東アジアの協力に適している[34]。ASEANが東アジア協力の機能の中心となったのも、東アジアの国々がASEAN協力モデルを受け入れたためである。「10+3」はその中の一例である。1997年のアジア金融危機の後に、地域内の市場を強化す

Peripheral?" *Asian Politics and Policy*, 2010,Vol.2, No.4, pp.601-616.

31　Kim, Min-hyung, "Why Does a Small Power Lead? ASEAN Leadership in the Asia-Pacific Regionalism," *Pacific Focus*, 2012, Vol.27, No.1, pp.111-134.

32　現在の中日関係を背景に考えると、この判断のリスクは確かに大きい。

33　この問題を議論する研究は多くあるが、ASEAN協力の推進者として、ASEANの元秘書長セベリーノ氏のASEAN方式の形成と優劣に関する意見は特に価値がある。〔フィリピン〕ロドルフォ・セベリーノ『東南アジア共同体設立に関する考察』、中訳：王玉主ら、社会科学文献出版社、2012を参照。

34　「ASEAN方式」をアジア太平洋協力に適用すべきであるという考えもあった。Acharya, Amitav, "Ideas, Identity, and Institution-Building: From the 'ASEAN Way' to the 'Asia-Pacific Way'?" *Pacific Review*, 1997, Vol.10, No.3, pp.328-333を参照。

る取り組みとして、ASEANは中日韓三カ国との協力を強化する方針を打ち出し、さらに積極的な対応を得て、新たな地域協力のプラットフォームとなった。

　前述の二点はASEANの「中心的地位」が条件付きであることを説明している。実際、経緯への依存性を考えると、ASEANに取って代わり、東アジア協力の新たな主導者となる者は短期間内には現れないであろう。しかし、ASEANが主導者の立場に立って東アジア協力を推進するには、まず自身の一体化を徹底しなければならない。経済共同体、政治安全共同体、および社会文化共同体を柱としたASEAN共同体計画はそのような背景で生まれたものである。ASEANは、自身が東アジア協力で得た有利な地位は内部の長期的協力により形成された「ASEANモデル」に依存していることを理解している。ただ、この地位を固め、地域協力における機能の中心として機能するために、ASEANは自身の能力を高める、すなわち、自身の一体化を推進しなければならない[35]。そのために、2013年のASEAN第22回首脳会議では、共同体の設立が最優先任務とされた[36]。

　前述の分析で明らかにした二つの条件は、ASEANが東アジア協力において中心的地位を確保するための条件であり、地域協力体系で主導的な役割を果たすための条件である。明らかに、1997年金融危機以後になってから、ASEANは初めて「10＋3」協力体系から「中心的地位」へと移行し始めた。それまでの30年あまり、ASEANを東アジア協力の中心にしようと述べる者はいなかった。その原因は、当時まだ有効な東アジア協力体系が形成されていなかったためである。ここで、分析ではよく無視される問題がある。すなわち、ASEANは地域協力の機能的中心であるためには地域協力体系に依存しなければならない。これこそが本節で検討するASEANの「中心的地位」の根本的な前提であ

35　Das, Sanchita Basu, "Asia's Regional Comprehensive Economic Partnership," *East Asia Forum*, August 27, 2012, Http://www.eastasiaforum.org.

36　"ASEAN Community 2015 is top priority at 22nd ASEAN Summit," *ASEAN Secretariat News*, April 23, 2013, http://www.asean.org/news/asean-secretariat-news/items/asean-communiry-2015-is-top-priority-at-22nd-asean-summit.

る。

　ASEANの「中心的地位」は前提条件を必要としているため、その地位は脆
弱である。この脆弱で有利な位置を維持するために、ASEANは内部の一体化
を推進しながら、東アジア協力体系を全力で維持しなければならないのである。

3　ASEANの中心的地位を維持するための主要手段としてのRCEP

　ASEANが地域協力の機能的中心として役割を果たすには、安定した東アジ
ア協力体系が必要不可欠である。そのために、ASEANは東アジア協力体系の
生命力に非常に敏感である。これは、ASEAN協力がなぜ過程を重視し、協力
の進展がかえって二の次なのかという問題を説明できる。

　東アジア協力の歴史を振り返ると、1997年のアジア金融危機後に東アジア
地域の市場構築を強化する呼びかけが強くなり、ASEANを中心とした「10
＋」枠組みが速やかに形成された。この枠組みは、「10＋3」と複数の「10＋
1」によって支えられ、ASEANを東アジア協力の重要なプラットフォーム、
そして機能の中心とした。ASEANという機能の中心の後ろには、主導権をめ
ぐって競争し合う中国と日本がいるが[37]、ASEANを中心とした協力体制は維持
されてきた。2006年、東アジア協力は「10＋3」と「10＋6」への枠組みの分
岐が現れ、協力が停滞状態に陥った。後から見ると、「10＋6」協力は中国の影
響を解消するための競争的提案として、予想通りの効果が得られたものの、枠
組みの分岐により、協力が停滞し、ASEAN本来の地域協力の中心という機能
を阻害した[38]。ASEANの近年の声明や宣言などの文書を見ると、「中心的地位」
という言葉の出現頻度が高い。つまり、ASEANはその「中心的地位」が面し
ている困難を認識しているのである。

37　王玉主「アジア地域協力のルート競争および中国の戦略選択」、『当代亜太』、
　　2010年第4号。
38　協力主導論の提唱者に対して、秦亞青教授は協力体制の競争が東アジア協力の
　　脅威となると指摘した。秦亞青「東アジア地域主義：可能性と形式」、『変化中の
　　東アジアとアメリカ』に掲載、社会科学文献出版社、2010年。

また、2009年アメリカがTPPに加盟し、全面的に協定を推進するという行動により、ASEANはその中心的地位にさらなる危機を感じた[39]。APECがすでに活気を失った現在、APECに基づき設定された貿易投資の自由化をはじめとした目標は、変化したアジア太平洋地域に適していない[40]。すなわち、アメリカには東アジアと協力するための有効なつながりがなくなっているのである。アジア太平洋自由貿易区（FTAAP）の設立を目標とするTPPは、アメリカが東アジアとつながる協力のプラットフォームを再構築するためのものであり、新たな協力枠組みにより、東アジアにルールを設けるためのものでもある[41]。現在まで、TPPは国との交渉しか受け付けておらず、加入するための敷居は高い。これにより、ASEANの東アジアの協力での「団体作戦」は通じなくなった。TPPの目標はAPECを枠組みとする自由貿易区の設立である。ASEANの一部の加盟国はAPECに加入していないため、TPPが範囲をAPECまで拡大しても、ASEAN全体をカバーすることは不可能である。このような枠組みでは、ASEANの中心としての機能は期待できない。

　ASEANはRCEP構想の目標を実現することは難しいと承知しているが、Dasの分析結果のとおり、ASEANはこの新しい枠組みで東アジア協力における中日の競争をうまく避け、ASEANを中心とした新たな東アジア協力体制を開始した。さらに、転換期には、ASEANは前に望んでいた「10＋6」でRCEPを推進しているため、中国の影響を案じて東アジア協力の枠組みを拡大したことで陥った受け身状況を解消できたと言えるだろう。

39　TPPの動機、発展などに関しては、沈銘輝「環太平洋パートナーシップ（TPP）のコスト収益分析：中国の視点から」、『当代亞太』、2012年第1号を参照。

40　アメリカは関税優遇などの政策を中心とする貿易投資自由化は現在のアジア太平洋にとって重要でなく、本当に重要なのは国境内部（behind border）の壁を無くすことであると考えている。

41　李向陽「環太平洋パートナーシップ協定：中国の勃興における大挑戦」、『国際経済評論』、2012年第2号。

第3節　中国が現在直面している困難

　アメリカの東アジア復帰に伴い、各国は利益以上にアメリカの動向に関心を寄せているため、アジア太平洋・東アジアの協力には大きな変化が訪れた。地域環境が新しくなったため、アジア太平洋・東アジア協力の両方とも枠組みを再構築している。アジア太平洋・東アジアの従来の協力体制が機能しなくなったことにより、中国の周辺では、競争的な地域主義が進み、協力環境が深刻なものとなった。

1　多角的協力の5～10年以内の停滞と、中国の地域協力への方向変換

　TTIPの設立は多角的協力にとって望ましいことではない。ベルリンにあるドイツ経済研究所のマルセル・フラッシャー所長は、TTIPは多国間主義、特にドーハ・ラウンドに危害が及ぶことと、世界貿易機関などの多国間機関の影響力が低下する恐れを指摘している[42]。しかし、欧米は世界貿易機関を犠牲にしてまで、貿易投資分野での新しいルール設定で主導権を求めているため、動きを止めることはすでに不可能となっている。もちろん、一部の観察者は、先進国も途上国も、多国間協力の失敗に関して責任があると考えている。スイスにある国際経営開発研究所（IMO）のジャン・ピエール・レーマン教授は、2001年にドーハラウンドを始めた世界貿易機関の役目は、終わりを迎えようとしていると指摘した。理由の一つは、米・日・韓などの経済体が新しくなった環境に適応する意向がないことである。もう一つの理由は、南方の主導経済体が一体となって役割を果たしていないことである[43]。いずれにせよ、アメリ

42　世人「地域貿易自由化とグローバル化のパラドックス」、『学習時報』、2013年5月20日第2版から引用。

43　〔スイス〕ジーン・ピア・レイマン：「TTIPが中国の貿易戦略に与える試練」、http://finance.eastmoney.com/news/1365, 20130401282725776.html, 2013年11

カがTIPPを推進することを選んだことは、国際貿易の断片化が始まることを意味する。この間、中国は地域、あるいは二国間協力から、経済一体化の利益を求めるしかない。

TPPにより分化されたAPECが、アジア太平洋地域の協力枠組みとしての機能が弱まったことが、中国にとっての問題である。現在、アメリカは高水準のTPPによりAPECを再編しようとしている。しかし、中国が将来の5〜10年以内でTPPに加入する確証はなく、アジア太平洋地域における協力の場はAPECしかない。前述したように、APECはTPPの衝撃を受け、結束力を失う危機が迫っている。そのために、中国にとって困難なのは、どのようにTPPとAPECの関係を捉え、新たなコンセンサスのもとでAPECを復興させ、アジア太平洋協力で機能させていくかである。

さらに、中国が長い間実行してきた「10＋3」はほぼ東アジアの協力ルートとしての機能を失っている。RCEPはアジア協力の新世代のプラットフォームとなる可能性があるが、不確定要素がいまだに存在する。その中で特に重要なのは、ASEANがRCEPを自身の「中心的地位」を維持するための手段としか見ていないかどうかである。中国の利益のために東アジア協力の体制を再編するには、中国とASEANとの協力を強化しながらRCEPを推進すること以外に、中国と東アジア地域の国々との協調も問題である。

中国がASEANとのダイヤモンド的10年という目標を打ち出した現在、ASEANとの相互接続を強化し、ASEANの東アジア協力における中心的地位をサポートする上で、他の加盟国と協調して、RCEPを東アジア協力の新たなプラットフォームにすることは、中国が現在置かれている協力環境でもあり、自身で作り出せる未来でもある。

TPP問題は中国にとって、5〜10年内に、地域協力を推進するにあたって避けられない問題である。アメリカは、日本と韓国がTPPに加入すれば、最終的に中国もTPP加入を考えなければならないと見ている[44]。しかし、TPP加入に

月1日。

44 アメリカ「戦略と国際問題研究センター」ウィリアム・サイモン政治経済学主

対して、中国国内で論争がまだ続いていおり、中国のTPP加入を否定する者が少なくない。その理由は、中国はTPPの高水準の条件を満たしていないこと、さらに、TPPの一部のルールが中国の基本政策と一致しないことである[45]。しかし、TPPの原則が中国の将来の発展方向を示しており、TPPを機に国内の改革を深めるべきであると指摘している者もいる[46]。

　TPPのルール設定の方向性を見ると、中国が加入するか否かに関わらず、TPPが進展すれば、中国は新たな国際貿易制度による制限を受けることになる。中国の国内制度、産業構造の調整などの要因は、中国のTPP加入のコストを高くしている。このような状況を打破するためには、より優れた地域協力の戦略が必要となり、さらに、国内の改革を合わせた二国間協力・下位地域協力の実践に依存することになる。

2　APECのアジア太平洋協力における機能の低下と、東アジア協力の体制再編

　冷戦後、アジア太平洋協力はAPEC体制のみで協力を推進する段階から、東アジア地域と連携し、ASEANを中心とした「10＋」並行体制へと発展してきた。21世紀に入ると、「10＋」体制が停滞し、TPPがAPEC内部から新たなアジア太平洋協力体制として生まれた。

　「10＋」体制の停滞により、ASEANの東アジア協力における「中心的地位」が動揺する可能性が現れ、さらに、東アジアの協力体制がTPPにかき消される恐れが現れた。アジア太平洋地域の協力体制の発展を見ると、ASEANが自身

　　席マシュー・グッドマンは、「日本がTPPに加入すれば、韓国も99％の可能性で加入する」、「その際に中国はTPPに振り向き、TPPおよびTPP加入の可能性を再検討せざるを得なくなる」と指摘している。「TPP：米日大棋局」、『中国新聞週刊』、2013年3月25日。

45　多くの研究者がこのような観点を持っている、例えばCai Penghong, "An inopportune time for China to join the TPP," *China and US Focus*, June 19, 2013, http://www.chinausfocus.com.

46　例えば、何帆、楊盼盼「中国はTPPに不参加にしてはならない」、『経済導刊』、2013年第23号。

の「中心的地位」を維持するために設立したRCEPも、APECと「10＋」が共存する局面が崩れた後に、新たな二重体制を形成している。東アジアではTPP水準に達していない国が多いため、TPPとRCEPが共存する地域協力は、最終的に融合してアジア太平洋自由貿易区（FTAAP）に進化するどうかに関わらず[47]、多様性のある東アジアにとってはありがたいものなのである。

　RCEPは、アジア太平洋協力の局面に変化が起きた状況で、ASEANが自身の「中心的地位」を維持するために立ち上げた協力体制である。ここまで、RCEPは各国の支持を得ており、新たな協力体制として動き始めている。つまり、ASEANの「中心的地位」を維持する役割はすでに機能しているのである。しかし、RCEPが提唱する、ASEANを中心とした五つの二国間自由貿易区を統合することで地域の一体化を推進するという目標を実現することは簡単ではない。ASEANもRCEPに設定した目標を真剣に実現することで、「過程重視」のイメージを改善するつもりがないように見える。地域協力の新体制として、RCEPがTPPと共存し、新たな二重協力体制を築くことにより、アジア太平洋協力の発展に影響を与えるのは当然のことである。

　RCEPの各国はまず自由化・一体化の目標において、合意を得なければならない。RCEPに関する交渉は一部の目的のみに対して行われ、重点を「アフター2015」に置く可能性が高いが[48]、RCEP自身に問題が多く、交渉は決して容易なことではない。現在RCEPの各国は2015年内に交渉の完成を目指している。ASEANの「中心的地位」の維持という目標から見れば、RCEPは成果を挙げている。さらに、この新たな局面は確実に地域協力に影響を与えるものである。

　RCEPの交渉により2015年末にアジアで現代的かつハイレベルな自由貿易区が出来上がるのかどうかに関わらず、地域協力の新体制はすでに動き始めて

47　研究では、TPPとRCEPをつなげるアジア太平洋範囲の自由貿易区を設立することがより大きな利益をもたらすと指摘している。Kawai, "Masahiro and Ganeshan Wignaraja, Japan's Approach to TPP," Paper presented to the CNCPEC Seminar" TPP 2012: Progress and Challenges, Beijing, December 7, 2012.

48　シンガポール東南アジア研究所研究員Dasは筆者の取材に対して、このような観点を述べた。

いる。さらに、RCEPの構想では、2015年以降にRCEPの加盟国を外部へ拡大する予定となっている。RCEPの推進は、長期的な取り組みであることがわかる。アジア太平洋地域にとって、RCEPの設立により、アジア太平洋―東アジアの二体制並行の地域協力が可能となったのである。

3 RCEPの最大限の実行が可能に

RCEPが2015年末までに打ち出した目標を実現するのは困難であるが、地域協力体制として、確実な実行は可能であろう。その理由は二つある。

まず、ASEANは2015年内の交渉完了を重視している。過去数年において、東アジア地域の安全保障状況が大きく変わり、ASEANは自身の利益を守るための対策を取らざるを得なかった[49]。RCEP構想がASEANの「中心的地位」の問題を強調しているのはそのためである[50]。中心的地位に関して、ASEANが東アジア協力において求める利益が各国に注目され、支持されるかどうかが重要である。ASEANは内部の協力を46年間推進してきたが、いまだに内部の一体化を実現できていない。1997年のアジア金融危機により、ASEANのイメージが大きく損なわれ、イメージを改善するために様々な努力をしなければならない。RCEPは、ASEANを中心とする新たな協力体制を始めることを最大の目標にしているため、合意の程度よりも、交渉完了の時間が重要なのである。

次に、RCEPは十分な需要で支えられている。2012年のASEANサミット

---

49 中国の勃興に伴い、アメリカが戦略的に中国をライバル視し始め、中米関係が「戦略的緊張」状態に入った。朱鋒「中米戦略競争と東アジア安全秩序の未来」、『世界経済と政治』、2013年第3号を参照。この変化を前に、「大国のバランス」戦略で利益を維持してきたASEANは駆け引きに直接的に参加する中国より敏感であると言える。

50 ASEANがASEAN地域フォーラム（ARF）とASEAN国防相会議（ADMM++）の二つのメカニズムを通して、地域安全問題での「中心的地位」を確立しようとしていることは明確なため、ASEANの「中心的地位」に関する訴えは全面的なものである。*Statement by the Chairman of ASEAN on the 45th Anniversary of ASEAN: The Way Forward, Phnom Penh*, April 4, 2012.

において、ASEANは自由貿易区のパートナーである六カ国の指導者と共同で、「RCEP交渉立上げ共同宣言」を発表し、RCEPに対する合意を表明した[51]。その前に、RCEP交渉に参加する各国はすでに様々な方式でRCEP交渉に対する肯定的な態度を示した。中国は2012年末のASEANサミットの前に、すでにRCEPへの参加、および推進を表明した。東アジア協力に強く関心を持つアメリカも、RCEPを肯定的に評価した。

　これほどの支持を得られるのは、地域にとってRCEPは需要があるからである。アジア開発銀行の研究によると、アジア諸国のマクロ経済は過去よりも互いに依存している[52]。ドーハ・ラウンド交渉で見通しが立たない状況では、RCEPがアジア諸国の地域協力を築く場として最も現実的である。アメリカが推進しているTPPは、利益の見通しは良いが、アジア諸国の多くはその高い敷居に阻まれている[53]。すなわち、ASEANの「中心的地位」の維持以外に、経済的利益の高い需要もRCEPを動かしているのである。

　実際、ASEAN主導の新たな地域協力として、RCEPはすでに動き始めている。RCEP交渉の立上げは、東アジア協力が中日競争による「ブレーキ効果」を乗り越えたことを意味する。さらに、RCEPの出現と交渉原則の設定では、ASEANは確実に主導者として機能している。地域協力の場を提供することでASEANの「中心的地位」を維持するという目的からすると、RCEPはすでに成果を挙げているのである。

51　Joint Declaration on the Launch of Negotiation for the Regional Comprehensive Economic Partnership, November 2012, Phnom Penh, Cambodia. Http://www.asean.org.

52　ADB (Asian Development Bank), *Asian Economic Monitor*, March 2013, p.25.

53　ADB (Asian Development Bank), *Asian Economic Monitor*, March 2013, p.56.

アジア市場再編の戦略的方向とルート

趙江林（第1、2節）、王玉主（第3節）

|||||||||||||||||||||||||||||||||||||||||||||||||||||||||||||||||||||||||||||||||||||

　中国の国際戦略的なチャンスの時期の本質と条件が変化している一大現象として、現在の外部環境が中国の産業化と経済成長の客観的需要を満たしていないことがある。特に中国経済の成長と比べて、外部市場の条件は明らかに変化した。中国の経済成長と産業化を安定させ、今後の対外戦略の経済的土台を作るために、中国は、先進国という従来市場が不景気、かつ中国の国内市場も起動していない中で、従来の対外戦略を調整し、アジア地域市場の構築を積極的に推進し、中国経済成長の新たな国際戦略的なチャンスの時期を作る必要がある。

第1節　市場再編において中国が直面する挑戦

1　中国経済成長の国際戦略的なチャンスの時期の難題を打破

　中共十八大では、国内および国際情勢を見ると、中国は重要な戦略的なチャンスの時期にあり、伸びしろが大いにあると指摘された。さらなる成長を遂げるには、「重要な戦略的なチャンスの時期の本質と条件の変化を的確に判断する」必要がある。重要な戦略的なチャンスの時期とは、中国の産業化の完成および経済力の向上に有利な、長期的、総合的かつ全面的な国内外の政治経済環境および条件を指す。チャンスの時期とは国内情勢による成長のチャンスのみを指すのではなく、国際環境も同様に重要である。過去に、中国は国際環境を

「利用」し、チャンスをつかみ、経済を大いに成長させた。しかし、中国の経済力の向上、および国内外、特に国際情勢の変化により、現在の国際環境を利用できるチャンスが大きく減少した。中国の産業化および経済成長の目標がいまだに実現できていない現在、国際環境の助力により経済成長における問題を解決する必要がある。そのために、次の成長に向けて、中国は積極的に行動を起こし、新たな国際戦略的なチャンスの時期を作らなければならない。

　改革開放以来、中国は国際環境により提供された有利な条件を活かし、経済成長モデルの調整を経て、対外型の経済成長を発展させ、原材料の海外輸入と製品の海外輸出という「両頭在外」型産業により経済規模を急速に拡大した。中国は先進国が産業移転を進めている間に、国際分業に参加し、労働集約型産業を発展させることで、中国国内の経済成長を促進する大規模な輸出産業を形成した。また、国内市場の発展がまだ不十分な中、中国は先進国の産業移転により生まれた商品需要を活かし、外部で需要と供給の均衡を実現したことで、産業化を推進した。中国は国際環境により提供された戦略的なチャンスの時期を活用したことで、短期間で製造業、製品輸出の有力国となり、世界第二の経済国に躍り出た。

　中国の経済力の向上に伴い、中国と世界の国々との関係も大きく変化した。その変化により、中国が置かれている国際戦略的なチャンスの時期の本質と条件も変化した。その中で、最も根本的なのは先進国による外部市場の条件の変化である。以前は、中国は対外開放が不十分で、国際市場においては「貿易の小国」に分類されていた。輸出は増える一方だが、先進国市場のキャパシティを上回ることはなかった。しかし、輸出規模の拡大に伴い、先進国は中国からの輸入品に対して設ける制限が徐々に厳しくなり、その表れが、貿易摩擦の多発、および人民元高へのプレッシャーである。特に2008年の世界金融危機後、中国をはじめとした途上国に経済のリバランスを求める意見が際立っている。すなわち、中国の生産規模と輸出力に対して、先進国を含む世界市場が中国からの輸入製品を受け入れきれず、中国にとって、外部市場が「無制限」から「制限付き」へ変わったのである。すなわち、市場が「成長型」でなくなり、

無制限に中国からの輸入品を受け入れられなくなったことにより、中国の産業化および経済力の向上に有利な外部環境がなくなった。この現象により、これから中国にとっての外部的チャンスは大きく変化していくと考えられる。外部市場の中国からの輸入に対する制限の強化により、中国は、外部市場、特に先進国市場に頼り、中国の産業化および経済の中高速成長における問題を解決することは、より困難となるであろう。これが、中国が直面する国際環境が過去よりもはるかに厳しくなったことの主な原因である。

　同時に、国内市場は発展途上で、将来の産業化が必要とする規模や構造にはなっていない。現在、中国の産業化は中後期まで進んでおり、必然的によりハイレベルな消費規模や消費構造を必要としている。しかし、現在の国内市場は産業化の新段階に対応できていない。まず、国内の消費量は中国の産業化が必要とする市場規模を満たしていない。これは、輸出の経済成長への貢献度や、大きな貿易黒字から窺える。また、国内の低所得による消費構造は産業化が求める産業構造を満たしていない。

　現在、中国の産業化および経済の中高速成長が必要とする市場は、外需に限度があり、内需が不足しているというジレンマに陥っており、産業化および経済力の向上を減速させる恐れがある。

　もちろん、中国の戦略的なチャンスの時期はまだ去っていない。実際に、外需市場の規模には限界があるが、既存の市場でも中国の産業と経済成長にとって価値がある。特に、先進国の高所得の消費構造は中国のハイテク製品の消費市場として適している。一方、国内市場では、既存の市場より市場の伸びしろが大きい。しかし、先進国に対する輸出の成長の停滞により生まれた市場の空白を埋めるには、国内の消費力と消費構造はまだ不足している。

　前述の背景の下で、潜在力のある市場を探すことは現在我々が解決すべき問題である。これは、従来の方法を見直し、外部環境を自ら変え、不利を有利にする必要がある。すなわち、積極的に経済成長の新たな国際戦略的なチャンスの時期を「作る」必要がある。現段階で、新たな国際戦略的なチャンスの時期を作る鍵は、新たな外部市場を構築し、中国の産業の中後期化と経済成長を進

めることにある。まず、開放的環境では、国内市場も世界市場の一部であるた
め、国内市場を積極的に育てなければならない。国内の経済制度、分配制度の
改革を推進し、経済成長の利益を資本から労働へ傾斜させ、国内市場規模を拡
張させ、自ら生産と販売のバランスを実現する必要がある。また、外部市場の
規模に制限があり、構造も固定されている中、対外戦略の主体性を向上させ、
自発的に外部市場不足の問題を解決する必要がある。

2 アジア市場再編の戦略的方向

　中国は受動的な姿勢から能動的姿勢に転換すべきである。将来の5〜10年内
に、周辺国や地域外の大国と比べて、中国は、周辺環境を作り上げるほどの経
済力がなくとも、受け身で周辺環境に適応する段階を越え、地域市場の再編の
参加者、あるいは調整者として活躍できる。その際に直面する主な問題は以下
の通りである。

　第一に、どのように2008年の世界金融危機による持続的な悪影響を解消す
るかである。2008年の世界金融危機以来、世界経済は回復と下落を繰り返し
ていた。金融危機による悪影響を徹底的に解消できていないのは、元の動力シ
ステムが世界、特に先進国の経済成長を牽引できていない中、動力システムの
取り替えがいまだに完了していないためである。先進国は中国と周辺国の主な
輸出先であるため、金融危機の影響が続けば、中国と周辺国では経済の急成長
の維持が問題になる。

　第二に、どのように中国と周辺国の同時台頭における利益相反を回避するか
である。将来の5〜10年内に、周辺国も経済成長と構造の転換期に入る[1]。特に
途上国の多くは経済成長を中心とした、本国の生産要素の優位性を発揮し、経

1　アジア開発銀行はアジア経済のモデルチェンジに関する年度報告書を出版した。
　アジア開発銀行、"Asia's Economic Transformation: Where to, How, and How
　Fast?" The Key Indicators for Asia and the Pacific 2013 (Key Indicators, 2013)
　に参照。

済成長の活力を維持することを主な目標とする中長期的発展戦略を制定した。成長の余地が限られている中、中国と周辺国との資源や、産業移転とグレードアップ、および市場などにおける競争は激化するであろう。

　第三に、どのように地域外の大国からの「干渉」に対応するかである。周辺国の経済力がいまだ弱い時期において、地域外の大国はアジアの経済や安全保障に対して決定的な影響力を持っている。中国の台頭に伴い、アメリカが中国の地域における影響力を制御しようとしている。アメリカが周辺国とのTPP交渉を加速しているのがその証拠である[2]。もちろん、地域大国は自身の利益のため、周辺国の経済成長の維持を自らの責任としており、地域経済の秩序を破壊するつもりはない。周辺国の経済力の向上に伴い、地域外の大国は周辺国という新しい市場に目を付け、占有を進めている。例えば、より大きな経済的利益を得るために、アメリカの輸出倍増計画の輸出先は、ほぼ周辺国となっている。将来の発展動向から見れば、周辺国の経済力の向上はアジアを世界の比較的独立した一極とし、地域外の大国の干渉を弱める作用がある[3]。

　第四に、中国がどのように製造大国から製造強国、および消費大国へ転換できるかである。消費大国への転換は中国が周辺環境に影響力を発揮するための主要要素であり、アメリカが中国の周辺に長く存在できる要素でもある。製造大国から消費大国への変換には、国内政策の調整が必要となる[4]。

2　李向陽は、環太平洋パートナーシップ協定は中国の勃興を阻止する意図を持っており、さらに大西洋横断貿易投資パートナーシップ協定と共に、先進国が中国をはじめとする新興経済国の勃興に対する対抗策となった。これにより、中国の平和的発展が国際経済体系に制限されていることがより明らかになった。李向陽「環太平洋パートナーシップ協定：中国の勃興における大挑戦」、『国際経済評論』、2012年第2号；李向陽「中国の平和発展が受ける国際経済体系による制約についてどう認識するか」、『現代国際関係』、2013年第4号。

3　張徳広は、途上国、特に新興経済国の国際関係における影響力の向上は、世界局面と国際秩序の調整と変化を加速したと指摘した。張徳偉「世界局面と国際秩序が変革をはらんでいる」、『中国経済週刊』、2010年第1号。

4　国内の研究者はすでに前述の変換問題に注目している。毛中根は、中国はいまだに世界消費大国になっておらず、国民の所得の向上、所得格差の是正、社会保障体系の完備、インフラ整備の強化、および社会事業の発展、金融サービス、

前述の挑戦には解決策がないわけではない。本研究では、中国は積極的に周辺国との「共有型経済成長モデル」を求めるべきであると主張したい。「共有型経済成長モデル」とは、中国が周辺国の経済成長のチャンスを利用すると同時に、周辺国に経済成長のチャンスを与え、前述の問題によるプレッシャーを解消することを指す。このモデルの理念は、経済成長と構造の転換期にある周辺国が経済成長という核心的な目標を放棄しないことにある。経済成長に対する共通の目的は、中国と周辺国の経済的関係を安定させることである。中国と周辺国との間はより多層的な経済的関係へ進み、互いを制限するより、互いに促進しあう方が利益が大きいと言えるのである[5]。

サービス業の発展の加速などの対策により、中国を生産大国から消費大国へ変換すべきであると指摘した。さらに、毛中根は、中国の大国経済の特徴により、中国の経済成長は国内需要を動力とするべきであると指摘し、大国経済内需駆動型の発展モデルを提唱した。劉飛ほかは、消費駆動型の現代化はより持続的な新型経済現代化戦略であることが、西方諸国の実践により証明されたため、消費制度の現代化を推進することが至急の命題となったと指摘した。毛中根、洪濤「生産大国から消費大国へ：現状・メカニズムと政策」、『南京大学学報』(哲学・人文科学・社会科学版)、2011年第3号；毛中根「中国経済内需駆動の国際経験および啓示」、『中国流通経済』、2011年第2号；劉飛、李譚君「生産駆動型現代化から消費駆動型現代化へ──中国経済現代化の動力メカニズムに関する新課題」、『経済問題探索』、2011年第2号。

5　中国は外部環境による制限を前にして、内需市場へ方向変換し、国内の構造調整で外部の調整に対応すべきであると、多くの研究が指摘している。例えば、余永定は、対米輸出が改善されるかどうかにかかわらず、中国は外需に対する依存度を下げる必要があると指摘した。傅允生は国際環境の制約と国内構造の不均衡により、中国は政策の見直しをすべきであると指摘した。張秋菊は計量モデルを用いて、外部経済環境と中国の輸出との間に均衡的で安定した長期関係があり、外部の経済環境が中国の輸出を促進していると同時に、中国の輸出も外部の経済環境を改善していると指摘し、経済のグローバル化の中で、中国の輸出政策は外部の国際経済環境を考慮して制定しなければならないと述べている。余永定「アメリカの経済リバランス視点から見た中国が直面する挑戦」、『国際金融研究』、2010年第1号；傅允生「環境制約と政策選択：中国経済の新動向」、『学術月刊』、2011年5月；張秋菊「外部経済環境と中国の輸出との関係に関する実証研究──パネルデータの共和分と誤差修正モデルに基づく検証」、『技術経

第2節　中国の市場再編の主なルート

1　アジア市場構築の戦略的意味

　現在、外部の市場構造に大きな変化が起きており、中国にとっては外部市場を立ち上げ、あるいは再編する好機である。2008年の世界金融危機後、欧米などの先進国市場は不景気が続いている。ほとんどの実物製品の生産を中国をはじめとする途上国に移転したこれらの国は、高度な国際市場のため、協力を通じて市場の規模を拡大することが難しく、中国にとって戦略の優先対象ではない。その代わり、アジア（主に東アジア、東南アジア、南アジア）市場の伸びしろが大きい。2008年世界金融危機前後のアジア各国の商品輸出入構成を比較すれば、アジア地域内で輸出入する最終商品が輸出入総量に占める割合が急速に増え、アジア地域以外の輸出入商品が貿易全体に占める割合が減少していることがわかる。

　アジア市場が勃興する原因の一つは、近年のアジアの途上国の急成長による所得の上昇である。2000年当時、一人当たりのGDPが1000ドルを下回る経済体は中国を含めて十カ国以上あったが、現在このような経済体はほとんどない。所得水準の上昇は、消費水準と消費構造に変化をもたらし、アジアは、先進国を含む世界諸国が注目する新たな大規模市場になりつつある。

　中国にとって、アジア地域市場の構築には「経済的意義」だけでなく、重要な政治的意義がある。アジア市場は、中国の産業化と経済成長に必要とされる以外に、中国が対外戦略を実行する経済的基盤である。改革開放以後、中国は周辺国と親密な経済的関係を築いてきたが、その多くは二国間協力あるいは垂直的分業に基づく関係であった。中国は容易に地域分業構造に参加できたが、

　　済と管理研究』、2012年第5号。本研究では、前述の方法以外に、外部環境とのインタラクションを求めるべきであると考え、「共有型経済成長モデル」を提唱した。

地域分業の優位性を失うことによって、弾き出されることも容易である。このような不安定な地域経済的関係は中国に様々な安全保障・政治問題をもたらした。そのために、アジア市場の再編を積極的に推進し、新たな水平分業を築くことで、中国は地域分業における地位と役割を強化し、安定した周辺環境作りに貢献できる。

これまで、アジアは地域分業により築き上げられた経済的関係に依存していた。このような分業における貿易対象はほとんど中間製品で、アジアの全貿易商品の70%前後を占めている。安定した分業体制に基づく経済的関係により、分業に参加する経済体の間には良好な経済的つながりが保たれているが、地域協力に大きな需要は生まれない。

しかし、アジアは統一された地域市場ではない。もしくは、アジアは大規模な市場としてはまだ潜在的で、欧米のような役割を発揮できていない。その原因は、アジアの途上国の地域協力への参加度が低いことにある。現在、アジア諸国は主に二国間、あるいは下位地域協力に参加しており、多国間協力体制はあるものの、アジア市場再編の役割を果たしていない。そのために、アジア市場を構築することは外部市場不足を解決する重要な手段であり、中国が国際戦略的なチャンスの時期を作るための大きな任務である。

アジア市場の構築は、中国が自発的に自身とその他のアジア経済体の利益を求めるための戦略的行為であり、この戦略は従来の中国の対外戦略の方針と異なり、対外戦略の原則とルートを調整する必要がある。分散している市場を地域市場としてまとめ上げるために、まず国境による、製品、生産要素、人の自由流動などの障害を解消する必要がある。これらの障害の解消には、協力体制による配置が必要なため、アジア諸国が一体となって取り組む必要がある。

2　アジア市場構築の主要なルート

将来の5〜10年に、中国は以下の対策を取ると考えられる。

一つ目は中国と周辺国との間の、商品とサービスの相互輸入を拡大すること

である。現在、東アジアの分業体制は従来の地域外市場のためのものであり、そのために地域外の消費と地域内の生産を結合した経済構造が形成された。ただ、中国―ASEANの所得水準の向上により、先進国により空いた消費需要の空白はある程度埋めることができ、そうすることで、従来の地域外市場のための生産は、お互いを対象市場とする生産に代わり、産業協力も新たな分業に基づき変化する。従来、東アジアの産業分業は主に垂直的分業であったが、これからは水平分業へ変わり、地域内市場を対象とする分業構造が形成される可能性がある。周辺国の台頭により、周辺国は資本財と消費財を含む最終商品の輸入国になりつつあり、投資の需要は資本財の輸入を拡大し、所得の向上は周辺国の消費構造を中・上位の消費財へ移行させ、輸入需要を拡大する。そのため、周辺国は従来の先進国市場に代わり、中国の主な輸出先となる可能性が高い。また、周辺の途上国は投資で経済を発展させる段階に入り、生産力の拡大が国内需要を上回る可能性があり、過剰な商品の販売先を探すことは途上国の共通の問題となっている。外部市場の制限が厳しくなり、中国が中・上位商品の製造に移行するにつれ、消費財の輸入は中国の主な輸入品になり、周辺国の経済成長に持続的に貢献する可能性が大きい[6]。

　二つ目は、周辺国に対する投資を拡大し、周辺国の経済成長に貢献すると同時に、中国の経済的利益を向上させることである。ASEANの発展途上国は東アジア市場の拡張の潜在的地域で、これらの国の消費力を向上させるには、経済成長を加速させることが主な方法である。発展途上国への産業移転の適切な加速は、これらの国の経済成長に有利である上、ASEAN加盟国からの輸入を拡大することができる。そこには中国市場に巨大な消費規模が潜んでいるが、中国自身の生産力と競争における優位性により、ASEANから中国への消費財の輸出の拡大はなかなか進まない。現在、周辺の途上国は投資で経済を発展させる段階にあり、経済成長を次の段階へ移行させるためには、資本不足の問題

6　鄧金は、2030年に中国が世界一の内需市場に成長し、世界内需を維持する重要な要素になると予想している。A.A.鄧金ら「2030年世界戦略予測」、『ロシア研究』、2011年第4号、を参照。

を優先的に解決しなければならない。2008年の世界金融危機後に、周辺の途上国は積極的に投資環境を改善してきた。例えば、ミャンマーの外資導入に有利な法律の立案などがある。

　三つ目は、地域内の市場再編のための体制構築に積極的に参加し、地域レベルの「内需」を拡大することにより経済成長を実現することである[7]。地域協力に参加する目的は地域市場を再編し、将来の地域経済成長の動力を形成することである。例えば、現在中国―ASEAN自由貿易区協定は多くの分野を網羅しているが、先進国が参加している自由貿易区協定の基準との差はまだ大きい。特に、知的財産権、政府調達、労働基準などの分野にはまだ触れていない。そのために、今後は自由貿易区を縦方向へ発展させ、中国―ASEAN間の貿易投資自由化を高度化させる必要がある。

　四つ目は、周辺国に対する支援を強化し、周辺国のインフラ整備を支援し、より広範囲な相互接続を実現することである。対外協力を強化し、外部資源を確保することは周辺途上国の経済成長の戦略の一つである。中国は周辺国に対する支援を強化し、周辺国の経済成長を加速させると同時に、自身の経済成長に新たなチャンスを作ることが考えられる。インフラは中国―ASEANが産業化を進める中で不可欠な要件の一つであり、大規模な投資を必要とする分野でもある。現在発展途上国のインフラは経済成長の需要を満たしておらず、中国とASEANからの支援以外に、外部からのインフラ投資を必要としている。当然ながら、鉄道などのハードインフラ以外にも、人的資源の開発などのソフト

7　韓金紅は東アジア10カ国（あるいは地域）の1991-2010年のデータに対して、異なる要因が東アジア地域内の最終需要に与える影響を引力モデルを用いて考察した。その結果として、地域性貿易協定（RTA）、経済総量、2008年金融危機、および、一人当たりのGDPの差額の絶対値は最終商品需要を明らかに促進していることがわかった。一方、人口規模、物理距離が地域内の最終商品需要を阻害している。1997年の金融危機も地域内の最終商品需要を阻害しているが、その効果は明らかではなかった。業種の差から見れば、距離変数以外の各変数は消費財の需要より、資本財の需要に大きな影響を与えている。韓金紅「東アジア地域内の最終商品需要を影響する要因分析――パネルデータに基づく引力モデル研究」、『世界経済研究』、2013年第2号。

インフラもインフラ整備に含まれている。

第3節　中国のアジア地域協力戦略

　中国は1990年代の初頭にAPECに加入してから、地域協力体制に参加するようになった。1997年アジア金融危機以後、中国は東アジア協力で建設的な役割を果たし、自身の利益を求めると同時に東アジア協力を推進してきた。全体的に言うと、地域協力の強化は中国の基本利益に合致している。東アジアを主体とした地域協力体制の形成は周辺国の安定に基づく発展戦略と一致している。そのために、中国は最初から、「10＋3」が代表する東アジア協力体制に対して支持を示している。その後、中国―ASEAN自由貿易区の成功を経験に、中国は漸進的に二国間自由貿易区に基づく自由貿易区戦略を立てた。

　西方諸国の不景気により、世界経済の重心が東アジアへ移転しつつある中で、特に中国経済の勃興に伴い、主要大国の東アジア協力に対する意欲が急速に向上した。競争的協力提案の登場による東アジア協力のルート競争は、東アジア協力を深める障害となっている[8]。2009年、アメリカがTPP加入を宣言し、東アジアの一部の国を交渉に招き入れたことで、東アジア協力はアメリカ主導の環太平洋協力体制からの挑戦を受けることになった。2010年、中日韓三カ国の長期的な協力プロジェクトとして、中日韓自由貿易区は中日韓産官学共同研究の終了をもって、交渉の準備段階に突入したという画期的な進展を遂げた。TPPおよび中日韓自由貿易区に伴い、ASEANはASEAN共同体の設立を推進しながら[9]、新たな協力体制の考案を始めた。2011年、ASEANは「東アジア地域包括的経済連携の枠組み」を提案し、さらに2012年に「10＋6」体制の内

8　王玉主「アジア地域協力のルート競争および中国の戦略選択」、『当代亞太』、2010年第4号。

9　2011年ASEANは「バリ第三協調一致宣言」を公表し、国際社会においてより結束力のある立場を形成するために共同体の設立を強化することを宣言した。

部でRCEP協定の交渉を先行して開始した。激変した東アジア協力を前に、各国が東アジア協力において求める利益、および採る戦略を全面的に把握することは、中国の地域協力の利益を守るために必要である。

1 中国の勃興を背景とした地域協力体制の争い

2011年以来、「国際関係と国際秩序の調整は著しく加速し、変化の傾向が明らかになりつつある」[10]。南シナ海問題、中日の摩擦の深刻化により、中国では、国民は国際環境の悪化にプレッシャーを感じている。中国の急速な台頭が、このような変化の原因であるとされている。地域での影響力の向上により、中国は世界大国および周辺国から注目が集まり、その結果として、地域競争において、競争的協力が現れた。

中国は改革開放以来安定した経済成長を保ち、9％以上のGDP年成長率が中国の台頭を支えている。1991年、中国は4,091億ドルのGDP総額を実現し、世界10位にランクインした。その20年後の2011年、中国のGDP総額は73,011億ドルとなり、世界2位に躍り出た（表8-1に示す）。もちろん、この奇跡とされる勃興は簡単ではなかった。この30年余りは、1997年のアジア金融危機、および2007年のサブプライム危機により引き起こされた経済衰退や、その後の欧州債務危機、および中国自身が被った洪水や地震などの自然災害などが起こり、苦しい時期であった。しかし、苦しい状況の中で挙げた成果は、特に中国が日本を追い抜き、世界二位の経済体となったことは、中国に自信を付けさせる一方で、他国は中国の勃興に対する警戒心を強めた[11]。

経済力の相対的な変化により、アジア太平洋地域の国際環境においてリアリ

---

10 楊潔篪「2011年の中国外交」、『国際問題研究』、2012年第1号。

11 黄忠と唐小松の研究では、アジア太平洋の主要国家・機構が中国の勃興に対して、制限を選択しなかったが、アメリカの対中政策から大きな影響を受けていると指摘している。黄忠、唐小松「アジア太平洋地域の中国の勃興に対する認識と反応に関する試論」、『教学と研究』、2011年第2号を参照。本稿もこのような反応は大きな不確定性を抱えていると考えている。

表8-1　1991年〜2011年世界主要国のGDPの変化状況　　　　　　単位：10億ドル

国別	2011年GDP	2011年順位	2001年GDP	2001年順位	1991年GDP	1991年順位
アメリカ	15094.4	1	10171.4	1	5992.1	1
中国	7301.1	2	1159.0	6	409.1	10
日本	5868.5	3	4245.1	2	3484.7	2
ドイツ	3578.6	4	1873.8	3	1848.6	3
フランス	2778.1	5	1302.7	5	1244.6	4
ブラジル	2476.6	6	502.5	11	465.0	9
イギリス	2421.2	7	1406.3	4	1055.8	6
イタリア	2199.6	8	1140.9	7	1195.2	6
ロシア	1849.6	9	309.9	16	560.1	9
インド	1839.3	10	477.5	12	289.6	16

出所：国際通貨基金より。

ズムの秩序論が蘇り、各国はリアリズムの秩序論に基づき領土問題や地域協力などの問題を再認識し、地域の情勢が複雑化した。複雑と言いながらも、アジア太平洋の各国は中国の勃興による勢力地図の変化の中で、元の優位を維持し、あるいは元の劣位を変えたいと考えていると言えよう。

　アメリカは最初にアジア太平洋の情勢を複雑化させた国である。現在の国際情勢において覇権を握る国として、アメリカの東アジアにおける利益は複雑である。リアリズムの秩序論では、経済力の順位変化は権力の移行を招くため、中国経済の勃興はアメリカの覇権を揺さぶるものであるとされる。そのために、アメリカは中国を明確に潜在的な挑戦者と考えている。アメリカの対中対策は、元の制度、人権問題から経済成長そのものへと変わった。人民元の相場の過小評価の指摘や、環境に優しい成長の提唱などは、中国の経済成長の弱点に対して講じられた対策である。

　中国に主導権を握られる可能性が高い東アジア協力に対して、アメリカの態度は敵対的である[12]。実際の行動として、アメリカはTPPに加入し、積極的に環太平洋パートナーシップを推進し、東アジア協力と競争しようとしている。

12　張小明の分析によると、これはアメリカの利益論理に合致している。張小明「アメリカは東アジア地域協力の推進者か？阻害者か？」、『世界経済と政治』、2010年第7号。

表向きには、アメリカはアジア太平洋自由貿易区をTPPの目標の一つとしているが、中国のほとんどの主要貿易パートナーがTPPに含まれているため、プラチナ標準と呼ばれるTPPが確立した場合、中国は自身がまだ適応できない貿易標準を強制的に受け入れざるを得ない。アメリカがアジア諸国との戦略的関係を協調しているのはそのためである。TPPは単なる経済的協定ではなく、中国の勃興に対応するための戦略的協力体制と言えよう。ポスト冷戦期に中米両国と協力的関係を保つ国々は、どちらかを選ぶ選択を強いられ、戦略の不明瞭さに基づく平和な情勢が破綻しはじめ、アジア太平洋地域の情勢は複雑になっていく。

　アメリカ以外に、日本はアジア太平洋の国際関係におけるもう一つの重要な国である。第二次世界大戦後のしばらくの間、日本は雁行モデルに基づく地域生産ネットワークで、経済を主導する役割を果たしてきた。安全面では、「日米安保条約」により、日本はアメリカの東アジアにおける同盟国であると共に、アメリカの東アジアにおける利益を維持してきた。日本が中国経済の勃興を容易に受け入れられないことは明らかなため、地域協力において、日本は主導権に執着している[13]。そこで現実的考慮で相対的利益を取り、日本は「10＋3」体制に基づく東アジア自由貿易区の構築を放棄し、オーストラリア、ニュージーランドおよびインドネシアを含む東アジア自由貿易区に取り組んだ。近年、アメリカがアジアに復帰し、アジアにおける中国の主導を阻止する方針を明確にして以来、中米競争は中日競争に取って代わった。日本はアメリカに協力し、中国の勃興に対抗することにした。

　韓国およびASEAN諸国は中国への経済的依存が日本より強いが、安全面ではアメリカに依存しているため、立場がさらに難しい。ASEAN諸国は一時期、このジレンマの状況に対処するために、リスクの回避戦略を最適化させ、アメリカとの関係を保ちながら中国との協力を強化し、経済的利益を獲得した。た

13　地域協力の主導権問題に関する日本の態度は、参考：〔オーストラリア〕ガヴァン・マコーマック『属国——米国の抱擁とアジアでの孤立』、中訳：于占傑、許春山、社会科学文献出版社、2008年。

だ、アメリカが中国をライバル視しているため、それらの国は両方から同時に得られる利益が限られてくる。それでも、ASEAN諸国は中国に対抗する意思はなく、つまり、現在多く議論されている権力の移行について、中立的な立場である。もちろん、個別の意見を持つ加盟国の存在も十分あり得る。例えば、ベトナムとフィリピンにとって、中国の勃興により領土問題で自身が不利になるため、中国の成長をよく考えておらず、アメリカの制限を望んでいる。もちろん、これらの国にとって最も望ましいのは領土問題を棚上げにして共同開発することではなく、中国が台頭する前にそれを解決することである。

　アジア太平洋地域の外から見れば、中国はアジア太平洋地域の状況を複雑化する重要な要因であることがわかる。まず、中国経済の勃興により、アジア太平洋地域の元来の秩序が壊れ、前述の一連の対処行動を引き起こした。次に、中国経済の勃興は国内の民族主義を強めるとともに、地域諸国の民族主義に刺激を与えた。全体を見ると、アジア太平洋地域は現在経済成長の不均衡による権力移行の時期にあり、この傾向に対して各国はそれぞれ異なった見方をしている。元の秩序を維持する国もあれば、情勢を窺おうと傍観している国もある。しかし、アメリカの中国の勃興に対する認識がリアリズムの秩序論に戻ることにより、アジア太平洋地域の国際関係はしばらくリアリズムの秩序論により主導されると予想される。

2　相互依存と中日韓自由貿易区

　2008年の世界金融危機の一大影響として、中日韓三カ国は市場協力を強化する必要性、および協調性を強化し、東アジア経済の安定を保つことの重要性を認識した。三カ国の年度首脳会議は東北アジア協力へ方向性が変わり、三カ国の自由貿易区構想も実質的な進展を遂げた。共通利益に基づく協力体制の確立は中日韓三カ国にとって、危機駆動型協力の脱却を意味する。2010年、中国GDPが日本を追い抜き世界二位に躍り出たことが地域諸国、特に日本国民

に与えた心理的打撃は[14]、ある程度中日韓協力に複雑な影響をもたらした。日本は中国との経済協力の必要性を感じながら、国際協力の相対的利得主義の台頭が見られた[15]。2011年の東日本大震災後、日本は中国などのアジア諸国への産業移転が難しくなるにもかかわらず[16]、中日韓自由貿易区において後退の姿勢を見せた。アメリカがTPP加入について日本にプレッシャーをかけると、中日韓自由貿易区への態度が再び積極的な方向に戻った。この一連の出来事は、中日韓協力が危機駆動型を脱却し、貿易一体化において市場駆動へ移行しようとしている現れである[17]。しかし、協力はいまだに多くの要因に影響され、非常に不安定である。国内の政治的影響から脱却することも、アジア太平洋地域の国際政治環境から独立することもできない。その中でも、歴史問題、領土問題および海洋権益の争いによる政治相互信頼問題、および日韓とアメリカの同盟関係の強化などは、三カ国協力の推進の障害と言えよう[18]。

　中国にとっては、中日韓が経済上での相互依存関係、特に中国が勃興し、民族主義が台頭する現在、三カ国の関係の特徴を把握することは、中国の地域協力戦略の制定に非常に重要である。

1　中日韓経済の相互依存
　中日韓協力は外部による危機に対処するために始まり、金融危機に対抗する

14　「中国は日本を追い抜き最大経済国に、日本の心境複雑」、sohu, http://news.sohu.com/20090629/n264843928.shtml、2009年6月29日。

15　姜運倉「東アジア地域協力における絶対利益と相対利益」、『商丘師範学院学報』、2010年第2号。

16　これは日本経済が困難に直面する時に特に明らかである。例えば震災直後、数百社の日本企業が投資環境を考察しに中国へ来た。CCID研究院「中国が震災後の日本の電子情報産業移転を引き受ける機会・挑戦・対策」、『CCID専報』、2011年第12号。

17　徐林清、陳碧蓮「市場駆動の中日韓貿易一体化趨勢研究」、『アジア太平洋研究』、2011年第5号。

18　アメリカの要素について、2012年5月30日、北京大学の王輯思教授は中国社会科学院での講演で、中国は中米関係とは別にTPPを受け入れることが可能であると述べたが、このような戦略的な意見は実践するのが難しい。

表8-2 中日韓貿易が三カ国の国際貿易における地位

中国	輸出総額（億ドル）	対日本輸出（億ドル）	対韓国輸出（億ドル）	日＋韓国／輸出総額(%)
2005年	7620	840	351	15.6
2010年	15778	1210	688	12.0
2011年	18984	1483	829	12.2
日本	輸出総額（億ドル）	対中国輸出（億ドル）	対韓国輸出（億ドル）	中＋韓国／輸出総額(%)
2005年	5949	801	466	21.3
2010年	7698	1495	624	27.5
2011年	8233	1621	662	27.7
韓国	輸出総額（億ドル）	対中国輸出（億ドル）	対日本輸出（億ドル）	中＋日／輸出総額（%）
2005年	2844	619	240	30.2
2010年	4664	1168	282	31.1
2011年	5552	1342	397	31.3

出所：国連貿易データベースより整理。

ための「ASEAN＋3」体制の下で発展してきた。2008年三カ国の単独首脳会議の開催まで、この受動的状況は改善されなかった。このような状況の中で、中日韓協力は、市場再編、産業協力など、東北アジア一体化に向けての取組みが始まり、内因性の協力へ変化しつつある。利益を得ることが協力の目的になったことにより、協力の収益から中日韓協力の基盤を分析することがより現実的となり、三カ国間の経済的相互依存は明らかである。

　まず、表8-2から、中日韓三カ国それぞれの輸出市場において、他の二カ国が相当の割合を占めていることがわかる。2011年には、中国の12％以上の輸出が日韓を対象とし、日本が中韓へ輸出した商品は輸出全体の27.7％を占めており、韓国の対中・日輸出は1/3弱になっている。三カ国の輸出の成長が速く、中国は対外貿易の急速拡張により対日・韓輸出の割合が減少する傾向が見られたが、2005-2011年の間、韓日両国の対中輸出額が倍以上に増加し、中国の対日韓輸出額も急成長を遂げた。中国との貿易と比べて、日韓両国間の貿易成長率は比較的に低いことがわかる。東アジア従来の市場となるアメリカとヨーロッパの不景気が続く中で、中日韓三カ国がお互いを輸出市場として重んじる意味は大きい。貿易の成長は三カ国間の相互投資と密接に関係しており、特に日韓の対中直接投資は企業内の貿易を通して二カ国の対中貿易を発展させた。中

国政府が最近公開した「中日韓協力白書」によると、日韓二カ国2011年末の対中直接投資はそれぞれ800億ドルと500億ドルに達した。中日韓三カ国が調印した「投資の促進、便利化および保護についての協定」の実行に伴い、三カ国間の投資はさらに増加していくと予想される。

　次に、中国は、中日韓協力、特に貿易投資分野での協力において有利な立場にある。最も直接的な理由として、規模が大きく、成長が速い中国の国内市場は日韓にとって魅力的である。表8-2からわかるように、中国の日韓市場に対する相対的依存度は下がる傾向にあるにもかかわらず、日韓の中国市場に対する相対的依存度が上昇している。このような市場構成は、中日韓の経済協力は着実な利益を土台として成り立っていることを証明している。また、この市場構成は中国に協力をさらに深める可能性を与えた。これにより、協力の利益が明らかに中国側にあるという理由で、中国が新たに提唱した考案が疑われることがなくなるのである。

2　中日韓自由貿易区の制約条件

　中日韓三カ国間の相互依存は客観的事実であるが、中日韓協力は三カ国間の政治的相互信頼、歴史問題、および各自の戦略、国内政治、利益集団などの要因に制限されている。

　（1）歴史問題および政治的相互信頼について。歴史では、中日韓は共通の文化など、緊密な関係性を持っている。多く議論されてきた中華思想の問題は冊封体制に焦点を当てていたが[19]、第二次世界大戦終戦以来、中日韓三カ国の歴史問題の核心は日本の中韓に対する植民行為と侵略へ移行した。中日の場合、歴史問題による影響は二カ国の立場の変化になるほどではないと考える者がいるが[20]、歴史は三カ国にとってやはり敏感な分野で、思わぬ事件で問題となる。歴史問題は三カ国間の政治的相互信頼につながるため、中日韓協力にも明らか

19　何方川「『中華思想』論」、『北京大学学報』、1998年第6号。
20　〔英〕マイケル・フヤダ「中日関係：協力パートナーかライバルか？」、中訳：謝文婷、『国外理論動態』、2010年第6号。

な影響を与えている。中日関係を例にすると、両国は相手国の核心となる国家安全利益に不信感を抱き、かつ認めないままである。歴史問題はこのような不信感の表面的現象として現れる。このような問題は日韓の間にも存在している。韓国の学者によると、韓国は日韓自由貿易区の交渉を先に立ち上げるつもりであったが、当時の大統領李明博が訪日中、慰安婦問題で日本の元首相野田佳彦と意見が一致せず、結果として中韓自由貿易区の交渉を繰り上げることにした[21]。

　中日韓それぞれの民族主義には地域協力の理念と矛盾があるため[22]、民族主義の台頭はさらに歴史と相互信頼の問題を深刻化させた。そのため、中日韓協力を深めるために、歴史問題に対する正しい認識が必要不可欠である。歴史問題が短時間で解決できる見込みが見られない場合は、協力を優先させ、協力が歴史・相互信頼問題の影響を受けることを避けるべきである。

　(2) 中日韓地域協力戦略の差異について。戦後、日本は中日韓の中で最初に東アジア協力を始めた国であったが、効果はあまり出なかった。日本の学者の研究によると、日本が1960、70年代に東南アジア諸国との協力を強化したのはアメリカの戦略的失敗であった。ポスト冷戦に入った以来、中国の台頭を前にして、日本は「普通国家化」の夢を抱きながら、中国が東アジア協力の主導権を握ることになり、疎外されることを恐れている。高齢少子化により、日本の経済成長が停滞し[23]、利益集団の存在により政治が膠着状態に陥り、さらに民族主義と親米派の競争が社会の結束を引き裂いた。このような状況から、日本の地域協力戦略は不安定となり、東アジア協力を高く掲げたり、例えば2009年鳩山由紀夫による東アジア共同体イニシアチブ；太平洋協力へ傾いたり、例えば2011年のAPECサミットで、野田首相は反対を押し切ってTPP交渉に参加することを決定した。しかし、不確定要素はあるものの、日本は、アジア

21　韓国の研究者黄載浩と筆者の交流による。
22　趙立新「東北アジア地域協力の深層障害——中日韓民族主義とその影響」、『東北アジアフォーラム』、2011年第3号。
23　馮昭奎「日本の人口問題」、『当代亞太』、2009年第2号。

諸国との協力を積極的に推進し、対等な日米関係を築くことで中国の勃興に対抗することを協力の基本方針としている[24]。アメリカの東アジア復帰が明確になりつつある現在、アメリカも中国の勃興をよしとしないため、中国との主導権争いは日本の最優先目標ではなくなった[25]。

　韓国も東アジア協力に対して積極的な態度を表している。韓国は自らを中日間の橋渡し的な位置づけとし、積極的に協力案を提唱している。冷戦が終了して間もない間に、韓国とオーストラリアはAPEC協力を提唱した。2011年、将来の一時期の東アジア協力戦略を計画するために、韓国は東アジア第二展望グループの設立を提唱した。韓国は中日の間に挟まれる立場に困惑しており、この「サンドイッチ」の位置から脱却し、東北アジアのバランサーとして機能することが、韓国の最大の目標であると言えよう。そのために、韓国の「新アジア外交」戦略は中米日露を中心とした策略を見直し、アジア全体を重心に置くことにした[26]。もちろん、米、欧、および中国などの重要貿易パートナーとの経済関係を強化する行動では、明確な二国間主義を表明している。

　明らかに、日韓の東アジア協力戦略は経済面を考慮すると同時に、安全利益に影響されている。これは中国の東アジアを重心とした地域協力ネットワーク構築戦略と多くの共通点を持っている。中国の地域協力戦略は利益主導でありながら、長期的な目標として、中国の平和的勃興を目指している。そのために、中日韓は東アジア協力、中日韓協力を重視しているが、戦略方針上の衝突は簡単に解消できないのである。

24　張慧智「中日韓東アジア共同体構想指導思想比較」、『東北アジアフォーラム』、2011年第2号。

25　最近議会への証言講演で、Joshua Meltzerは東アジア協力がアメリカの影響力に与える弊害について言及した。Meltzer, Joshua, "The significance of the Trans-Pacific Partnership for the United States," Testimony to the House Small Business Committee, May 16, 2012.

26　張慧智「中日韓東アジア共同体構想指導思想比較」、『東北アジアフォーラム』、2011年第2号。

3 中日韓協力の戦略的意味

　中日韓は経済面でお互いに依存しているにもかかわらず、協力の深化には一連の制限に直面している。しかし、相対的利得の認識を超え、不利な要素を克服することが中日韓の相互信頼関係を築く道の一つであることを認識しなければならない。戦略的相互信頼が中日韓協力を制限する一大要因であるという指摘は少なくないが[27]、実際に、相互信頼と協力はインタラクションであることが、EUの経験によってすでに証明されている。東アジアにおいて、このような定性的説明に対して定量的分析を行うことは難しいが、中国―ASEANの1991年以来の協力はこの関係性の実在を証明している。20年間の双方の協力を経て、冷戦後の中国―ASEANの互恵的協力が双方関係を対抗的関係から戦略的協力パートナー関係へと転換することに成功したと言えよう[28]。中日韓の三カ国間関係と中国―ASEANの双方関係と比較可能性については議論が必要であるが、直接相互信頼関係を築くより、経済協力を通した方が簡単であることは確かである。すなわち、両者の関係はまだ明らかではないが、経済協力のようにレベルの低い政治協力を推進することは、相互信頼関係を築くというレベルの高い政治協力より簡単なのである[29]。

　三カ国間の関係から見ると、中日韓協力の推進は東北アジアの相互信頼関係を築く確実な方法である。中日韓関係の現状を見てみると、日韓は第二次世界大戦後のアメリカの東アジアにおける重要な同盟国であり、戦略的パートナ

27　例えば，于海洋「自由区と政治一体化――中日韓自由貿易区の戦略設計及び実施」、『東北アジア論壇』、2011年第6号。

28　例えば、張雲の研究は小国の戦略から中国―ASEAN関係の発展過程について議論した。張雲『国際政治における「弱者」論理』、社会科学文献出版社、2010年。王玉主は双方向利益の駆け引きから、中国―ASEANが対抗から相互信頼へ変わる協力を分析した。王玉主「『オファー―レスポンス』メカニズムと中国ASEAN経済協力」、『世界経済と政治』、2011年第10号。

29　最近、経済版図には隣接する国の間に政治的協力を強化する動力が存在すると指摘した研究がある。しかし現在、この観点は政治的関係が緊張していて経済的関係が緊密な中日関係には当てはまらない。龐暁波、黄衛挺「国際体系構造と国家行為：駆け引き理論モデル」、『東北アジアフォーラム』、2010年第3号。

ーである。一方、中国は世界の覇権の潜在的争奪者として見られている。戦後、日本は長きにわたり、東アジア経済の先頭に立ち、そのために、中国の急成長により東アジア、ないし世界における経済的地位が取って代わられたことに納得していない。さらに、中日、日韓の間には重い歴史を背負っている。これらの要因により、中日韓は歴史、海洋権益や島の領土問題、および政治制度、価値観などの食い違いにより、戦略的相互信頼が不足している[30]。また、三カ国間の前述の戦略方針により、相互信頼関係を直接的に築くことほぼ不可能である。中日韓は相互肯定に基づく地域発展戦略を構築するべきであると提唱されているが、このような協力戦略の構築に実行可能な方法論は提案されていない[31]。実際に、相互肯定と戦略的相互信頼は裏表のような概念であるため、相互肯定で戦略的相互信頼問題を解決することは不可能である。そのために、中日韓の相互信頼が東北アジアの安全にかかわっている限り、交流を強化するとともに、経済協力を推進して共通の利益を作り出す必要がある。共通の利益は、相互信頼を築くための土台になるに違いない。

　中国の戦略的需要から見ても、中日韓協力において積極的な態度を見せ、新しい案を提案することで協力を推進する必要がある。協力の駆け引きの性質から見れば、協力において相手の要求に妥協し、自ら協力提案をすることは、駆け引きのもう一面から見ると積極的な態度を示している。特に新しい提案は、協力の利得に対して積極的な見込みを表明するとともに、相手に妥協しても協力を進めるという意欲を示している。これは協力の駆け引きにおいては、協力の成功に有利な積極的なシグナルである。秦亞青と魏玲が提唱したプロセス主導型一体化理論を受け入れれば[32]、中日韓協力の戦略的意味がより際立つ。この理論は協力を手段としながらも目的とし、協力の深化が公共権利の社会化を促し、集団の自己承認を促進するものであると指摘している。すなわち、協力

30　魏志江「中日韓三カ国の戦略信頼度分析」、『東疆学刊』、2011年第1号。

31　于海洋「自由貿易区と政治一体化——中日韓自由貿易区の戦略設計と実施」、『東北アジアフォーラム』、2011年第6号。

32　秦亞青、魏玲「構造、過程と権力社会化——中国と東アジア協力」、『世界経済と政治』、2007年第3号。

の維持に有用な行為はすべて意味を持っている。信頼関係の突破口を探している中日にとって、協力の構築効果は予想を上まわる効果が得られる可能性が高い。

3　TPPと中国

　中国のTPPに対する懸念は、自身の経済の外部市場に対する過度の依存に由来している。世界金融危機が勃発する前の2007年を例にとると、当時中国の商品とサービスの純輸出はGDPの18%を占めており、危機が発生したあと、中国の最大の輸出市場であるアメリカでは危機の影響により需要が大幅に減少し、中国経済に大きな衝撃を与えた。そのために、TPPの中国に対する仲間外れが続き、より多くのアジアの国がTPPに加入すれば、中国の対米輸出を主要業務とする企業が不公平な競争環境に置かれることになり、中国の経済成長にも影響が及ぶことが想像できる。

　中国の国内政策から見れば、長期的に、内需拡大がTPPの悪影響を克服する根本的な方法となる。中国国内の内需を引き上げ、長きにわたる純輸出への過度の依存を改善し、純輸出がGDPに占める割合を国際水準の5%までに下げることのみにより、アメリカ市場への依存を脱却し、TPPに加入しない状態で経済の持続的成長を維持することができる。中短期的に、TPPに対処する有効な手段として、中国がTPPの加盟国と二国間自由貿易区を設立することで、一部の貿易移転を解消することが考えられる。しかし、アメリカと中国との二国間自由貿易区の設立がほぼ不可能なため、この方法はTPPが中国に与える衝撃を根本的に解消することはできず、効果に限界がある。もう一つの手段として、中国企業によるTPP加盟国への投資が考えられる。一部の労働集約型産業をベトナムなどの国に移転することで、TPPの関税優遇措置を利用して対米輸出を維持する。しかし、アメリカはヤーンフォワードルールなど厳しい原産地規則を採用していることにより、ベトナムなどのTPP加盟国で投資する中国企業はTPPの関税優遇措置を利用するため、中国などの非TPP加盟国から半完成品を輸入できず、TPP加盟国から高額な半完成品を購入せざるを得ず、結果として、

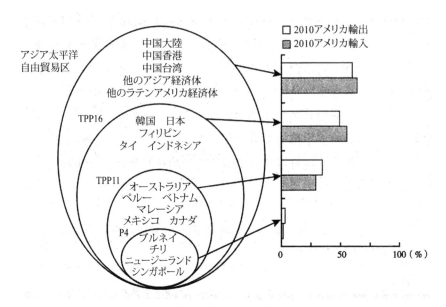

図8-1 TPPメンバー国のアメリカ輸出入市場に占める割合

利潤が減少することになる。もちろん、企業が産業および規模を移転するかど
うかは、中国の人件費の増加率とTPPとの交渉結果によるため、現状では正確
な予測や判断をすることは難しい。

　地域政策から見れば、2020年までに、東アジア協力が「ASEAN+3」あるい
は「ASEAN+6」まで進めば、中国に十分な収益をもたらし、TPP不加入によ
る損失を相殺できる。そのために、東アジア協力を順調に進められるかどうか
が、中期的にTPPに対処する鍵になる。

　実際に、中国の利益からみると、TPPと東アジアとの協力の駆け引きにお
いて日本は重要な影響力を持つ。日本のTPP加入はTPPの経済的影響力に大
きな影響を与えている。図8-1が示すように、日本がTPPに加入すれば、アメ
リカがTPPを通して得られる新しい輸出市場はTPP 11より大きく増え、輸出
全額の5%を占める新市場が参入する。経済面から見れば、日本のTPPにと
っての意味も価値も明らかである。一方、日本は東アジア協力における重要

な一環である。理論上、三つの「ASEAN+1」自由貿易区は「ASEAN+3」に統合できるが、原産地規則などの実際の問題を考慮すると、新しい自由貿易区協定を0から交渉するのと同じように難しいため、実行は不可能と言えよう。「ASEAN+3」と「ASEAN+6」の東アジア協力の核心問題は依然として、中日韓自由貿易区の実現にあり、中日韓自由貿易区の実現は中日の意思の一致によって決まる。

　中国のTPP対処から見れば、TPPの交渉が失敗すると同時に、東アジア協力が実現すれば、中国は利益の最大化を実現できる。しかし、この最善の結果は不確定性が大きい。中期的に、TPP交渉が成功するかどうかに関わらず、中国は日本と東アジア協力を推進し実現できれば、TPP交渉において少なくとも望ましい結果が得られる[33]。そのため、中期的に、日本と共に東アジア協力を推進することが中国がTPPに対処する最善策と言えよう。もちろん、交渉の策略から言えば、韓国はすでにアメリカ、EUなどと双方自由貿易区協定を調印し、中国との二国間自由貿易区の調印も韓国が「輪軸」として機能している一環であるため、中国にとっては、韓国との自由貿易区交渉は焦る必要がなく、中日自由貿易区を優先させるべきである。

　TPPはアメリカが国際経済規則の制定権を手に入れるため、東アジア協力に、特に中国の勃興に対処するための必然的な行動である。中国は長年にわたって「多極化の世界」を提唱してきた。アメリカはTPPを利用して「多極化のアジア」を実現しようとしている。TPPの戦略的意味は従来の経済的意味を超越しているため、中国はTPPに十分な注意を払うべきである。

4　RCEPと中国の協力戦略

　RCEPの中国にとっての価値は二点ある。一点目として、RCEPは東アジア体制の延長である。ASEANは他の経済パートナーを迎え入れる予定があると

33　そうすることでTPP交渉は成功したが東アジア協力は失敗したという最悪の結果を避けられる。この結果は中国の外部発展環境に悪影響を与える。

宣言しているが、少なくとも2015年末まで、RCEPはアメリカがいない東アジア協力プラットフォームとなる。二点目は、中国―ASEAN関係はRECPに含まれていることである。現在、中国―ASEAN協力はポスト自由貿易区時代に入り、この協力関係をどのように深めていくかが両方にとっての課題である[34]。RCEPは現在の「10＋1」自由貿易区を超えるという目標を掲げ[35]、中国―ASEAN協力の深化に方向性を示した。そのために、中国にとって、RCEPの推進を支援することで現在ASEANを中心とする東アジア協力体制を維持できる。これは、「10＋3」と「10＋6」が中日関係の不調により停滞し、東アジア協力がTPPというアジア太平洋協力体制からの挑戦に直面するという状況の中で、重要な意味を持っている。同時に、中国は下位地域協力の強化を含む包括的な対策を取り、中国―ASEAN協力を深めるべきである。これにより、RCEPを順調に推進するとともに、中国のRCEPにおける役割を強化することができる。

　中国―ASEAN協力は中国の最も成功した双方向協力であるとされるが、この協力レベルは双方が自身の利益に基づく戦略を講じた結果である[36]。2010年に中国―ASEAN自由貿易区が設立されて以来、中国―ASEAN協力は大きな問題を抱えている。すなわち、中国経済の急成長により、ASEAN諸国は主要大国との関係のバランスを保つため、中国に対して戦略的疎外を始めた[37]。さらに、中国と一部のASEAN加盟国は領土問題を抱えており、問題が複雑化している。中国の重要な隣人として、ASEANとの関係は中国にとって重要な戦略的価値がある。協力の深化から見ると、RCEPは積極的な構想であると言え

34　曹雲華、姚家慶「ポスト自由貿易区時代の中国――ASEAN協力」、『東南アジア縦横』、2011年第11号。

35　ASEAN第19回首脳会議で公表した書類 "ASEAN Framework for the Regional Comprehensive Economic Partnership", http://www.asean.org を参照。

36　王玉主「『オファー―レスポンス』メカニズムと中国ASEAN経済協力」、『世界経済と政治』、2011年第10号。

37　王玉主「自由貿易区設立と中国ASEAN関係――戦略的評価」、『南洋問題研究』、2012年第1号。

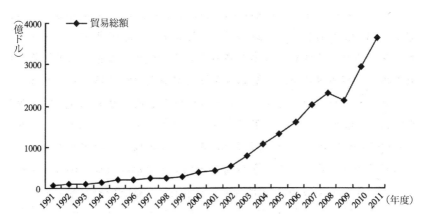

図8-2　パートナーシップ確立して以来の中国―ASEAN貿易
出所：中国税関の統計より。

よう。

　性質的に、中国―ASEAN協力はアジア太平洋の国際関係の一部であり、協力の発展はアジア太平洋の国際関係に反映する。相互信頼、互恵、繁栄を理念とする中国―ASEAN協力自体が中国にとって有利な発展環境を意味する。現在、アジア太平洋地域は中国の実力の向上により、中国に対する見方が変化している。リアリズムの秩序論による影響が深刻になる中、アジア太平洋諸国が中国に対して講じる対応策は主に経済的なものであったが、これにより中国とアジア太平洋の大国との関係の不確定性が増えた。ASEANの加盟国の多くは途上国で、経済成長を求めているため、中国の経済成長を中心とした地域協力戦略を受け入れやすく、安定した協力関係を維持しやすい。

　実際、中国―ASEANは過去の20年余りの協力においてある程度の相互信頼関係を築いてきた。双方向貿易を例にとると、対中関係を確立して以来、双方向貿易は1991年の約84億ドルから2011年の3,628億ドルまで増加した。2011年、ASEANは中国にとって第3位の貿易パートナー、および第3位の輸出市場となった。中国―ASEAN自由貿易区の設立から計算しても、双方は2011年末までに8.7倍以上増加した（図8-2に示す）。

さらに重要なのは、中国のエネルギーと資源の制限が深刻になる中、資源が豊富で、市場も成長の最中にあるASEAN諸国は内需型成長への転換期にある中国にとって重要な協力パートナーであることである。中国の対外投資の増加による利益はASEANに及ぶことになる。そのために、中国―ASEAN協力の強化は、中国だけでなく、ASEANの需要に一致しており、中国の成長、そして安定した周辺環境作りに有利である。

　中国―ASEAN協力は、中国が安定した周辺環境を構築することに重要な価値がある。しかし、単独で中国との協力関係を深めることはASEANにとって望ましくない。これはある程度ポスト自由貿易区時代における中国―ASEAN関係の発展を阻害している。RCEPはASEANが東アジア協力における中心的地位を維持するために、自由貿易区協定を調印したすべての相手国との関係を全面的に推進することを提唱している。ASEANはRCEPを順調に推進し、東アジア協力における中心的地位を維持するために、中国の参加および支持を必要としている。これは、中国との協力関係を深めるチャンスである。RCEP体制において、ASEANは中国に主導される心配が減り、より積極的に中国―ASEAN関係を高めることになるだろう。

5　中国の地域協力戦略の選択

　現在および将来のしばらくの間、中国は「小康」状態を実現し、中等先進国へ邁進する段階に入る。中国の実力の向上および経済のグローバル化により、グローバル化・地域化に参加、推進することは中国の必然的な選択となる。過去の20年余りの中で、中国は地域協力に参加することにより、自由貿易区を中心とする地域協力戦略を確立した。21世紀に入って以来、世界情勢の変化、特に中国自身の急成長により、これまで中国の急成長を可能にした発展環境に大きな変化が起きた。地域協力から見れば、世界経済はアジア太平洋地域に移転し、アジア太平洋地域が注目されるようになり、アジア太平洋協力にはじめ

て複数の体制が生まれ、競争的な局面となった[38]。その中に置かれている中国も、新しい環境に適応し、新たな戦略を立て、自身の利益を守り経済社会の長期的安定を維持しなければならなくなった。

　前述のアジア太平洋地域の協力形式の分析と合わせて見れば、中国の地域協力は利益の最大化原則を貫き、アジア太平洋地域の激化する駆け引きおよび利益主体多元化の現実を受け止め、明確な利益的方向性、および戦略方針を持ち、攻守のバランスが取れた協力戦略を確立しなければならない。具体的には、中国の地域協力戦略は長期的、かつ安定した経済成長を第一目的とし、利益の交換・譲渡などの手段により相互信頼を深め、安定した周辺および国際関係を構築する。そのために、中国は自由貿易区戦略を強化しより充実させ、保障レベルでの地域協力戦略とし、市場開拓型、資源供給型、利益交換型などの双方向自由貿易区を積極的に開発し、中長期的に中国の経済成長を支えるべきである。また、地域協力への積極的な取組みを地域協力戦略にし、東アジア協力体制の活性を保ち、中国が機能を発揮する場を確保することで、地域協力体制の競争による、規則を用いた中国の勃興に対する制限に対応しなければならない。

　中国は、協力の主導権を諦め、代わりに利得を求めることを協力への取組みの目的とすべきである。その理由として、しばらくの間、中国の目標は経済成長を維持することであって、さらに、中国の地域協力への取組みは追従戦略から始まったものである。中国が主導権を求めれば、勃興の副作用として信頼を失うことで、東アジア協力が競争状態に陥り、停滞する。そのために中国は、協力の互恵性を強調し、利得を協力に参加する第一の目的としなければならない。そうするために、中国は積極的にRCEP協定を中心とする東アジア協力体制に取組み、RCEPの東アジア経済一体化という目標の実現をサポートしなければならない。

　また、中国は対抗的思考を放棄し、自身の発展を動機に東アジア協力に取り組むべきである。アメリカがTPPを推進することは、中国に対抗心を示してい

38　張蘊嶺「アジア太平洋地域一体化制度構築の『競争性』駆動」、中国太平洋経済協力全国委員会ウェブサイト、2013年3月。

るが、アメリカ自身がアジア太平洋地域における利益を維持し、拡大するための行動である。TPPが我々の敵であるように宣伝するのは、間違いではないが意味はない。東アジア協力をTPPの対応策としたところで、TPPの性質は変わらないし、その発展は止められない。TPPがなくとも、東アジア協力を強化する必要があり、東アジア協力を自身の発展のために必要なものとしたほうが良い。

東アジア協力が三大交渉競争に直面している中、中国の地域協力戦略は以下の要点を含める必要がある。

第一に、中国の自由貿易区戦略の重心を調整し、双方向協力から多国間協力へ転換することである。1997年の東アジア金融危機以来、アジアの地域協力は今までにないスピードで統合が進んできた。いくつかの双方向自由貿易区協定の調印および下位地域協力の推進、並びに地域レベルでの「10+3」と「10+6」の推進により、アジア市場は新たな融合段階に入ったが、地域レベルの大市場がないため、その融合はまだ不十分であると言える。これは、複数の双方向協定と下位地域協定で協定間の規定が複雑であるため、地域市場を再編する役割が機能していないからである。

今まで、双方向協力は地域協力の重心であり、対外経済関係の起点であった。これは、当時の国内情勢と合致しており、アジア地域の実際を反映している。しかし、双方向協力は協力相手の内需に限られ、さらに協力相手としか産業分業ができないため、中国に長期的かつ安定した、ある程度の規模を有する外需市場を提供できない。一方、多国間協力はより広い範囲で産業分業ができ、共同の市場構築により、各国の経済成長のみならず、地域内の供給と需要のバランスに貢献できる。

第二に、RCEPという新たな多国間体制に積極的に取組むことである。現在アジアの多国間協力体制はまだ不十分であり、特にEUや北米の協力と比べればより明らかである。中国が提唱する「10+3」と日本が提唱する「10+6」の二つの多国間協力体制のみでは、市場再編の役割を十分に果たせない。現在、ASEANが提唱するRCEPが2013年に交渉段階に入り、アジアはじめての多国

間体制の協力機構となり、アジア市場の再編を推進するに違いない。実際、利益効果で分析すれば、広範囲の協力は、局所的な協力より大きな利益をもたらすことができる。そのために、中国は自身の発展のために、RCEPの設立を支持し、役割を果たさなければならない。

　第三に、協力のルートは「最低水準」を原則として選択することである。「最低水準」原則とは、加盟国と調印した既存の自由貿易区協定の中で最も低い水準を協定成立の基準とすることである。これにより、経済発展に大きな差がある経済体の間でも協定を成立させることができる。現在、アジアの経済発展が限界があり、ハイレベルな協力体制を確立するには、現在の消費水準と消費構造では不十分である。中国はアジア一位の経済体ではあるが、一人当たりのGDPがまだ低く、市場を再編する能力に限りがある。そのために、「最低水準」を原則として協力体制を立てることが現実的な選択である。現在、RCEPは多国間協力体制として、すでに実行されている複数の自由貿易区協定に基づき、先行して設立を開始できる。五つの「10+1」に基づき、過去の自由貿易区設立の戦略を調整し、交渉の設立から、設立を宣言してから交渉を広げる方針に変更した。RCEPの提唱者であるASEANはすでに中国、日本、韓国、オーストラリア、ニュージーランド、およびインドの6カ国と五つの「10+1」双方向自由貿易区協定に調印した。今後RCEPの構築について、過去の固有のパターン、すなわち長丁場となる交渉をしてから設立を宣言することから、一つの基本協定、すなわち五つの「10+1」の各項の最低水準について合意すれば、設立を宣言できる方式への変更が考えられる。各加盟国の経済成長に伴い、漸進的に高水準の内容について交渉を進めることにより、協力レベルを引き上げながら、地域外要素の影響を受けずに多国間協力体制を推進することができるのである。

訳者あとがき

　日本文学専攻の私が、経済分野の研究書の本書を翻訳するというお仕事をいただいた時、正直に言えばうまく訳せる自信がありませんでした。経済分野に関してはまったくの門外漢というのもあるし、いくら大学で日本語が専攻だからといって、ネイティブではない者が訳したものが日本人の読者に通じるだろうかという心配もありました。それでも当初、何冊かの研究書から、本書の翻訳を決めたのはまた私自身でした。決め手は何だったのでしょう。確かに言えることは本書のタイトルに引かれたことです。この本の内容について、自分は興味があると思いました。

　今から十年前の話ですが、2010年に中国のGDPが日本を追い抜き、世界二位になった時に、朝日新聞では「Japan・as・No.3」というシリーズの報道が組まれました。それを読んでヒントを得た私は、朝日新聞の報道内容を中国の読者に紹介するつもりで、「中国GDP跃居世界第二与日本反应」(日本語に直せば、『中国のGDPが世界二位に躍進したことに対する日本メディアの反応』です) という中国語の論文をまとめて、それがまた雑誌編集者のほうに認められて発表された経験を持っています。思い返せば、これが私にとって経済関係の資料に触れた数少ない経験でした。それもあって、今回『勃興する中国とアジア地域の市場再編』という著書のタイトルを見た時、自分が論文を投稿した時の記憶が蘇り、この本ならばやれるのではないかと思うようになったのです。

　訳稿が完成するまでに多くの方々のお世話になりました。社会科学文献出版社、三元社との橋渡し役を務めてくださった成蹊大学石剛教授にまず感謝を申し上げます。翻訳のご協力を頂きました広東外語外貿大学の卒業生である鄧宇陽さん、張暁華さん、張鑫さん、潘禕桐さん、王悦然さん、蔡仲熙さんに感謝します。また、本書の日本語チェックと校正を全般的に引き受けて下さった同

僚岡沢成俊先生に感謝を表します。経済学の用語に関しては、阪南大学洪詩鴻教授にたくさんのご教示をいただきました。なお、サポートをしていただきました社会科学文献出版社、そして私の職場である広東外語外貿大学にも、この場を借りて、感謝の微意を表します。

　なお、本書の企画から刊行まで、終始お世話になった三元社の石田俊二社長に厚くお礼申し上げます。本書の出版を暖かく見守った社会科学文献出版社国際出版分社の梁力匀女史にも謝意を伝えたいと思います。

　できるだけ原文を生かしつつ、分かりやすい日本語に置き換えたつもりでしたが、なにしろ分野が違い、勉強不足で至らない点は多々あると思います。大方の御叱正を乞いたく思います。

　　2020年2月15日

　　　　　　　　　　　　　　　　　　　　　　　　　　張秀強

編著者紹介

趙　江林 (ZHAO JIANGLIN)

経済学博士、中国社会科学院アジア太平洋と全球戦略研究員国際経済関係研究室主任、研究員。日本、アメリカの研究機構や大学などで訪問学者。著書に『東アジアの技術供給、知的財産権の保護と経済成長』（経済科学出版社、2007 年出版）など。また、編著には『東アジア経済成長モデル：モデルチェンジとビジョン』（社会科学文献出版社、2010年出版）、『ポスト危機時代アジア経済成長と戦略調整』（社会科学文献出版社、2010 年出版）など。学術論文数篇。

訳者紹介

張　秀強 (ZHANG XIUQIANG)

1975 年、中国山東省生まれ。1999 年東北師範大学日本語学部卒業。2013 年、東北師範大学博士課程卒業、文学博士学位を取得。日本近代文学専攻。現在、広東外語外貿大学日語語言文化学院教授。主な研究領域は日本近代文学、中日比較文学、通訳翻訳研究。著書『尾崎紅葉文学研究』(2015 年、人民出版社)。

校正者紹介

岡沢　成俊 (おかざわ　しげとし)

1977 年日本兵庫県生まれ。2001 年東京大学教養学部卒業。2003 年東京大学大学院修士課程修了。日本語学専攻。2008 年より広東外語外貿大学外国人教師。主な研究領域は現代日本語の文法論。

勃興する中国とアジア地域の市場再編

発行日　初版第 1 刷　2020 年 7 月 15 日

編著者　趙江林
訳　者　張秀強

発行所　株式会社 三元社
　　　　〒 113-0033　東京都文京区本郷 1-28-36　鳳明ビル
　　　　電話／ 03-5803-4155　FAX ／ 03-5803-4156
　　　　http//www.sangensha.co.jp

印刷
製本　　モリモト印刷株式会社

コード　ISBN978-4-88303-511-3

printed in Japan